suhrkamp taschenbuch
wissenschaft 751

Überzugehen von einem Zustand zu einem anderen: das ist die Grundfigur, in der sich das Leben vollzieht. Unsere Identität aber ist nicht nur das, was wir *trotz* aller Übergänge wahren, sondern auch und vor allem das, was wir *in* ihnen, immer neu, zu gewinnen suchen. Freilich: schon der *erste* Übergang des Lebens – der *ins* Leben – wird uns gewaltsam angetan. Geboren werden heißt: ungefragt anfangen müssen. Und die Kontingenz dieses Anfangs prägt alles, was mit ihm angefangen hat. Wie wir, obgleich so zum Leben gezwungen, zuletzt doch auch zwanglos und frei am Leben zu bleiben vermögen: dies will Kant uns verständlich machen. Moralisch sein heißt: dem zufälligen Anfang nachträglich zuzustimmen und das aufgenötigte Dasein selbsttätig fortzuführen.
Kant hat exemplarisch gezeigt, wie Handlungsregulierung und Kontingenzaneignung systematisch ineinandergreifen. Dies ist ein Maßstab für *jede* Moralphilosophie: Es genügt eben nicht, Normen unseres Handelns zu rechtfertigen; es muß auch einsichtig werden, wie wir es mit dem aufnehmen können, was wir als Gegeninstanz unseres Handelns erleben, wie es uns also gelingen kann, mit dem Zufall zu leben: mit dem, der uns trifft, und, schwerer noch, mit dem, der wir selber sind.
Der Erschließung dieser Gedanken Kants gilt der Versuch, seine Texte phänomenologisch zu interpretieren, also die begriffliche Rekonstruktion an die anschauliche Deskription zurückzubinden. Dann läßt sich die formale Theorie der Identität verstehen als Resultat der Selbstbesinnung handelnder Subjekte, als Entfaltung dessen, was in ihrem Bewußtsein an unabweisbaren Forderungen und notwendigen Unterstellungen impliziert ist.

Manfred Sommer, geboren 1945, ist Professor für Philosophie an der Universität Münster. Buchveröffentlichungen: *Die Selbsterhaltung der Vernunft*, Stuttgart 1977; *Husserl und der frühe Positivismus*, Frankfurt 1985; *Evidenz im Augenblick. Eine Phänomenologie der reinen Empfindung*, Frankfurt 1987.

Manfred Sommer
Identität im Übergang: Kant

Suhrkamp

CIP-Titelaufnahme der Deutschen Bibliothek
Sommer, Manfred:
Identität im Übergang: Kant /
Manfred Sommer. – 1. Aufl. –
Frankfurt am Main :
Suhrkamp, 1988
(Suhrkamp-Taschenbuch Wissenschaft ; 751)
ISBN 3-518-28351-0
NE: GT

suhrkamp taschenbuch wissenschaft 751
Erste Auflage 1988

Satz und Druck: Wagner GmbH, Nördlingen
Printed in Germany
Umschlag nach Entwürfen von
Willy Fleckhaus und Rolf Staudt

1 2 3 4 5 6 – 93 92 91 90 89 88

Es ist nicht notwendig, daß wir existieren.
Kant

Inhalt

8

Einleitung

Das handelnde Subjekt und seine Identität: das ist das Thema dieses Buches. Identität verbindet Selbigkeit mit Individualität, verklammert das Eins-Sein mit dem Ich-Sein. Identität, die sich im Übergang einstellt und bewährt, bedeutet: *trotz* einer Vielheit von Handlungen ein und derselbe zu *bleiben* und *dank* dieser Vielheit einer zu *werden,* der, wenn er ›ich‹ sagt, sich einschlußweise auf die Zufälligkeit seiner Geburt, die Leiblichkeit seiner Existenz und die Einmaligkeit seiner Lebensgeschichte bezieht. Beides ist im Prinzip der Selbsterhaltung zusammengefaßt: Selbst*erhaltung* als beharrliches Handeln aus *einem* Prinzip und *Selbst*erhaltung als Anknüpfung kontingenter Widerfahrnisse an spontane Intentionalität. Identität im Übergang ist Selbsterhaltung im Lebensvollzug.

Selbsterhaltung heißt indes auch: sinnhafte und selbständige Fortsetzung dessen, was zufällig und unverfügbar anfing. Genau so aber fängt menschliches Leben an. Geboren werden heißt, ungefragt anfangen müssen: für ein freies Wesen eine gewaltige, ja gewalttätige Zumutung. Das Leben besteht darin, mit ihr fertig zu werden: das aufgenötigte Dasein so durchzuformen und auszugestalten, daß darin dem zufälligen Anfang nachträgliche Zustimmung zuteil wird; das erzwungene Leben so zu ›entwerfen‹, daß seine ›Geworfenheit‹ darin angenommen und aufbewahrt wird.

Als dieses Integral aus Lebens-Führung und Selbst-Bejahung deckt sich Selbsterhaltung mit dem, was Kant unter Moralität versteht: Gut, so zeigt uns Kant, ist ein Wille erst, wenn er in und über allem, *was* er will, beharrlich *sich selbst* will und deshalb von vornherein, nämlich *a priori,* all seine Einzelakte unter die Bedingung seiner Selbsterhaltung stellt. Solange wir einen solchen Willen zweiter Stufe noch nicht haben – und *ob* wir ihn haben, wissen wir nie –, sind wir gehalten, uns anderweitig zu behelfen. So leben wir denn ›zunächst und zumeist‹ auch noch provisorisch und unfrei: durch Fremderhaltung, mit Außensteuerung, in ›Geburtsvergessenheit‹. In dieser Dimension alltäglich-sozialer Interaktion gilt als *morale par provision:* Begünstigung derjenigen Illusionen und Verkleidungen, Prätentionen und Vorspiegelungen, die den schwierigsten Übergang im Leben zu erleichtern geeignet sind: den Übergang zu moralischer Identität.

Dieses verwickelte Thema also will ich in den fünf Studien dieses Buches entfalten. In der Überschrift der ersten Überlegung kehrt nicht zufällig der Titel des Ganzen wieder. *Identität im Übergang:* in diesem Hauptstück suche ich in einer phänomenologisch-deskriptiven Kant-Interpretation darzutun, wie das handelnde Subjekt, indem es moralisch wird, sich der Zufälligkeit seiner Geburt annimmt, wie es diese Kontingenz seines Anfangs umbildet in die Ausformung seiner Individualität und wie aus der Differenz von Selbst und Selbstdarstellung begreiflich wird, daß der bloße Schein des Guten dem Guten selbst förderlich entgegenkommt.

Die übrigen vier Versuche dienen dazu, das im ersten Ausgeführte zu untermauern und abzuwandeln, zu stützen und zu variieren. Stützen sollen zwei stärker philosophiegeschichtlich ausgerichtete Stücke. *Selbsterhaltung als rationales Prinzip* nimmt sich vor, den Nachweis zu erbringen, daß in Kants Philosophie wie in kaum einer anderen die neuzeitliche Rationalität ihre genuine Gestalt gewinnt: Selbsterhaltung wird erkennbar als Grundprinzip der Vernunft selber; unser erkennender Weltbezug und unsere handelnde Realitätszuwendung sind gleichermaßen getragen von einer Intention auf Identität des Ich, Erhaltung des Selbst, Beharrung in synthetischer und systembildender Aktivität. – *Mündigkeit: Begriff und Metapher* ist ein begriffsgeschichtlich angelegter und systematisch dargestellter Exkurs: am Leitfaden des Begriffs ›Mündigkeit‹ – Kennzeichen eines zur Selbsterhaltung fähigen Wesens – wird gezeigt, in welchem Maße wir uns den Sinn dessen, was wir tun, erschließen durch Rekurs auf den Zusammenhang von Befreiung und Selbständigkeit, von Emanzipation und Selbstbestimmung: das reicht vom Recht bis zur Geschichtsphilosophie und von der Pädagogik bis zur Theologie.

Die beiden abschließenden Versuche sind Variationen des ersten: dessen Thema nehmen sie wieder auf unter den Leitgedanken von Glück und Zufall, *Eudaimonia* und *Tyche, happiness* und *luck*. In *Glückssuche und Selbstfindung* möchte ich dartun, wie wir, nach unserem Glück strebend, Gefahr laufen, uns selbst zu verlieren, wie uns dennoch, als Moralität nämlich, Selbstwahrung möglich ist und wie jene Glückssuche gerade um der Erhaltung des Selbst willen sinnvoll, ja unerläßlich wird. – *Mit dem Zufall leben:* in dieser abschließenden Erwägung suche ich zu zeigen, daß Moralphilosophie sich nicht damit begnügen kann, Normen unseres Handelns zu rechtfertigen; sie muß auch begreiflich machen, wie wir es mit dem aufzunehmen vermögen, was als Zufall all unserem Tun und Lassen vorausliegt und gegenübersteht und innewohnt. Mit dem Zufall, *daß* wir leben und *als der* wir leben, kommen wir zurecht, wenn wir in *einem* Prinzip beides zugleich einzusehen vermögen: *wie* wir leben sollen und *daß* wir leben sollen.

Den Begriff der Identität mit dem Namen Kants zu verbinden und diese Verbindung dann theoretisch auszufalten in der Darstellung von Themen wie Selbsterhaltung und Rationalität, Systembildung und Moralität: das pflegt mancherorts Angst und Schrecken zu verbreiten. Als ob es darum ginge, ›rigoros‹ nun Leiblichkeit und Sinnlichkeit zu ›verdrängen‹, ›maskulin‹ gegen alles Sanfte und Zarte ›sich zu verpanzern‹ und ›rigide‹ alle Empfänglichkeit und Empfindsamkeit zu ›unterdrücken‹. Dabei ist doch genau dies die tiefe Einsicht, die wir Kant verdanken: daß die Selbsterhaltung der Vernunft gerade darin besteht, das Andere ihrer selbst zur Geltung kommen zu lassen – auch und vor allem die Sinnlichkeit in Empfindungen und die Einbildungskraft in Bildern und Metaphern, Analogien und Symbolen. Rationalität, wo sie am strengsten sie selbst ist, ist entspannte und gelassene Rationalität. Sie kann, was sie nicht selbst ist, ›sein lassen‹, indem sie zuläßt, was kommt, und es unterläßt, dieses selbst noch sein oder leisten zu wollen. Dem Mannigfaltigen, Sinnlichen und Imaginativen gewährt die Vernunft Raum in einer Selbstbeschränkung, die wesentlich zu ihr selbst gehört und ihr in keiner Weise von außen auferlegt zu werden braucht.

Soviel zur Sache; über das Verhältnis des Autors zu ihr sei diesem noch eine kurze Bemerkung gestattet. – Es wird ja gerne unterstellt, philosophische Theorie zu betreiben bestünde darin, eine ›Position einzunehmen‹ und zu ›verteidigen‹. Das ist gut verständlich: in Positionen wird alles so schön übersichtlich. Für die militärisch-merkantile Lager- und Lagerhaltungsmentalität, die sich hier zeigt, ist eines klar: wer Kant und Vernunft und Identität und Rationalität im Munde führt, räumt damit ein, daß er von Sinn und Bild, von Leib und Lust, von Freud und Frau nichts hält

und versteht: Das Fach, in welches er somit gehört, ist irgendwo rechts oben: formal, rigoros, sklerotisch, struktursüchtig und neuroseverdächtig. Mit meinem Unwillen, mich überhaupt in bereitgestellte Fächer zu begeben, bin ich nun in der vergleichsweise komfortablen Situation, eine »Phänomenologie der reinen Empfindung« vorgelegt zu haben, in welcher – unter anderem, versteht sich – ausführlich dargestellt wird, wie weltliebende Selbsthingabe und lichtfreudige All-Auflösung, mystische Ich-Zerstreuung und sinnanalytische Realitätsdispersion aussehen und ablaufen. Wenn ich also von Selbsterhaltung und Ich-Identität rede, so doch als jemand, der beanspruchen darf, von dem, worüber er gerade *nicht* redet, mehr zu verstehen, als in den vorliegenden Versuchen deutlich zu machen erforderlich schien.
Aber ach: um so aufdringlicher wird das Ansinnen, nun gefälligst eine ›Position zu vertreten‹, ›Flagge zu zeigen‹, damit erkennbar wird, wofür und wogegen hier ›Stellung bezogen‹ werde. Wofür ›plädiert‹ unser Autor, wogegen ›optiert‹ er? Vernunft oder Mystik? Selbsterhaltung oder Selbstzerstörung? Rationale Beharrung oder sinnliche Diffusion? – Angesichts dieser Fragen komme ich mir vor wie ein Mathematiker, den man auffordert, nun Farbe zu bekennen, wofür er sei: für die geraden oder die ungeraden Zahlen, wie ein Biochemiker vor der Entscheidung zwischen Assimilation und Dissimilation, ein Soziologe zwischen Konsens und Konflikt, ein Historiker zwischen dem Westfälischen Frieden und der Französischen Revolution. Kurzum: mit Gebärden des Dafür-Stimmens und Dagegen-Votierens kann ich nicht dienen. Plädoyers, Optionen und Voten, soweit sie anderes intendieren als die theoretische Darlegung von Sachverhalten, haben, wie mir scheint, in einer als Wissenschaft betriebenen Philosophie nichts zu suchen. Da geht es auch nicht um den Aufruf zu etwas, sondern um die Darstellung von etwas; nicht um den praxisrelevanten Appell, nun einen Abschied-von oder eine Wende-zu zu vollziehen, sondern allein um die sachbezogene, klarheitsfördernde und insofern der Aufklärung verpflichtete Theorie. – Identität und Destruktion, Rationalität und Mystik, Formprägung und Hingabe: das gibt es. Das, was es gibt, genau zu erfassen, umsichtig zu analysieren und verständlich darzustellen: das ist Theorie. Plädieren kann man zwar – wie es hier geschieht – *für sie, in ihr* aber nicht mehr.

*

Die fünf Studien dieses Buches sind so angelegt, daß jede auch ohne Kenntnis der anderen gelesen werden kann. Gelegentliche Redundanzen habe ich deshalb in Kauf genommen. – Die Schriften Kants zitiere ich, stets ohne Verfassernamen, nach der Akademie-Ausgabe; römische Ziffern bezeichnen den zitierten Band, arabische die Seitenzahl. Bei der *Kritik der reinen Vernunft* nenne ich überdies die Seitenzahl der ersten (A) oder der zweiten Auflage (B). Die Orthographie habe ich vorsichtig neueren Gebräuchen angepaßt.

I.

Identität im Übergang

1. Exzessive Lebensläufe

Der Lebenslauf ist ein Text, den einmal oder öfter zu produzieren kaum jemand sich entziehen kann. Man braucht ihn vor allem dann, wenn man im Berufsleben von einer Stelle auf eine andere wechseln, eine neue Position erreichen, den eigenen Status verbessern möchte. Doch das, wozu der Lebenslauf pragmatisch, im Konkurrenzkampf des Lebens, benötigt wird, ist ihm thematisch, im Relevanzkampf der Theorie, selbst widerfahren: er hat seinen Status verändert, ist er doch von einem Schriftstück des Alltags zu einem Gegenstand von Wissenschaft avanciert. Klein hat er angefangen: als üblicher Bestandteil üblicher Bewerbungsunterlagen; doch im Zuge seiner Beförderung ist er, Donnerwetter, zu einer Geschichte mit »Identitätspräsentationsfunktion«[1] ernannt worden. Und er verdient diesen hohen Rang in der Hierarchie theoretischer Aufmerksamkeit; denn das, worin Identität sich präsentiert, ist für den, der wissen will, was sie ist, als Anhaltspunkt oder Leitfaden für weitere Überlegungen hilfreich. Der Lebenslauf spielt aber nicht nur pragmatisch eine Rolle beim Versuch, von einem Status zu einem anderen überzugehen; er besteht auch inhaltlich aus der Darstellung von Ketten solcher Übergänge. Daß also Lebensläufe in bevorstehenden Übergängen vorkommen und zurückliegende Übergänge in Lebensläufen dargestellt werden, läßt schon vermuten, daß Identität, so präsentiert, wesentlich mit Problemen des Übergangs zusammenhängt.

Uns ist vertraut, was ein Übergang ist. Was Identität aber ist, wissen wir, genau besehen, nicht ganz so gut. Sie ist eben nicht, wie ein Übergang, hier und jetzt schlicht vollziehbar, auch nicht, in der Wahrnehmung solchen Tuns, einfach erlebbar. Aber es gibt eine Beziehung zwischen beiden, die uns gestattet, mit dem, was wir vom Übergang wissen, uns umwegig-sinnfällig über Identität zu verständigen. Identität kennzeichnet den, der ein Leben so

1 Hermann Lübbe, »Zur Identitätspräsentationsfunktion der Historie«, in: Odo Marquard/Karlheinz Stierle (Hg.), *Identität (Poetik und Hermeneutik VIII)*, München 1979, 277-292.

lebt, daß es *ein* Leben ist, weil es *sein* Leben ist. Denn kraft der Identität eines Subjekts gewinnt das Ganze des Lebens seine Ganzheit. Der Übergang aber ist wesentlich Teil des Lebens. Und er kann das Ganze, dessen Teil er ist, auch repräsentieren: er ist, fürs Leben, eine *pars pro toto.* Und die Analyse der Funktion und der Leistung des Übergangs im Leben kann die Stelle einer ›Philosophie des Lebens‹ vertreten. Insofern ist der Übergang Symbol des Lebens, Symbol auch dessen, worin dieses Zusammenhalt hat oder sucht.[2]

In den folgenden Erwägungen geht es mir darum, den Übergang als Symbol von Identität darzustellen; ich suche durch die Beschreibung von Übergängen und Übergangsschwierigkeiten, also auf einem Umweg, etwas darüber auszumachen, was Identität dem, der sie sucht, bedeutet, und dem, der sie gefunden hätte, bedeuten müßte. Das prozessuale Moment am Übergang wird dabei den temporalen Aspekt von Identität stärker herausheben; so kann indes auch sichtbar werden, in welchem Maße Identität nicht nur das ist, worin ein Leben, sondern auch das, worin eine Geschichte Einheit zu finden vermag.

Nicht physische Objekte, sondern handelnde Subjekte sind es, nach deren Identität ich frage. Das Selbst-Sein ist insofern nicht substantiell, sondern geschichtlich konstituiert; es beruht nicht auf dem, was als beharrlich zugrunde liegt, sondern stellt sich ein, wenn eigene Handlungen sich mit dem berühren, was ihnen als unverfügbar vorausliegt und entgegentritt. Ein Ding, das erst *so* ist und dann *anders,* ohne dabei selbst ein anderes zu werden, *wahrt* seine Identität *trotz* des Übergangs vom So-Sein zum Anders-Sein, den es erleidet. Ein Subjekt indes *gewinnt* seine Identität erst *in* den Übergängen, die es handelnd vollzieht. Weil es aber, und zwar von Anfang an, auch zu wahren sucht, was es jeweils geworden ist, kehren die Muster dinghafter Identität, leicht modifiziert, innerhalb der Strukturen wieder, die dem Lebensprozeß seine eigentümliche Form und Gestalt verleihen.

Den thematischen Leitfaden meiner Erwägungen entnehme ich der Philosophie Kants. Sie, oder doch Stücke aus ihr, suche ich,

2 Zu diesem Begriff des Symbols: Georg Simmel, *Philosophie des Geldes,* Berlin [6]1958, 583 ff.; der »Übergang« gewinnt in dieser Funktion die Valenz einer »absoluten Metapher«; vgl. dazu: Hans Blumenberg, *Paradigmen zu einer Metaphorologie,* Bonn 1960.

phänomenologisch beschreibend, so zu interpretieren, daß der Begriffszusammenhang, als der sie sich darstellt, zurückgebunden wird an die Anschauungsbasis, aus der er seinen Sinngehalt bezieht. Zweierlei hat die anschauliche Beschreibung dabei im Auge: Sachverhalte, wie sie sind; und, damit verknüpft, Sachverhalte, wie sie zwar nicht sind, aber doch sein könnten. Das *erste* läßt sich erfassen und darstellen in der deskriptiven Zuwendung zu alltäglich-lebensweltlichen Erscheinungen; sie müssen freilich schonend auf das hin durchsichtig gemacht werden, was sie an Typischem, Wesenhaftem, Signifikantem in sich enthalten: denn dies analytisch behutsam abzuheben heißt eben: den Übergang von der Anschauung zum Begriff und somit den Zusammenhang beider phänomenologisch einsichtig zu machen.

Das *zweite* erfordert die sorgsame Isolation und freie Variation von Momenten, die selbst stets in vielfältigen Verflechtungen vorkommen, die exzessive Steigerung maßvoller Tendenzen, die Extrapolation beobachtbarer Prozesse zu ihren nicht beobachtbaren initialen und finalen Grenzwerten. Solche methodischen Operationen führen zu dem, was bei Max Weber »Idealtypus« oder bei Edmund Husserl »Limesgestalt« heißt. Derlei Idealzustände und Extremfiguren beschreiben zwar nicht, was ist, auch nicht, was sein sollte, aber sie helfen uns, zu erkennen, was alles an Neigungen und Hemmungen, an Fiktionen und Idealisierungen, an Unterstellungen und Prätentionen im Geflecht unseres bewußten Lebensvollzugs oft unmerklich wirksam ist.

Beide methodischen Operationen sind indes über die Sachverhalte, um deren anschmiegsam-genaue Darstellung sie sich bemühen, miteinander verbunden. Denn das, was ist, zeigt sich weithin als gewirkt aus den Fäden dessen, was sein könnte, aber, weil ins Gewebe verwoben, dann doch nicht ist, zeigt sich als Feld einer Interferenz von wechselseitig sich in ihrer Überlagerung beschränkenden und gerade so sich realisierenden Möglichkeiten. Als das, worin vieles Mögliche sich bindend verbunden ist, steht das Wirkliche in einem Horizont, auch anders sein zu können, auch nicht sein zu können: *kontingent* zu sein und kontingent zu *sein.* – Dieser Sachlage suche ich methodisch gerecht zu werden. Wem indes die Beschreibung der ›Sachen selbst‹ zu konkret ist und der Umgang mit den Grenzwerten des bloß Möglichen zu spekulativ, der wird, so fürchte ich, an meinen Überlegungen seine Freude nicht finden können.

Übergänge verbinden Zustände. Und sie sind schwierig oder doch stets auf dem Sprung, es zu werden. Übergänge kommen nicht etwa gelegentlich auch einmal vor, um dann, damit sie gelingen, episodisch unsere Aufmerksamkeit zu fordern. Vielmehr sind sie so bedeutsam und von solcher Vor- und Nachwirkung, daß alle Aktivitäten, die nicht selbst Übergänge sind, sich doch auf sie beziehen lassen: was wir sonst tun und lassen, dient dazu, den Vollzug zukünftiger Übergänge vorzubereiten, die Resultate vergangener Übergänge zu stabilisieren oder die Folgen mißlungener Übergänge zu bewältigen. Dabei reicht die Skala mißlungener Übergänge vom winzigen Stocken bis zur Verzweiflung des Nicht-weiter-Könnens, von kaum merklichen Störungen in eingefahrenen Handlungsabläufen – Stolpern, Sich-Verschlucken, beim Reden den Faden verlieren – bis hin zu jener wahnhaften Haltlosigkeit, in der man sich schon dort wähnt, während man noch hier ist, oder umgekehrt. Daß hier die bekannten Techniken einsetzen – im Leben wie in dessen Darstellung –, welche die vitale und textuelle *transition,* um mit Hume zu reden, wieder *smooth and easy* und damit ›glaubhaft‹ machen, signalisiert schon hinreichend, in welchem Ausmaß Übergangsprobleme Identitätsprobleme sind.

Lebensläufe, gelebte und geschriebene, bestehen aus Sequenzen von Übergängen, aus der Reihe jener Schritte, durch die man einen Status verlassen hat und in einen neuen eingetreten ist. Der Lebenslauf als Text mit seinem Und-dann, Und-dann, Und-dann... dient der Vorzeichnung einer Leerstelle, wie sie sich im Bewußtsein des Lesers aus dem überschießenden Bewegungsimpuls heraus formiert. Der nächste Schritt, den zu tun der Verfasser – und deshalb schreibt er – gerade im Begriffe ist, steht nicht in seinem Belieben, sondern ergibt sich als naheliegende, ja fast notwendige Folge seiner vergangenen Schritte. Und das, welch glücklicher Zufall, genau in dem Augenblick, da jene andere Leerstelle zu besetzen ist, um die er sich bewirbt! Vorblickend transformiert, wer seinen Lebenslauf schreibt, Ehrgeiz in Erwartung, Ambition in Protention: darin besteht schon sein erster Ansatz zum Ausgang aus jenem ›Stand‹, den er als vorläufig letzten dargestellt hat. Im Rückblick aber präsentiert der Verfasser sich und dem Leser eine Serie glücklicher Begegnungen zwischen dem, was die immanente Konsequenz des Lebens gefordert, und dem, was sich diesem Leben an externen Möglichkeiten geboten hat. Indem der Lebenslauf Erfüllung an Erfüllung knüpft, indem er zeigt, wie immer wieder das Suchen zum Finden wurde, erweist er sich beinah als eine kleine Theodizee.

Da liegt dann immer die Frage nach den Erschütterungen nahe, durch die man den Boden unter den Füßen zu verlieren droht. Wenigstens zum Anfang meiner Überlegungen möchte ich aber den Übergang heraushalten aus dem Bannkreis der heimlichen Gebrauchsdefinition: ›Identität ist, wenn man keine Schwierigkeiten mit ihr hat‹. Es gibt ja in menschlichen Dingen einen traurigen heuristischen Vorzug des Mißlingens, einen methodischen Primat des Pathologischen; um ihm wenigstens einen Moment lang zu trotzen, halte ich zunächst nicht Ausschau nach mißlungenen Übergängen, sondern nach solchen, die auf andere Weise ausgezeichnet sind.

Jeder Lebenslauf dient dazu, den *letzten* Zustand, den er literarisch darstellt, durch den Übergang, den er wirklich einleitet, zum *vorletzten* werden zu lassen. Kann es, so läßt sich ganz formal fragen, jenseits der relativ letzten, auch absolut letzte Übergänge und Zustände in Lebensläufen geben? – Jeder Übergang fordert einen Verzicht: andere Möglichkeiten, die auch hätten ergriffen werden können, werden zu ehemaligen Möglichkeiten, zu vergangenen Chancen, zu ungenützten Gelegenheiten. Wer jetzt hierhin geht, kann, nachdem er gegangen ist, nicht mehr einer sein, der damals dorthin ging, so gerne er der vielleicht hinterher wäre. Wer *dieser* geworden ist, kann, wer er *auch* hätte werden können, nun nicht mehr werden, geschweige denn sein. Durch diesen Verzicht gewinnen wir indes auch etwas: mit den Schritten, die wir hierhin und nicht dorthin tun, erlangen wir ›Positionen‹, die uns in die Lage versetzen, die nächsten Schritte mit größerer Freiheit zu tun.

Die erste Phase des Lebens – schwer zu sagen freilich, wo sie endet – kennt ein schrittweises Anwachsen der eigenen Verfügungsmacht. Anfangs wird man getragen, geschoben, geführt, gelenkt, gegängelt. Aber die wirklichen Gängelbänder fallen weg und es bleiben die metaphorischen; je mehr auch diese wegfallen, desto freier ist man, desto mehr ist es eine Tat, eine eigene Tat, von einem Zustand zu einem anderen überzugehen. Erwachsen-Werden ist eine solche Steigerung, in der der Verzicht auf die Ergreifung *dieser* Möglichkeiten hinführt zu immer größerer Freiheit der Verfügung über *andere*, die sich so erst eröffnen.

Gibt es einen Grenzwert, dem diese Steigerung zustrebt? Dem sie zustrebte – Irrealis –, wenn sie ungebrochen und ungebremst weiterliefe? Ich glaube, daß zwei Figuren am Ende dieser fiktiven Extrapolation stehen: völlig frei ist nur, wer nichts mehr will und wer alles kann; beide verfügen über das, was sie wollen, ohne jede Einschränkung.
Das aber bedeutet: definitiv letzte Zustände gibt es nur in Lebensläufen von Suizidenten und absoluten Herrschern. Da man jenes stets Mögliche meist nicht werden will und dieses meist Gewollte stets nicht werden kann, wird man das, was man werden muß, nämlich alt. Ganz ohne Lebenslauf gerät man da hinein. Und wenn man sich dann auf sich selbst besinnt, erfährt man das Alter als den Stand, in welchem man keine Lebensläufe mehr verfaßt, sondern allenfalls Memoiren und Autobiographien. Und die formieren sich nach etwas anderen Prinzipien. Der eigene Tod ist nicht eine nächste Stelle im Text des Lebens, vielmehr wird er gleichsam fiktiv antizipiert und literarisch funktionalisiert als diejenige Position, aus der heraus man die eigene Geschichte wieder neu zu erzählen weiß: auf andere Weise und anderen anderen. Das schließt Autobiographien junger und Lebensläufe alter Autoren nicht aus, sondern macht sie literarisch reizvoll.
Ein anderer Status, der sich formal auszeichnet, ist der erste. Durchläuft man das *curriculum vitae* in Gegenrichtung, so nehmen die Übergänge zunehmend Zwangscharakter an. Man gelangt am Ende zum Anfang: zum *status nascendi,* der freilich, als Oxymoron, einen Übergang meint. Eine Extrapolation zum *status quo ante* markiert nun als Grenzwert die absolute Übermacht des Äußeren, des Fremden, der Wirklichkeit. Und das heißt: der erste und wichtigste Übergang des Lebens, der *ins* Leben, wird als unüberbietbarer Gewaltakt erlitten. Vom Nichtsein zum Sein geht man nicht freiwillig: man wird dazu genötigt.
Welch ein Glück, sich an diesen erzwungenen Anfang nicht erinnern zu können! – Oder gehört vielleicht diese Vergeßlichkeit eher zu den Bedingungen, unter denen jene Handlungen erst möglich werden, die in ihrem Zusammenhang das Leben dessen ausmachen, der so angefangen hat? Und ist die Rede vom ›freudigen Ereignis‹ nur ein lebensfördernder Euphemismus derer, die dieses Ereignis längst hinter sich haben und, rücksichtsvoll vor allem gegen sich selbst, sich nur ungern daran erinnern lassen, daß sie noch immer alle Hände voll zu tun haben, sich den Beweis der

Freudigkeit zu erarbeiten? Ist die Geburtstagsfeier ein apotropäisches Ritual, die mit der ›Wiederkehr‹ des Geburtstages drohende Durchbrechung einer lebensnotwendigen ›Geburtsvergessenheit‹ abzuwehren? Ist etwa der erste Übergang schon pathologisch und mit ihm alles, was ihm folgt?

Man sieht, wie nahe *und* fern der wirkliche Anfang und das fiktive Ende des Lebens einander sind: Allmacht hier, Ohnmacht dort. In der Ohnmacht seines Anfangs aber erlebt der Anfänger *fremde* Allmacht. Sie ist von Anfang an sein Ärgernis, mit ihr schlägt er sich zeitlebens herum. Die unfaßliche diffuse Macht zu bündeln, das Resultat dieser Bündelung ›Gott‹ zu nennen und dann sich selbst in diese unangreifbare Position zu bringen; darin manifestiert sich die Tendenz dessen, der machtlos anfing: er will *selbst* die Macht werden, von welcher er sich ursprünglich abhängig wußte. Politisch ist das Absolutismus, metaphysisch Idealismus: in jedem Falle etwas Wahnhaftes. Die fremde Macht zur eigenen zu machen: das ist der eine Weg, mit ihr fertig zu werden. Und dies der andere: die Kontingenz des eigenen Daseins, also die Möglichkeit des Nichtseins zu ergreifen und zu verwirklichen; die absolute Macht wird entmachtet, denn sie kann den, der sein Nichtsein realisiert und sich das Leben genommen hat, nicht mehr erreichen. In dieser Unbetreffbarkeit durch alle Mächte der Welt kommen beide Figuren überein: der eine, der selbst über alles verfügt, und der andere, der Hand an sich gelegt hat.

Wer lebt aber wird, solange er lebt, keines von beiden; es gibt ja entweder, *im* Leben, illusionär das eine oder, *nach* dem Leben, wirklich das andere. Im sogenannten wirklichen Leben aber bewegen wir uns mühsam dazwischen. Solche riskanten Durch- und Übergänge erleichtern wir uns, indem wir sie uns in mythisch-rhetorischen Figuren vergegenwärtigen: ständig muß das ›Schiff des Daseins‹ zwischen der Skylla des Wahnsinns und der Charybdis des Suizids hindurch; das Leben erscheint denen, die es anzufangen genötigt wurden, als eine gefahrvolle Durchfahrt, ein gewagter Übergang, eine sinnsuchende und deutungsbedürftige Passage.

Kein Wunder also, daß sich in den Köpfen der so prekär existierenden Subjekte das Thema von Allmacht und Ohnmacht unausrottbar eingenistet hat. Wer sich erfolgreich über die Frage nach den Bedingungen seiner eigenen Existenz hinweggesetzt hat und deshalb glaubt, sich für einen Realisten halten zu dürfen, kennt dieses

Thema nur in der ›getrübten‹ Variante: In Politik und Gesellschaft kommt Macht, zum Glück, nur in unterschiedlicher Verteilung vor: hier mehr, dort weniger. Hier alles und dort nichts: diese ›ideale‹ oder ›reine‹ Gestalt gibt es nur im Nachsinnen derer, denen es mißlang, ›Realisten‹ zu werden. Und zu ihnen zählen die Metaphysiker. Was sie als Widerstreit von Spontaneität und Kausalität erörtern, als Antinomie von subjektiver Freiheit und objektiver Notwendigkeit dialektisch zu lösen suchen: das ist nur der theoretische Reflex eines Antagonismus, der das Leben von Anfang an und gerade wegen seines Anfangs durchzieht.

2. Ein Schrei der Entrüstung

Der Kant-Kenner wird sich hier vielleicht an die vielzitierten endlosen Streitigkeiten der Metaphysik erinnern, der Kant-Liebhaber aber vorher schon an den denkwürdigen § 28 der Rechtslehre der *Metaphysik der Sitten.* Dieser Paragraph bildet, zusammen mit den beiden ihm folgenden, den Ausgangs- und bleibenden Bezugspunkt meiner Überlegungen zum ›Übergang‹. Erst in meinen abschließenden Erwägungen zu Problemen der subjektiven Individualität und der Selbstdarstellung im Handlungsvollzug (S. 67-89) werde ich noch auf einen anderen Text aus der Feder Kants eingehen: auf den *Mutmaßlichen Anfang der Menschengeschichte* von 1786.

Nach Auskunft des genannten Paragraphen werden die Eltern zu dem, was sie sind, indem sie einem anderen Gewalt antun: ihrem Kind nämlich. Der neue Erdenbürger wird, obgleich Person, nicht gefragt, ob er dasein will oder nicht; er wird zum Leben und ins Leben gezwungen. Die Untat der Eltern besteht also darin, daß sie »eine Person ohne ihre Einwilligung auf die Welt gesetzt und eigenmächtig in sie herüber gebracht haben«. Wegen dieser Rücksichtslosigkeit und Eigenmächtigkeit sind die Eltern auch verbunden, diese kleine Person »mit diesem ihrem Zustande zufrieden zu machen« – freilich mit der wichtigen Einschränkung: »soviel in ihren Kräften ist«.[3] Diese rechtliche Obligation hat also eine anthropologische Implikation: Wer ohne gefragt worden zu sein in diesen »Zustand herüber gezogen« wurde, der ist zuerst einmal unzufrieden damit, daß er lebt.

3 *Die Metaphysik der Sitten,* VI 281.

Gemessen an dem, was Kant uns von ihm zu erwarten gelehrt hat, ist »Unzufriedenheit« ein recht diffuser Ausdruck; und doch bleibt er beinah noch hinter jener Unschärfe zurück, die deskriptiv nötig ist, wenn das Korrelat jener Eigenmächtigkeit, durch welche die Eltern zu Eltern werden, als subjektive Erfahrung in die fast gänzlich undifferenzierte Erlebnisfähigkeit des Kindes hineingelegt werden soll. Dieses infantile Korrelat ist nämlich die Ohnmacht des Kindes und die anfängliche Erfahrung von Kontingenz: nicht gefragt worden zu sein, ob es leben will oder nicht, und das eigene Dasein als puren Zufall hinnehmen zu müssen: darin gründet die initiale Unzufriedenheit. Sie ist die erste ›Befindlichkeit‹, das anfängliche ›Lebensgefühl‹.

Selbst wenn es für diese Unzufriedenheit des Neulings keinerlei Indizien gäbe – von empirischer Bestätigung ganz zu schweigen –, ließe sich die Annahme, er fühle sich so, doch rechtfertigen durch den Erfolg, verschiedene Erfahrungen in einen sinnhaften Kontext zu bringen. Aber es gibt ein solches Indiz. Nicht in seiner *Metaphysik der Sitten*, sondern in seiner *Anthropologie* hat Kant auf ein bisweilen aufdringliches empirisches Faktum hingewiesen und es als Symptom für eine Art Urkonflikt im ersten postnatalen Zustand aufgeschlüsselt: »das Geschrei, welches ein kaum geborenes Kind hören läßt«. Daß der Mensch schreiend auf die Welt kommt, muß etwas mit dem zu tun haben, was ihn zum Menschen macht; denn er schreit, wie Kant eigens betont, »zum Unterschied von allen Tieren«. Dieses akustische Unterscheidungsmerkmal interpretiert Kant nun als Ausdruck eines »Gefühls der Unbehaglichkeit«, das nicht körperlichem Schmerz entspringt, sondern einer »Art von Erbitterung« und »Entrüstung«; sie entsteht, wenn das Kind »überhaupt nur seinen Zustand zu verändern bestrebt ist und sich daran gehindert fühlt«; mit Geschrei kündigt es seinen »Anspruch auf Freiheit« an.[4]

Diese wenigen Bestimmungsstücke verraten ein vertrautes Muster: subjektive Freiheit und objektive Notwendigkeit geraten in Konflikt. Und das bedeutet: Der erste Schrei ist die unartikulierte Version der dritten Antinomie. Die in philosophischen Sätzen dargestellte Opposition von Freiheits-Thesis und Notwendigkeits-Antithesis ist nur die theoretische Objektivation des von Kant skizzierten Urkonfliktes. Ihn zum Thema phänomenologi-

4 *Anthropologie in pragmatischer Hinsicht*, VII 268 f. mit Anm., 327 Anm.

scher Erwägungen zu machen heißt vor allem, hinter die fertigen Resultate dieser Objektivation zurückzugehen, um sie aus ihrem undifferenzierten Anfang heraus zu begreifen. Es heißt aber auch, das Moment von Distinktion in diesem ›konfusen‹ Anfang zur Geltung zu bringen, weil sonst statt der ›Phänomene‹ nur Nebel zu sehen und statt der beschreibenden Rede nur – ja, eben nur Geschrei zu hören wäre. Ich versuche also, den Konflikt, der im ersten Schrei laut wird und Laut wird, im Nacheinander einer Geschichte zu erzählen, um auf solche Weise phänomenologisch die Differenz ursprünglicher Erfahrungen kenntlich zu machen, ohne gleich dialektisch in die Antithetik von Sätzen zu geraten.

Machen wir uns die Perspektive des Schreiers zu eigen – das kann, da es jeder doch selbst einmal war, so schwer gar nicht sein –, so fängt der Anfang an mit dergleichen wie unbegrenzter Spontaneität, weltsuchender Intentionalität, allsüchtiger Aktivität. Wenn man nicht zu hochgestochen, sondern, den Umständen entsprechend, ›naiv‹ ansetzt, kann man dieses Ausgreifen mit dem identifizieren, was wir uns unter dem Titel Freiheit vorzustellen pflegen: sie beansprucht, mit allem alles tun zu können. Aus rechtlicher Sicht heißt das: wer frei ist, beansprucht *eo ipso*, alles als Eigentum zu besitzen. In diesem universalen Ausgriff liegt schon die Konsequenz, daß das Subjekt, das so ausgreift, alles, wonach es ausgreift, auch ›zu Recht‹ für sich reklamiert. – Nun zu diesem ersten Zustand unserer Geschichte gleich ein kurzer Kommentar: Wenn Kant die idealistische Philosophie »kindisch« nennt,[5] so läßt sich diese Metaphorik sinnvoll spiegeln, indem man den infantilen Anfang als »idealistisch« apostrophiert. Dieser Idealismus – wer will, kann ihn auch »primären Narzißmus« nennen – ist Integral dessen, was sich ›später‹ erst in theoretische und praktische Aktivität ausdifferenziert; dieses inchoative Ineinander gestattet es, in der Beschreibung so zu verfahren, als sei zwischen Erkenntnisgewinn und Besitzergreifung noch keinerlei Unterschied auszumachen.

Nun geht es weiter. Wo liegt denn eigentlich, so läßt sich fragen, der Punkt, von dem alle Intentionalität ausgeht, der Ort, dem alle Spontaneität entspringt? Es gibt, vor dem Anfang, keine Antwort auf diese Frage; schon die Unterstellung, es müsse so etwas wie einen Ausgangspunkt der aktiven Weltzuwendung geben, ist hier

5 *Prolegomena zu einer jeden künftigen Metaphysik*, IV 292, *Anthropologie in pragmatischer Hinsicht*, VII 172 Anm.

noch ganz sinnlos. Aber sie bleibt es nicht. Denn kaum hat der großartige Ausgriff auf alles die erste winzige Phase seiner prätentiösen Gesamtbewegung vollzogen, da stößt er auch schon auf etwas, das seinen Fortgang hemmt. Und was ist dieses erste Hindernis? Ein Organismus. Er ist das erste ›Objekt‹. Was zu erfassen und zu durchdringen der Intentionalität gleich anfangs fast gänzlich mißlingt, macht sie und ihren Ausgangspunkt nachträglich lokalisierbar: Intentionalität ist wenn nicht ursprünglich, so doch anfänglich organisch; sobald sie überhaupt irgendwo ist, ist sie ›im‹ Leib, ist sie verleiblicht und leibhaft.

Der Mensch, heißt das, ist von Anfang an behindert. Indem die Intentionalität ›von innen‹ an Äußeres stößt, indem ihre expansive Spontaneität gebremst wird, entsteht allererst die Differenz von Widerständigkeit und Verfügbarkeit, von realer Hemmung und intentionaler Durchdringung, von ›Wirklichkeit‹ und ›Bewußtsein‹. Freilich, wie schwach diese Durchdringung zunächst auch sein mag und wie gering ihr Wirkkreis: ganz fehlen darf sie nicht. Sonst wäre der Organismus nur Objekt und nicht auch Subjekt. Er ist aber beides: naturhafter Körper *und* erlebendes Ich. Daß er dies ist, zeigt er akustisch an: eben durch »das Geschrei, welches ein kaum geborenes Kind hören läßt«. Wäre dieser schreiende Organismus nur ein kompliziertes physisches Objekt: er könnte keinen »Anspruch auf Freiheit« geltend machen. Wäre das Subjekt in seiner organischen Existenz nicht gehemmt, so bräuchte es diesen Anspruch – er wäre ja eingelöst – nicht zu erheben. Mit dem ersten Schrei drückt der, der ihn tut, nicht bloß ›inhaltlich‹ seinen Zwiespalt aus; in diesem Ausdruck zeigt sich vielmehr, daß der Organismus, der da schreit, der Person, die ihn hat, auch gefügig ist. Indem er hörbar etwas ausdrückt, erweist sich der organische Körper als beseelter Leib eines freien Subjekts. Der Ausdruck *ist* bereits die partielle Realisierung des »Anspruchs auf Freiheit«, der in ihm erhoben wird.

In dem Maße, wie die Intentionalität den Organismus ›durchwaltet‹, kommt er und wird sie zum Bewußtsein: dieses ist nichts anderes als die Sphäre unthematischer Vertrautheit und Relationalität. Hätte sie keine Grenzen, so wüßten wir nichts von ihr. Denn alles, was ›in ihr‹ ist, kennen wir nur vermöge ihres Bezugs zu dem, was sie ›außer sich‹ hat. Die alte phänomenologische Binsenweisheit, daß Bewußtsein immer Bewußtsein-von-etwas ist, besagt ja nicht nur – obschon es wichtig genug ist –, daß, wo

Bewußtsein ist, auch Gegenstände sein müssen; sie meint vielmehr: was immer Inhalt des Bewußtseins sein mag: sowohl das gegebene ›Material‹ als auch die daran anknüpfenden oder darauf bezogenen ›Funktionen‹ sind, was sie sind, nur in ihrer Beziehung auf Objekte. Das sinnlich Mannigfaltige bekommt nur Sinn als das Mannigfaltige der Erscheinung, die Kategorien nur, indem wir durch sie diese Erscheinungen als Gegenstände unserer Erkenntnis haben.
Daß das Bewußtsein entsteht, indem die Intentionalität gehemmt wird, läßt sich noch in alltäglicher Erfahrung erleben: erst wenn wir an einer Sache Anstoß nehmen, werden wir uns ihrer bewußt. Auf das Selbstverständliche und Vertraute, zu dem auch das Bewußtsein selbst zählt, muß man eigens gestoßen werden, um von ihm Notiz nehmen zu können. – Anstößig also ist der erste Anfang. Damit aber ist der Anfang des Bewußtseins zugleich das Ende des Idealismus. Es entsteht die Differenz von Innen und Außen, von Eigenem und Fremdem, von Freiheit und Notwendigkeit. Erst indem wir das Moment der Freiheit aus diesem differenzierten zweiten Zustand herauslösen und auf den undifferenzierten ersten zurückprojizieren, läßt dieser sich als der einer freien Intentionalität und grenzenlosen Spontaneität beschreiben. Und nur im Kontrast zu diesem ersten Zustand und in ›Erinnerung‹ an ihn kann, wer sich im zweiten weiß, ›entrüstet‹ sein. – Und ist es nicht in der Tat ein Grund, aus »Erbitterung« zu schreien, wenn man dessen inne wird, daß man aus sich selbst alles will und wegen fremder Behinderung fast nichts kann?
Nach dem Zusammenbruch des infantilen Idealismus bleibt die äußere Notwendigkeit nicht gleichgültig und unbeachtet liegen. Vielmehr ist sie ein fremder Zwang für das »kaum geborene Kind«. Es wurde nicht nur gewaltsam in diesen »Zustand herüber gezogen«, sondern muß auch wegen des Unvermögens, »seinen Zustand zu verändern«, diese Veränderung *nolens volens* als fremde Leistung passiv entgegennehmen. Zur Unverfügbarkeit der Bedingungen des eigenen Daseins gesellt sich die der Bedingungen des eigenen Weiterlebens. Die Kontingenz der Entstehung setzt sich fort in der Dependenz des Fortbestandes. Auf die Annahme von ›Unterhaltsleistungen‹ ist angewiesen, wer weiterleben will. Und wer nicht weiterleben will, wird durch dieselben Leistungen zum Weiterleben gezwungen. So wirkt in alles, was der Geburt folgt, deren Kontingenz noch schmerzlich hinein.

Gegen die Macht, die ihn erzeugt und erhält, rebelliert der kindliche Schreier mit seinem Schrei. Sein »Anspruch auf Freiheit« erstreckt sich auf seine Existenz im ganzen: auf ihren Anfang und ihren Fortbestand.

3. Durch Fremdbestimmung zur Selbsterhaltung

Die Eltern, Gewalttäter *per definitionem*, sind verpflichtet, das Kind, dem sie, indem sie es zeugen, Gewalt antun, mit seinem Zustand kontingenten Daseins »zufrieden zu machen«. Der Inbegriff derjenigen Handlungen, mit denen sie sich um die Erfüllung dieser Rechtspflicht bemühen, ist die Erziehung oder Bildung des Kindes. Sie ist, nach § 29 von Kants Rechtslehre, »sowohl pragmatisch, damit es künftig sich selbst erhalten und fortbringen könne, als auch moralisch, weil sonst die Schuld ihrer Verwahrlosung auf die Eltern fallen würde«; und sie dauert, so die Rechtsvorschrift, bis die Kinder »vermögend sind, sich selbst zu erhalten«, d. h. »bis zur Zeit der Entlassung *(emancipatio)*«.[6]
Wie hängt die Erziehung mit dem Vermögen zur Selbsterhaltung zusammen? Und wie dieses Vermögen mit der Emanzipation, die es ermöglicht? Und wie diese Emanzipation mit der Zufriedenheit, die uns am Anfang so gänzlich noch abgeht? Ich gehe diesen Fragen nach, indem ich das, was im Prozeß der Erziehung geschieht, auf die innere Verfassung seines zeitlichen Ablaufs hin untersuche. Es geht mir also nicht um die lebendige Beziehungsvielfalt und die inhaltliche Ausstattung der Erziehung, sondern um ihre formale Struktur, um ihre gegliederte Verlaufsform.
Natürlich kann ein so komplizierter Interaktionsprozeß wie die Erziehung nicht gelingen ohne Einfühlsamkeit und Geduld, ohne Zartheit und Zutrauen; und natürlich ist im Erleben der beteiligten Subjekte die Beziehung von Eltern und Kindern eine vorrangig affektive Beziehung; wenn es gut geht und damit es gut geht: eine Liebesbeziehung. Doch was so überaus wichtig ist für das Leben selbst, muß für das *Verständnis* des Lebens nicht gleichermaßen bedeutsam sein: da sind eben oft die juridischen Verhältnisse lehrreicher als die emotionalen. Und dies nicht zuletzt deshalb, weil in Rechtsbegriffen das Leben selbst die Grenzen markiert, innerhalb deren es sich zu vollziehen vermag: genau die

6 *Die Metaphysik der Sitten*, VI 281.

Grenzen, die als reine Limesgestalten oder eidetische Typen dem schon nahekommen, was eine ›Phänomenologie des Lebens‹ zu ermitteln trachtet.
Wer erzogen wird, durchläuft eine Folge von Zuständen. Der Kleine, der größer wird, kann sukzessive immer mehr: schon sitzen, schon stehen, schon gehen, schon sprechen... All diese Fähigkeiten bestimmen nacheinander seine Zustände. Diese Fähigkeiten ermöglichen dem, der sie hat, den sinnvollen Umgang mit Sachen wie mit Personen. Und selbst dort, wo die Handhabung von Gegenständen Thema des Lernens ist – und meist ist dies so –, geschieht unthematisch die Einübung in Interaktionsverhältnisse. Denn fast alle Gegenstände, mit denen wir zu tun haben, sind ›Kulturobjekte‹ im weitesten Sinne des Wortes: Stühle und Tassen, Geld und Kleider, Wörter und Texte... Wer sie zu benutzen weiß, wüßte dies nicht, wenn er nicht zugleich vom ›Umgang mit Menschen‹ etwas verstünde. Wie die Fähigkeiten, die so erworben werden, haben auch die Zustände, in die man durch diesen Erwerb gelangt, eine sachliche und eine soziale Komponente.
Ein neuer Zustand beginnt mit einem Übergang: dieser verknüpft den Zustand, etwas noch nicht zu können, mit dem, es nun zu beherrschen. Übergänge freilich – zumal wenn der erste, die Geburt, noch recht nah ist – sind gesteuerte, auferlegte, fremdverfügte Vorgänge. Selbst die Flasche zu halten, selbst mit dem Löffel zu essen, selbst aus der Tasse zu trinken: derlei Fähigkeiten, mühsam erlernt, charakterisieren Zustände; doch der, dessen Zustände sie sind, ist nicht einfach frei und selbständig in sie gelangt: er mußte geführt und gezwungen werden, gelenkt und gedrängt. Die Übergänge zu solchen Zuständen sind außengeleitet und fremdbestimmt.
Und doch sind sie nicht *nur* das. Vielmehr spielen Selber-Tun und Geführt-Werden, Selbsttätigkeit und Fremdbestimmung sinnreich zusammen, um den schwierigen Übergang zu neuem Können zu bewältigen. Zuerst hält der Vater die Flasche; dann halten er und der Säugling sie gemeinsam; dann erst hält dieser sie allein. Die kleine Hand, die erstmals den Löffel führt, wird ihrerseits geführt von einer größeren. Und die Tasse wird anfangs von mehr Händen gehalten, als das Kind hat. Das Kind lernt gerade durch äußeren Halt, auch ohne ihn auf eigenen Füßen zu stehen; gerade durch äußere Führung, auch ohne sie die ersten Schritte zu

tun; gerade durch elterliche Hilfe, auch ohne sie sich zu bekleiden – und alsbald auch sich zu verkleiden.
Immer schwer zu beurteilen ist für den, der erzieht, ob der, der etwas mit seiner Hilfe kann, es nun auch schon ohne sie könnte. Da hilft nur eins: loslassen. Zuvor aber gilt es sorgfältig abzuwägen, ob der richtige Zeitpunkt dafür schon gekommen ist. Und danach gilt es, bereit zu sein, die Folgen des ›Falles‹, daß es zu früh war, vorsorglich aufzufangen oder trostreich abzupolstern. Oft genügt es schon, vor dem Loslassen die Bereitschaft zu solcher Hilfe erkennen zu lassen, um den Zeitpunkt zum richtigen Zeitpunkt zu machen. Denn die Aussicht auf die Harmlosigkeit der Folgen des Mißlingens ist selbst ein Faktor, der das Gelingen begünstigt.
Einem geglückten Übergang pflegt dann, im neuen Zustand, eine Zeit der Konsolidierung zu folgen: Man lernt, was man gerade gelernt hat, gewandter, sicherer, routinierter auszuführen. Ist eine solche Phase der Festigung und Habitualisierung abgelaufen, kann man zu einem neuen Übergang ansetzen und einen neuen Zustand erreichen. Der jeweils letzte Übergang bestimmt auch, was im neuen Zustand Thema der Aufmerksamkeit von Erziehern und Erzogenen ist: Hat einer gerade zu gehen gelernt, so gilt diesem Können und Tun das Interesse; daß er auch sitzen und stehen kann, ist für ihn und seine Zuschauer längst belanglos und nicht der Rede wert. Und wo, etwas später, der Lehrer die Schüler in die Infinitesimalrechung ›einführt‹, wird ohne zu fragen von den Grundrechenarten Gebrauch gemacht.
So also sieht die Struktur dieses Prozesses aus: eine Serie von Zuständen, verbunden durch Übergänge; aber: von Übergang zu Übergang steigert sich die Verfügungsmacht dessen, der diesen Prozeß durchläuft: er kann immer mehr. Deshalb haben Übergänge und Zustände zwei Dimensionen. Der Übergang nimmt alles, was vor ihm war, mit in den neuen Zustand hinein *und* begründet ihn zugleich als neuen, indem er dem bislang ausgebildeten Ensemble von Fähigkeiten eine weitere hinzufügt. Der Übergang vereint also Kontinuität und Innovation. Analog der Zustand. In ihn geht alles ein, was vorher auch schon gekonnt war; aber der jeweils letzte und also gegenwärtige Zustand unterscheidet sich von all seinen Vorgängern durch die Eigenart und Konsolidierung dessen, was mittels der Innovation des soeben vollzogenen Übergangs erreicht wurde.

Die erzieherischen Handlungen der Eltern (oder ihrer Stellvertreter in allerlei pädagogischen Anstalten) sind die Fortsetzung jener Eigenmächtigkeit, mit der sie zu Eltern wurden. Wie der Übergang *ins* Leben, so die Übergänge *im* Leben: fremdbestimmt; dem Subjekt, das da von Status zu Status fortschreitet, von außen auferlegt. Wie das Leben angefangen hat, so geht es auch weiter. – Und doch nicht ganz. Denn das Ziel dieser Repression ist Emanzipation: Fremdbestimmung soll zur Selbstbestimmung führen, Fremderhaltung zur Selbsterhaltung. Nicht beliebige Übergänge dürfen die Eltern erzwingen, sondern nur solche, die das Kind dem Ziel der Selbständigkeit näherzubringen geeignet sind. Aller Zwang muß dazu dienen, dasjenige ›System‹ von Fähigkeiten auszubilden, das den, der es hat, in die Lage versetzt, sich fortan selbst zu erhalten. Das aber bedeutet: Wer erzieht, übt Handlungen aus, deren Ziel es ist, nicht mehr nötig zu sein. Wer erzogen wird, muß lernen, selbst zu tun, was andere bislang für ihn taten. Hat er es gelernt, so braucht er die ›fürsorglichen‹ Handlungen anderer nicht länger passiv entgegenzunehmen: er ist vielmehr fähig, für sich selbst zu sorgen und gänzlich und selbsttätig all das zustande- und hervorzubringen, was nötig ist, um zu leben und um im Leben vorwärtszukommen.

Gerade für die Beschreibung des Erziehungsprozesses und dessen, was an seinem Ende geschieht, ist es zweckmäßig, so etwas wie Übergänge und Zustände zweiter Ordnung in die Betrachtung einzubeziehen. Das hört sich zunächst etwas artifiziell an, bleibt aber durchaus in den Bahnen einer phänomenologisch-deskriptiven Analyse; und in ihr werden Übergänge und Zustände nicht nach beliebig gesetzten Regeln konstruiert, sondern anhand der Erfahrung vorgefundener und selbsterlebter Prozesse beschrieben. – Ziehen wir ein Beispiel zu Rate: Student zu sein ist ein Zustand, der mit einem Übergang anfängt und mit einem anderen endet: Immatrikulation und Exmatrikulation. Doch zwischen diesen beiden Übergängen liegt eine Serie anderer, auch wenn sie weniger formal und weniger förmlich sind. Der Studienanfänger wird, oft schneller als er denkt, zum ›mittleren Semester‹ und bald schon zum Fortgeschrittenen; doch lange darf er auch dies nicht bleiben: er wird, hoffentlich, ein Examenskandidat. So steht ihm das Ende seiner Existenz – als Student, versteht sich – nahe bevor: ein Grund zur Sorge. Die studentische ›Karriere‹ kennt also mehrere Stadien und Übergänge zwischen ihnen.

Diese Zustände und Übergänge sind solche ›erster Ordnung‹, relativ zu dem sie übergreifenden Zustand ›zweiter Ordnung‹, Student zu sein, relativ auch den Übergängen ›zweiter Ordnung‹, durch die jener Gesamtzustand anfängt und aufhört: eben Immatrikulation und Exmatrikulation.

Zustände und Übergänge erster und zweiter Ordnung gibt es im Leben nicht ›an sich‹, sondern nur jeweils relativ zueinander. Man kann, wiewohl nicht beliebig, jeden Zustand segmentieren: dann ist er, relativ zu seinen Segmenten, den Sub-Zuständen, ein Zustand zweiter Ordnung; und er kann selbst als Segment betrachtet und einem umfassenderen Zustand eingefügt werden: dann ist dieser umfassendere ›höherstufig‹; und relativ zu ihm ist der in ihn integrierte nunmehr ein Zustand erster Ordnung. Natürlich läßt sich das hierarchisch staffeln bis zu Zuständen und Übergängen ›n-ter Ordnung‹. Aber auf eine solche formale Theorie kommt es mir hier nicht an. Für das Verständnis dessen, wie das emanzipatorische Ende der Erziehung aussehen kann, genügt es festzuhalten: Ein Zustand zweiter Ordnung ist charakterisiert durch die Konstanz einer bestimmten Qualität, an welcher alle von ihm umfaßten Zustände und Übergänge erster Ordnung partizipieren.

So ist es gleichsam ein mitlaufender Index aller Zustände, die nach der Geburt und vor der Emanzipation liegen, nur dank gewährter Übergangshilfe erreichbar, ›kraft‹ fremder Unterstützung haltbar und ›anhand‹ äußerer Führung überschreitbar zu sein. Insofern ist Fremderhaltung ein Prinzip, das alle voremanzipatorischen Zustände samt ihren Übergängen in einen übergreifenden Gesamtstatus integriert. Und Emanzipation ist dann der Übergang zwischen zwei Zuständen zweiter Ordnung: von dem der Fremderhaltung zu dem der Selbsterhaltung. *Bisher* war die Erhaltung des Lebens darauf angewiesen, daß – im weitesten Sinn des Wortes – ›Lebensmittel‹ bereitgestellt wurden; und der kumulative Erwerb von Fähigkeiten war nur dadurch möglich, daß fremde Hände hilfreich tätig waren. *Jetzt* aber wird beides in Eigenverantwortung übernommen: der glücklich Emanzipierte kann nunmehr »sich selbst erhalten und fortbringen«.

4. Zur Logik der Emanzipation

Das hört sich einfach an und steckt doch voller Schwierigkeiten. Sie treten zutage, sobald man eine Frage stellt, die in ihrer Tragweite und Aufschlußkraft dem staatsrechtlichen *Quis judicabit* sehr ähnlich ist: die Frage nach dem Subjekt des Übergangs. Geschieht der Übergang von der Fremderhaltung zur Selbsterhaltung unter Anleitung der Eltern, so daß sie das dafür verantwortliche Subjekt sind? Oder ist dieser Übergang die freie Tat dessen, der auf solche Weise seinen Status ändert? Das rechtsphilosophische Lehrbuch von Gottfried Achenwall, das Kant seinen Vorlesungen zugrunde legte, macht die Eltern zu Handlungssubjekten; Emanzipation, so wird dort definiert, ist der Akt, durch welchen die Eltern ihre Kinder aus der elterlichen Gewalt entlassen: »Emancipatio est actus, quo parentes prolem ex potestate parentali dimittunt.« Kant aber notiert sich dazu eine Frage, die einen Wechsel des Subjekts erkennen läßt: Die Kinder, so ist unterstellt, emanzipieren sich selbst, und es fragt sich nur noch, ob sie dazu der Zustimmung der Eltern bedürfen: »utrum proles opus habeat consensu parentum ad emancipationem«.[7] Es geht also um die Alternative, »ob man emanzipiert wird oder sich selbst emanzipiert«.[8] Kant hat sich diese Frage in den Vorarbeiten zur *Metaphysik der Sitten* notiert, in dieser Schrift selbst aber nicht ausdrücklich gestellt und nur indirekt beantwortet. Dabei ist sie sehr lehrreich, denn sie entpuppt sich schnell als Obersatz eines Dilemmas.

Emanzipieren die Eltern, so endet der Prozeß, durch den sie ihr Kind mit der Faktizität seiner Existenz auszusöhnen suchten, in einem Zustand, in den geraten zu sein das Kind wiederum der Eigenmächtigkeit seiner Eltern zuschreiben muß. Mit solch einer Emanzipation kann der Emanzipierte sich nicht »zufrieden« geben. Denn gerade dies: nicht aufgrund eigener Leistungen den Zustand, den man innehat, erlangt zu haben, ist der Grund jener Unzufriedenheit, mit der das Leben los ging und trotz der es weitergeht. Ist Erziehung der Inbegriff der Maßnahmen, diese Unzufriedenheit abzubauen, so darf das, was zwischen dem Ende der Abhängigkeit und dem Anfang der Selbständigkeit geschieht, in keinem Falle eine Tat der Eltern sein. Ist sie es dennoch, so

7 *Handschriftlicher Nachlaß*, XIX 335.
8 *Ebd.*, XXIII 279.

bedarf es einer Erziehung nach der Erziehung, und zwar *in infinitum*. Unmündigkeit wird durch den fremdverfügten Ausgang aus ihr ständig erneuert.

Emanzipiert der bislang Erhaltene und Geführte sich selbst, so darf er, wenn er diesen Schritt tut, schon nicht mehr geführt und erhalten sein. Der Zustand, der da verlassen wird, kann nur verlassen werden, wenn er bereits die Qualität jenes anderen Zustandes besitzt, den es doch jetzt erst zu erreichen gilt. Emanzipation als selbsttätige Handlung, als ein Sich-Emanzipieren, ist nur möglich, wenn das Handlungssubjekt schon emanzipiert ist. Freiheit setzt Freiheit voraus. Das aber bedeutet: es bedarf einer Emanzipation vor der Emanzipation, und zwar *in infinitum*.

Gibt es einen Ausweg aus diesem Dilemma? Läßt sich eine Fremdemanzipation denken, die nicht ständig den Zustand restituiert, aus dem sie herausführen wollte? Läßt sich eine Selbstemanzipation denken, die nicht ständig den Zustand schon voraussetzt, den sie doch erst zu erreichen strebt? Ich meine, daß sich dieses Dilemma vermeiden läßt, und zwar nicht durch irgendeine dialektische Begriffsakrobatik, sondern durch Untersuchung des Zusammenwirkens von Fremd- und Eigenleistung in einer Formation, die man ›Logik der Emanzipation‹ nennen kann.

Richten wir unser Augenmerk auf jenen Zustand erster Ordnung, von dem *post festum* – nach geglückter Emanzipation nämlich – wird gesagt werden können, daß er der letzte war, der noch unter fremder Anleitung erreicht wurde, der letzte also, der noch zu dem Zustand zweiter Ordnung gehört, der den gesamten Erziehungsprozeß umgreift. Wie gelangen wir in diesen letzten aller unmündigen Zustände? Genau so, wie wir in alle vorausgehenden gelangt sind: indem wir *mit* anderen lernen, etwas auch *ohne* sie zu tun. Und doch geschieht nun in eins damit etwas ganz Neues und Einmaliges.

Erinnern wir uns an das Alte und stets Wiederholte: Von Übergang zu Übergang wächst die Verfügungsmacht dessen, der mit ihr selber wächst. Zwar dauert es Jahre: aber der Organismus, so widerspenstig er war, wird doch gefügig und somit, wenngleich nie ganz, zum eigenen Leib. Und der über ihn verfügt, verfügt durch ihn zugleich über anderes und in ihm über sich selbst. In dem Maße, wie der Organismus zum Leib wird, formt und festigt sich das Ich und die dingliche und soziale Welt, in der es lebt. Ein allmählicher, kumulativer, kompliziert gestufter Prozeß. In ihm sind, solange Erziehung andauert, alle Übergänge vorgezeichnet, alle Fortschritte angeführt, alle Zustände abgestützt. Es gibt da keine Spontaneität ohne Außenhalt, keine Intentionalität ohne Steuerung, keine ›Freiheit‹ ohne ›Zwang‹. Der Zwang ermöglicht den Übergang, indem er Wege bahnt *und* abschneidet, indem er zu gehen hilft *und* nötigt; kurzum: er fördert Freiheit, indem er sie, Grund zur Empörung, behindert.

Immer freilich bleibt alle Hilfe und aller Halt, alle Stützung und alle Steuerung, aller Zug und aller Zwang auf *eines* angewiesen: auf die spontane Intentionalität des Kindes. An sie muß alle Erziehung anknüpfen. Der Prozeß, als der sie geschieht, ist also – theologisch gesprochen – ›synergistisch‹ verfaßt. Solange sie ihrer Rechtspflicht der Erziehung zur Selbsterhaltung nachkommen, können die Eltern nichts erzwingen, ohne auf die freie Spontaneität des Kindes Rücksicht zu nehmen. Und das Kind vermag seine Spontaneität nicht sinnvoll zu ordnen, seine Intentionalität nicht ›waltend‹ durchzusetzen, seinen »Anspruch auf Freiheit« nicht handelnd zu realisieren – ohne die hilfreich zwingenden und schonend gewaltsamen Maßnahmen der Eltern.

Derjenige Übergang nun, der *noch* fremdbestimmt ist, sich aber als letzter seiner Art erweisen wird, fügt, wie alle seine Vorgänger, dem schon Gekonnten eine neue Fertigkeit oder Fähigkeit hinzu. Aber diese – egal, welche es nun inhaltlich sein mag – hat die Eigenart, das bislang erworbene Ensemble von Vermögen so zu vervollständigen, daß fortan der, der bislang Kind war, »sich selbst erhalten und fortbringen« kann. Hier schlägt also ein Übergang erster Ordnung mit seinem Resultat durch auf den Zustand zweiter Ordnung, zu dem er gehört: es entsteht ein Zustand, der durch die Fähigkeit zur Selbsterhaltung bestimmt ist und gerade deshalb dem Zustand zweiter Ordnung, dem er wegen seines gelenkten Übergangs doch zugehört, sich nicht eingliedern läßt. Dieser neue Zustand ist so, daß ihn zu verlassen ohne Außenlenkung möglich ist; der nächste Übergang bedarf keiner Anleitung mehr. Das heißt: der letzte Zustand vor der Emanzipation wird fremdgeleitet erreicht und selbständig verlassen. Was ihn ermöglicht, macht ihn fremdbestimmt; was er ermöglicht, erweist ihn als selbstbestimmt. Man geht gezwungen hinein und doch frei heraus.

Wer sich in diesem hybriden voremanzipatorischen Zustand befindet, wird noch erhalten, während er schon in der Lage ist, sich

selbst zu erhalten. Dieser Zustand ist, ›von hinten‹ betrachtet, der letzte der Fremderhaltung, ›von vorne‹ gesehen, der erste der Selbsterhaltung; er gehört zu *beiden* Zuständen zweiter Ordnung zugleich. Nur so ist es möglich, daß Emanzipation als spontaner Akt vollziehbar wird und in den Handlungen anderer die Bedingung seiner eigenen Möglichkeit hat.
Übergänge und Zustände sind im menschlichen Leben keine naturhaften Vorkommnisse, sondern sie sind, was sie sind, nur im Können und Wollen, im Wissen und Bewußtsein derer, die in diesen Formen ihr Leben leben. Der emanzipatorische Schritt ist Schritt eines zur Selbsterhaltung fähigen, zur Selbsterhaltung *fähigen* Subjekts. Die Erziehung endet, sowie die Kinder – ich zitiere noch einmal Kants § 29, mit meiner Hervorhebung – »*vermögend* sind, sich selbst zu erhalten«. Und es ist ja doch zweierlei: etwas tun zu können und, was man kann, auch zu tun. Etwas zu *können* schließt aber wiederum ein, zu *wissen*, was man da kann und daß man es kann. Nun ist es freilich mit unseren Fähigkeiten so bestellt, daß wir erst durch ihre Ausübung die Gewißheit erlangen, sie zu besitzen. Erst wenn man getan hat, was man kann, kann man sicher sein, es gekonnt zu haben. Ohne solche Sicherheit ist das Können für das Subjekt kein wirkliches, sondern ein bloß vermutetes. Für den Emanzipationsakt heißt das: nur wer ihn tatsächlich tut, kann in Erfahrung bringen, ob er zuvor schon dazu fähig war. Und weil solches Wissen als notwendiges Moment diesem Können innewohnt, gilt auch: erst wer den Schritt zur Freiheit getan hat, ist im Vollbesitz der Fähigkeit, ihn zu tun. Deshalb ist eins für diesen Schritt unabdingbar: Mut. Denn *vor* jenem Schritt gibt es keine Gewißheit, daß er gelingt. Und so bleibt der Übergang zum Zustand der Selbsterhaltung immer riskant und gefährlich.
Dieser Übergang läßt sich auch in einer Art Unbehaglichkeitskalkül verständlich machen. Ganz am Anfang stand der später dialektisch dargestellte Widerstreit von innerer Freiheit und äußerer Notwendigkeit. In letzterer ist zweierlei noch ungeschieden ineinander: zum einen, die Verhinderung spontaner Zustandsänderung durch den noch widerspenstigen Organismus und die ihn umgebende spröde Wirklichkeit, der er zugehört: eine Art Hemmung durch ›träge Masse‹. Zum anderen, die Nötigung, die Änderung des eigenen Zustandes sich als Handlungen anderer gefallen lassen zu müssen: eine Art Zwang durch fremden Willen.

›Notwendigkeit‹ ist somit ›reale‹ Hemmung auf der einen und ›sozialer‹ Zwang auf der anderen Seite. Erziehung aber ist derjenige soziale Zwang, der jene Hemmung so abbaut, daß am Ende auch er selbst wegfallen kann.

Im letzten voremanzipatorischen Zustand ist dieser Wegfall möglich, aber noch nicht wirklich. Das jedoch bringt eine Wiederkehr der ursprünglichen Unzufriedenheit mit sich: Zwar ist es bitter für ein frei und soeben geborenes Wesen, bei eigenem Unvermögen fremder Handhabung ausgeliefert zu sein. Doch diese passiv erlittenen Handlungen können, wo sie der eigenen Intentionalität konform gehen, eben auch als gar nicht *so* fremd erlebt werden; darin gründet die Ambivalenz dieser Handlungen: sie zwingen *und* helfen; sie drücken *und* stützen; sie ziehen *und* halten. Deshalb ist Fremderhaltung schlimm, aber erträglich. Unerträglich wird sie erst, wo die ›reale Hemmung‹ so weit zu intentionaler Verfügbarkeit umgearbeitet, das äußere Hindernis so weit dem Freiheitsstreben assimiliert und, als Leib, in eines seiner Instrumente transformiert wurde, daß Selbsterhaltung möglich ist. Noch unter Fremderhaltung stehen, aber schon zur Selbsterhaltung fähig sein, das bedeutet: das Kind wird zum Sklaven. Das ist das Maximum der »Erbitterung«: Der voremanzipatorische Zustand erweist sich als ›revolutionäre Situation‹. Spontane Selbstbefreiung, eben Emanzipation, ist in dieser Lage nicht nur möglich, sondern notwendig.

Daß das, was notwendig ist, dennoch frei getan werden muß, daß das Unvermeidbare dennoch Mut erfordert, damit es geschehe: das ist eine Konfiguration, die uns aus allerlei Geschichtsphilosophien bestens vertraut ist. Auch aus der Kants. Die Darstellung dieser Konfiguration *in* einer philosophischen Theorie aber ist selbst Teil der Ermutigung, die nötig ist, wenn wirklich werden soll, was unausweichlich ist. Auch dies ein Gedanke, den Kant seiner *Idee zu einer allgemeinen Geschichte in weltbürgerlicher Absicht* zugrunde gelegt und in ihr dargestellt hat.

Der letzte voremanzipatorische Zustand kann, weil er unerträglich ist, nur ein ›Übergangszustand‹ sein: In ihn gerät man zwar, aber man kann keinen Moment lang in ihm bleiben. Der Zeitpunkt, zu welchem dieser letzte unfreie Status beginnt, rückt dem Augenblick der Emanzipation so nahe, daß keine Zeit zwischen ihnen verstreicht. Dieser Status zieht sich zusammen zu einem Punkt, kontrahiert sich zur Grenze, die das Ende der Fremd-

erhaltung und den Anfang der Selbsterhaltung markiert – und deshalb beiden gemeinsam ist.
Auf die Zeitachse umgelegt, wird aus dem natalen Urkonflikt von Nötigung und Freiheit das Nacheinander von Fremderhaltung und Selbsterhaltung. Diskontinuität herrscht, sofern die Erhaltung, von der da die Rede ist, Handlung verschiedener Subjekte ist. Kontinuität aber ist gewahrt, weil auch Fremderhaltung stets ›synergistisch‹ operiert: Stetig über die Emanzipationsschwelle hinweg wirkt die allmählich sich durchsetzende Intentionalität des erhaltenden ›Selbst‹. Zwar ist Selbsterhaltung Erhaltung des Selbst durch das Selbst und Fremderhaltung Erhaltung des Selbst durch einen Anderen. Wo aber dessen Erhaltungsleistungen nicht mehr an die spontane Intentionalität ihres Empfängers anknüpfen, sondern sie völlig mißachten oder restlos unterdrücken: da könnte von Fremd*erhaltung* nicht länger gesprochen werden: Es wäre Zerstörung des Selbst durch den Anderen. Denn dieses Selbst ist nichts anderes als lebendige Intentionalität. Als erhaltende Aktivität aber ermöglicht Fremderhaltung eine Identität, ohne sie zu stiften, schafft und sichert Bedingungen, unter denen das Selbst bleibt, was es war, und werden kann, was es sein wollte: frei.
Über das, was da beseelend den ganzen Lebensprozeß durchzieht, über Intentionalität also, wüßten wir fast nichts, gäbe es nicht einen Umweg, sie und sich selbst zu verstehen: den Umweg über die Gegenstände, auf die sie sich bezieht, und die Handlungen, in denen sie sich manifestiert. Der Schritt über die Grenze, zu welcher sich der voremanzipatorische Status kontrahiert, ist eine Handlung, in der gleichsam die ganze Intentionalität und mit ihr das ganze Leben präsent ist. Denn auf diesen Schritt läuft alles teleologisch zu, was ihm vorausliegt: zum ersten Male selbst etwas zu tun und den Mut dazu aufzubringen: so sind alle voremanzipatorischen Übergänge, auch wenn sie des Außenhalts bedürfen, Präfigurationen der Emanzipation, ja Vorübungen zu ihr. Von diesem Schritt sind aber auch alle nachemanzipatorischen Übergänge geformt. Denn Emanzipation ist ja nicht *auch* ein Übergang, sondern derjenige, der in einen neuen Status zweiter Ordnung hineinführt: der Übergang *in ihn* prägt *in ihm* alle Übergänge. Emanzipation ist, iterativ, ein Übergang, der sich auf künftige Übergänge bezieht. Sie alle sind nichts anderes als kleine Wiederholungen jenes großen: immer wieder zum ersten Male

selbst etwas zu tun, den Mut dazu aufzubringen – *und* allen Außenhalts dabei ledig zu sein.
Diese kleinen Wiederholungen bilden indes nicht einfach eine harmlos-langweilige Sequenz, nochmals und nochmals und nochmals dasselbe zu tun. Vielmehr ist der Status der Selbsterhaltung regressionsanfällig. Immer neu muß er mit Mühe und Mut gesichert, immer neu bewährt und gewagt werden. Jeder Übergang in ihm ist demnach eine Bewährungsprobe, eine Bekräftigungstat, ein Verifikationsakt. In allen seinen Handlungen ist, einschlußweise, der schon Selbständige noch immer bemüht, seine Selbständigkeit zu sichern und sich die Bestätigung zu verschaffen, sich ihrer sicher sein zu können. Damit erweist sich das Leben selbst als ein einziger langgestreckter Emanzipationsakt, ein Initiationsprozeß im großen. Das Leben ist, so gesehen, der nie endende Versuch, es selbst zu ›führen‹.

5. Initiation und Sozialisation

In der ›Logik der Emanzipation‹ sind Fremd- und Eigenleistung ineinander verschränkt. Da diese Verschränkung aber im bewußten Leben ihren Ort hat, vermag sie sich nur dann auch einzustellen, wenn es den handelnden Subjekten gelingt, die verschiedenen Weisen, sich selbst und den anderen zu sehen, aufeinander abzustimmen. Wo da Zustandsinterpretationen differieren, kollidieren bald auch die interpretierenden Subjekte. Auf diesen ›Konflikt der Interpretationen‹ möchte ich im folgenden kurz eingehen. Eine weitere Erwägung gilt sodann der Frage: Was hat es zu bedeuten, daß Erziehungspflicht und Emanzipationsbefugnis *rechtlich* normiert sind? Was hat der Staat, von Kant ja als Rechtssystem verstanden, mit der Verbindung von Freiheit und Selbsterhaltung zu tun, die im schwierigen Übergang zur Mündigkeit gesucht wird? In einer dritten Überlegung wende ich mich dann etwas ausführlicher dem Problem zu, wie sich die bisher unbeachtete Lücke zwischen möglicher und wirklicher Selbsterhaltung schließt: Wie vollzieht sich der Übergang von dem, was man kann, zu dem, was man tut? Nur wo das Etwas-Können sich mit einem Es-Wollen verknüpft, kommt es zum Tun. Solches Wollen möglich zu machen ist die Aufgabe dessen, was Kant unter »moralischer« Erziehung versteht. – Um diese drei Fragen geht es mir also: Wo, erstens, kommt es zum Übergang mit Konflikt? Warum, zweitens, geschieht der Übergang im Recht? Wie, drittens, gelingt der Übergang zur Moral?

Bekanntlich ist es zweierlei: eine Regel zu formulieren; und festzustellen, ob etwas als Fall unter diese Regel subsumierbar ist. Die Regel ist: das Recht und die Pflicht, die eigenen Kinder zu erziehen, enden, sobald diese zur Selbsterhaltung fähig sind. *Ob* und *wann* genau dies in einem Fall der Fall ist, darüber herrscht zwischen den Beteiligten mitunter ein herzhafter Dissens. Zwei Konflikttypen gibt es da: Erstens, für das Kind, das sich sieht, steht sie noch aus; für die Eltern, die es sehen, ist sie schon da: die Mündigkeit als Selbsterhaltungsfähigkeit. In dem Glauben, sie seien ihrer Pflichten ledig, stellen die Eltern ihre Leistungen ein. In dem Glauben, es werde des ihm Zustehenden beraubt, begehrt das Kind weiteren Unterhalt. Wird er verweigert, fühlt es sich ›mittellos‹: es sieht sich vernachlässigt, wo nicht gar verlassen, schutz- und hilflos ›ausgesetzt‹. Die Eltern aber, wo sie ob dieser Selbstsicht des Kindes nun *contra fidem* weiterhelfen und weiter helfen, fühlen sich ausgenutzt: ihr Nachkömmling wird ihnen zum Parasiten. Da geht es also um Gelder und Gefühle. Diese aber pflegen sich in den Wörtern zu verdichten: schlimme Vokabeln werden dann leicht gedacht oder gar gesagt...

Dieser Konflikt kann sich natürlich noch ›gewaltig‹ steigern. Wo es indes gelingt, ihn zu dämpfen und die Steigerungskurve abzuflachen, dort wird Zeit gewonnen: Zeit, in der jene Zustandsänderungen möglich sind, die dann die interpretierenden Sichtweisen wieder in einen Konsens einmünden lassen können. Andernfalls bedarf es einer Entscheidungsinstanz, eines Richters: Er stellt fest, was wirklich der Fall ist. Genauer: was er feststellt, ist wirklich der Fall – nämlich kraft dessen, daß er es feststellt.

Der zweite Konflikttypus ist genau umgekehrt: Für die Eltern steht noch aus, was für das Kind bereits eingetreten ist. In dem Glauben, ihre Pflicht zu tun, üben die Eltern Erziehungszwang aus. In dem Glauben, es werde unterdrückt, setzt das Kind sich zur Wehr: Rebellion. Doch verschärfte Repression seitens der Eltern ist die Antwort: sie müssen ja glauben, verpflichtet zu sein, ihren rebellierenden Nachkommen vor den für ihn selbst schädlichen Folgen seiner mutmaßlichen Voreiligkeit zu schützen. Doch dieser Druck provoziert neuen Gegendruck, und der Konflikt schaukelt sich beschleunigt höher...

Auch hier tut Mäßigung not: es bedarf einiger Zeit, in der das Kind auch für die Eltern so werden kann, wie es für sich selbst ja schon glaubte zu sein. Wie das Kind sich und seine Eltern sieht und wie die Eltern sich und ihr Kind sehen: das wird dann wieder stimmig. Und später blicken die alten Eltern und die älteren Kinder gemütlich zurück auf den vergangenen Konflikt ihrer Interpretationen. Freilich kann der Versuch zu mäßigen auch mißlingen. Dann muß auch hier entschieden werden: die erzieherischen Handlungen sind entweder vom Kind zu dulden oder von den Eltern zu unterlassen; dann war im ersten Fall der Zwang zulässig, im zweiten aber verboten: eine gesetzwidrige Einschränkung der Freiheit dessen, der elterlicher Gewalt nun nicht mehr unterliegt. Rechtlich – affektiv mag es anders sein – ist an die Stelle des asymmetrischen Verhältnisses von Eltern und Kind die symmetrische Reziprozität freier und gleicher Bürger getreten.
Denen, die in derlei Konflikte verwickelt sind, mögen sie heftig und schmerzhaft erscheinen, mitunter gar qualvoll. Doch die Vergangenheit, die es niemals gab – philosophisch ist sie gleichwohl wichtig –, kannte rabiatere Verfahren, diese Kollision zu einem Ende zu bringen: Die Söhne, denen der Vater damals verwehrte, sich zu emanzipieren, denen er nicht erlaubte, ihre eigenen Herren zu sein, geschweige denn Herren der Frauen und sonstigen Sachen, über die zu verfügen sie schon fähig waren, diese Söhne, so erzählt uns noch Sigmund Freud, tun sich zusammen und ermorden den Vater. Es gibt, dies ist das Ideal, keine Väter mehr, sondern, frei und gleich, nur noch Brüder: *liberté, égalité, fraternité*. Sofern die Selbsterhaltung gebunden ist an die Nutzung des Eigentums, die der Vater sich bislang vorbehalten hatte, ist der Vatermord unausweichlich.
Da Väter jedoch auch einmal Söhne waren, wissen sie, was ihnen droht, und verschlingen prophylaktisch ihre Kinder. Im Mythos ist solches Einverleiben als reales Fressen gedacht, in der Monarchie wird der Thronfolger mit allerlei Befugnissen ausgestattet, und in der Wirtschaft nimmt der alte Herr den jungen Rivalen eigener Aufzucht als Juniorchef mit in die Firma. Inwendig brodelt der Konflikt dann Jahrzehnte lang weiter, bis der Junge, endlich, den Alten aufs Altenteil abschieben kann. Dann aber ist es meist schon so weit, daß er sich nach den Rivalen der nächsten Generation umsehen muß.
Daß der Vater die Kinder frißt oder die Kinder den Vater ermor-

den: das ist der Erhaltung der Gattung nicht gerade förderlich. Deshalb wurden Initiationsrituale erfunden. Solche *rites de passage* gibt es in vielerlei Gestalt, und wir kennen sie noch als Mutproben, Reifeprüfungen und andere mehr oder minder ›rigorose‹ Examina. Übergangsriten sind evolutionär vorteilhaft; und deshalb gab es sie und gibt es sie. Sie dienen der Erleichterung und Glättung des Übergangs vom Kindsein zur Mündigkeit, von der Abhängigkeit in die Freiheit. Das mythische Ritual aber wird, als kodifizierte Rechtsnorm, zur juridischen Prozedur. Nach § 30 der Rechtslehre Kants schließlich erwerben die »Kinder des Hauses« ihre Unabhängigkeit »ohne besonderen rechtlichen Akt, mithin bloß durchs Gesetz *(lege)*«. Für die spontane Selbstbefreiung genügt schon der bloße Eintritt in einen institutionalisierten Übergang. So leicht ist es geworden, daß die Söhne frei werden und die Väter trotzdem am Leben bleiben.

Dies führt uns zu unserer zweiten Frage: Was bedeutet es für den emanzipatorischen Übergang, daß er nicht eine rein innerfamiliäre Angelegenheit darstellt, sondern rechtlich geregelt und ›staatlich‹ abgesichert ist? – Nun, die Serie der Schritte, die das Individuum von der Fremderhaltung zur Selbsterhaltung führt, ist identisch mit dem Übergang aus dem *status naturalis* in den *status civilis.* Dem Vorher und Nachher in der Lebensgeschichte entspricht ein Außen- und Innen-Sein im Sozialen: Erwachsener und Bürger wird man *uno actu.* Emanzipation ist der Abschluß der Sozialisation: das Kind wird ›Glied‹ der Gesellschaft.

Sozialisation ist dieser Übergang aber nicht allein in dem transitiven Sinn, daß das groß gewordene Kind ›sozialisiert‹, also in das schon bestehende Gemeinwesen als mündiges Mitglied integriert wird. Es ist auch Sozialisation im intransitiven Sinn: Vergesellschaftung als *Begründung* eines sozialen Verbandes. Im Akt der Emanzipation wiederholt sich ein Übergang, der historisch nie stattfand, den als vollzogen aber vorauszusetzen für das Selbstverständnis und die Selbstverständigung der assoziierten Individuen nur schwer entbehrlich ist: jener Ausgang aus dem Naturzustand, durch den eine Mehrzahl von Menschen ›sich vergesellschaftet‹. Sich zu assoziieren und unter gemeinsame Rechtsnormen zu begeben: das heißt nichts anderes als einen ›Staat‹ zu bilden. In der Emanzipation der Individuen geschieht dies ständig neu: Emanzipation *ist* Assoziation; sie ist Reproduktion der Gesellschaft, Selbsterhaltung der *civitas.*

Der *status naturalis* ist nach Kant »ein Zustand der Rechtlosigkeit, ... aus welchem nun in einen rechtlichen zu treten ein jeder den anderen *mit Gewalt antreiben* darf«. »Man kann *gezwungen* werden, aus dem *status naturalis* herauszugehen.«[9] Genau dieser Zwang ist es, den anzuwenden die Eltern berechtigt und verpflichtet sind. Sie, die sich bereits im *status civilis* befinden, weil sie früher einmal gezwungen wurden, zwingen nunmehr das »Naturwesen«, das sie in die Welt gesetzt haben, ihnen ins Recht zu folgen. Elterliche Gewalt ist Gewalt, die aufhören muß, sobald der durch sie ›Angetriebene‹ zum *cives* geworden ist. *Nur sofern* es diesem Zwecke dient und *nur solange* dieser Zweck noch nicht erreicht ist, sind die Eltern befugt, dort, wo es not tut, »mit Gewalt anzutreiben«.

In der konstitutionellen Verankerung einer Rechtspflicht zur Erziehung besorgt der Staat seine Selbsterhaltung und garantiert in eins damit die seiner Bürger. Wer sich selbst erhalten will, muß Bürger werden und sichert, indem er dies wird, die Selbsterhaltung des Staates. Doch dies betrifft nur die personale, nicht die institutionelle Dauer. Mit der Selbstergänzung des ›Personals‹ ist es nicht getan. Vielmehr bedarf es der Etablierung des Rechts als eines »aus der Vernunft hervorgehenden Systems«.[10] Das Vernunftrecht ist für Kant »das einzig taugliche Prinzip, ein beharrliches Ganzes unter widersinnischen Köpfen möglich zu machen.«[11] Denn indem dieses »*a priori* entworfene System«,[12] das in der »Rechtslehre« der *Metaphysik der Sitten* zur Darstellung kommt, »allein die Freiheit zum Prinzip, ja zur Bedingung alles Zwangs macht«,[13] kann der im Geschrei geltend gemachte »Anspruch auf Freiheit« wirklich eingelöst werden. Nur in einem solchen »System« können Freiheit und Selbsterhaltung eins werden. Nur in einem solchen »System« kann Emanzipation gelingen.

Durch das *faktische* Recht – Kant nennt es auch das »statutarische« – werden die Subjekte »zu einer Gesellschaft vereinigt, welche sich immerwährend erhalten soll«,[14] durch das *Vernunft*recht

9 *Die Metaphysik der Sitten,* VI 312; *Handschriftlicher Nachlaß,* XIX 477; meine Hervorhebungen.
10 *Die Metaphysik der Sitten,* VI 205.
11 *Handschriftlicher Nachlaß,* XXIII 135.
12 *Die Metaphysik der Sitten,* VI 205.
13 *Ebd.* 340.
14 *Ebd.* 326.

zu einer, die auch kann, was sie soll. In seiner *Idee zu einer allgemeinen Geschichte in weltbürgerlicher Absicht* will Kant die Mechanismen aufzeigen, die den Prozeß vom mangelhaften faktischen Recht zum vollkommenen Vernunftrecht voranzubringen geeignet sind. Auch die Gesellschaft ist emanzipationsbedürftig: auch sie durchläuft einen Prozeß, an dessen Ende das Vermögen zur Selbsterhaltung steht. Indem also die Kinder zu Bürgern werden, treten sie ein in eine Gesellschaft, der das, was sie gerade hinter sich haben, noch bevorsteht: Emanzipation. Und erst indem die Gesellschaft sich emanzipiert – so wird, wie sie sein soll –, vollendet sich in ihr auch die Mündigkeit ihrer Bürger.
Allerdings ist das für Kant nur ein idealer Grenzwert; nie wird er erreicht, und doch können wir ihn anzustreben nie aufhören. Denn zu leben *und* frei zu sein, das gelingt zur Gänze erst hier. Daß der gegenwärtige *status* nicht der vollkommene ist, bleibt nicht ohne Rückwirkung auf das, was in der Erziehung zu geschehen hat: »Eltern erziehen gemeiniglich ihre Kinder so, daß sie in die gegenwärtige Welt, sei sie auch verderbt, passen. Sie sollten sie aber besser erziehen, damit ein zukünftiger besserer Zustand dadurch hervorgebracht werde.«[15] Die Erinnerung daran, daß dieser Zustand stets noch aussteht, verliert nie ganz ihre Aktualität. Denn ein um der Selbsterhaltung willen gegründeter Staat ist nie ganz dagegen gefeit – Beispiele brauche ich nicht zu nennen –, »der vermeinten Sicherheit halber die allgemeine bürgerliche Freiheit auszurotten«.[16]

6. Ein System guter Maximen

Ich komme damit zur dritten Frage, die allerdings, weil sie auf eine noch tiefere Fundierung der Identität des Subjekts zielt, einer etwas ausführlicheren Antwort bedarf: Wie gelingt der Übergang zur Moralität? – Erinnern wir uns: Aus der Gewaltsamkeit, welche die Eltern dem Kind antun, indem sie es aus dem Nichtsein ins Dasein ›herüberziehen‹, entspringt ihre Verpflichtung, es nun mit diesem Zustand, daß es lebt, »zufrieden zu machen«. Als Inbegriff der Handlungen, die zu diesem Ziel hinführen, ist die Erziehung, so Kants Unterscheidung, »pragmatisch« *und* »moralisch«. Mit diesen Attributen sind hier nicht die Handlungen der

15 *Pädagogik*, IX 447.
16 *Handschriftlicher Nachlaß*, XX 439.

Eltern qualifiziert, sondern die durch sie ermöglichten Handlungen des Kindes: Erziehung ist »pragmatisch«, sofern sie den, der erzogen wird, in die Lage versetzt, sich selbst zu erhalten. – Gut. Wann aber und wozu und auf welche Weise ist sie »moralisch«? Und wie bezieht sich die Moralität, zu welcher da, wenn es denn geht, erzogen wird, auf die Kontingenz des Anfangs, aus der die Erziehungsverpflichtung entspringt?

Machen wir uns zuerst mit einem Blick in Kants Schriften klar, was für ihn das Moralische in Absonderung vom Pragmatischen bedeutet. In der *Grundlegung zur Metaphysik der Sitten* unterscheidet Kant den Handlungsgrundsatz, durch dessen Befolgung Moralität begründet wird, den kategorischen Imperativ also, von den hypothetischen Imperativen. Diese heißen hypothetisch, weil sie nur bedingungsweise gelten: *wenn* ein Zweck schon gesetzt, ein Ziel bereits vorgegeben ist, *dann* kann die Handlung, die da gefordert wird, mit Recht gefordert werden: als das Mittel nämlich, den ins Auge gefaßten Zweck zu verwirklichen, das angestrebte Ziel zu erreichen: so ist sie hypothetisch notwendig. Wer handelt, benutzt seine »Handlung als Mittel zur Wirkung als Absicht«.[17] Hypothetische Imperative sind demnach stets ›zweckrational‹.[18]

Vielfältig sind die Zwecke der Menschen, vielfältig auch die Gründe, gerade diese und keine anderen Zwecke zu verfolgen. Handlungsvorschriften nun, die angeben, was zu tun sei, damit solche beliebigen Zwecke realisiert werden, nennt Kant – in Anlehnung an die griechische *Techne* (Kunstfertigkeit) – »technische« Regeln. Wer sie zu befolgen weiß, ist »geschickt«. Es gibt indes *einen* Zweck, den sich niemand erst setzen muß, *ein* Ziel, das wir in allem, was wir tun, immer schon anstreben, ja anstre-

17 *Kritik der praktischen Vernunft,* V 20.

18 Zweckrationalität umfaßt natürlich auch die Wahl von Zwecken bei vorgegebenen Mitteln; daran ist bei hypothetischen Imperativen jedoch nicht gedacht. Zweckbeziehung ist für Kant notwendige Bedingung allen Handelns, denn »ohne alle Zweckbeziehung kann gar keine Willensbestimmung eines Menschen stattfinden«. Es ist geradezu eine Natureigenschaft des Menschen, »sich zu allen Handlungen ... einen Zweck denken zu müssen«. (*Die Religion innerhalb der Grenzen der bloßen Vernunft,* VI 4, 7) »Zweck ist ein Gegenstand der Willkür (eines vernünftigen Wesens), durch dessen Vorstellung diese zu einer Handlung, diesen Gegenstand hervorzubringen, bestimmt wird« (*Die Metaphysik der Sitten,* VI 381, 384).

ben müssen: unser eigenes Glück. »Glücklich zu sein ist notwendig das Verlangen eines jeden vernünftigen, aber endlichen Wesens.«[19] Handlungsanweisungen nun, die geeignet sind, das Glück zu fördern, nennt Kant »pragmatisch«; wer sie zu befolgen weiß, ist »klug«. Es ist die aristotelische Unterscheidung von *Techne* und *Praxis*, deren Tradition Kant hier aufnimmt, die Unterscheidung also von Kunstfertigkeit *(ars)* als die *recta ratio factibilium* und Klugheit *(prudentia)* als die *recta ratio agibilium.* – Da es also zwei Sorten von hypothetischen Imperativen gibt, lassen sich, den kategorischen Imperativ hinzugenommen, drei Arten von Handlungsvorschriften unterscheiden: Es gibt, erstens, technisch die »Regeln der Geschicklichkeit«; zweitens, pragmatisch die »Ratschläge der Klugheit«; und drittens, moralisch die »Gesetze der Sittlichkeit«.[20]

In seiner *Pädagogik*-Vorlesung, die leider gerade in ihrer klassifikatorischen Begrifflichkeit nicht immer so konsistent ist, wie man sich das wünschen würde, hat Kant diese triadische Gliederung wieder aufgenommen und auf das Ziel erzieherischer Aktivitäten bezogen. Die Erziehung »besteht demnach 1) aus der *scholastisch-mechanischen* Bildung in Ansehung der Geschicklichkeit ... 2) aus der *pragmatischen* in Ansehung der Klugheit ... 3) aus der *moralischen* in Ansehung der Sittlichkeit.«[21] Und doch stehen diese drei Formen von »Bildung« nicht gleichberechtigt nebeneinander. Wenn Kant die technischen und die pragmatischen Handlungsregeln unter dem übergreifenden Titel »hypothetische Imperative« führt, so deshalb, weil sie eben wegen der für sie konstitutiven Zweckrationalität zusammengehören und gerade dadurch vom kategorischen Imperativ himmelweit verschieden sind. Da das eigene Glück jenes Ziel ist, das jeder in allem, was er sich zum Zweck setzt, implizit anstrebt – was nicht ausschließt, daß er sich gelegentlich täuscht und in sein Unglück rennt –, können alle technischen Regeln zu den pragmatischen gezählt werden. »Regeln der Geschicklichkeit« und »Ratschläge der Klugheit« unterscheiden sich nur durch das Maß an Ausdrücklichkeit, in welchem auf den letzten Zweck Bezug genommen, und durch die Reichweite, die den gebotenen Handlungen ausdrücklich zugeschrieben oder abverlangt wird. ›Letzten Endes‹

19 *Kritik der praktischen Vernunft*, V 25.
20 *Grundlegung zur Metaphysik der Sitten*, IV 415 f.
21 *Pädagogik*, IX 454.

sind alle »technischen« Vorschriften »pragmatisch«; die wesentliche Differenz von *ars* und *prudentia* besteht nicht mehr.
Dies gilt nun analog auch für die Erziehung; sie ist, wie Kant an der bereits zitierten Stelle der *Pädagogik*-Vorlesung sagt, »Erziehung eines frei handelnden Wesens, das sich selbst erhalten und in der Gesellschaft ein Glied ausmachen, für sich selbst aber einen inneren Wert haben kann.« Auch hier sind technische Geschicklichkeit und pragmatische Klugheit stillschweigend zusammengefaßt und gemeinsam auf das nur in *einem* Vollzug erreichbare Ziel bezogen: Selbsterhaltung und Sozialität. Leben und in einer Gesellschaft leben.
Wie hängt die Pragmatik des Handelns und die sie inwendig formende Zweckrationalität und Glücksteleologie zusammen mit dem Leben in einer Gesellschaft als einer *Rechts*gesellschaft? Nun, das Recht ist nichts anderes als das System der pragmatisch notwendigen Handlungsrestriktionen. In einem Staat zu leben und so seines Lebens sicher zu sein, macht selbst einen Teil des Glücks aus und sichert die Basis und den Freiraum für die Suche nach dem ganzen. Wie weit aber die Staatsbürger als solche noch von aller Moralität entfernt sind, wird in der bekannten Bemerkung Kants auf drastische Weise evident: Selbst »ein Volk von Teufeln (wenn sie nur Verstand haben)«[22] würde sich unter Rechtsgesetze begeben. Verstand aber müssen sie haben – und wir auch –, um das Recht, dieses *»a priori* entworfene System«, *a priori* entwerfen zu können.
Und wo bleibt die Moral? Worin besteht sie? Und wie kommt, wem sie fehlt, dazu, sie zu haben? Der vielleicht wichtigste und deshalb auch schwierigste Begriff in Kants Theorie der moralischen Handlung und des Übergangs zur Moralität ist der der Maxime. »Maxime ist das subjektive Prinzip zu handeln«, definiert Kant.[23] Diese Definition läßt sich, wie unzulänglich auch immer, mit einem Satz wie diesem illustrieren: ›Ich will immer meine Versprechen halten.‹ Das »subjektive Prinzip zu handeln« ist hier Stück für Stück repräsentiert: die Subjektivität im ›Ich will‹, die Grundsätzlichkeit im ›immer‹ und das Handeln in ›meine Versprechen halten‹. In dem Satz, der eine Maxime sprachlich darstellt, ist somit eine Handlungsbeschreibung mit einem Ich-will verbunden und situationsfrei gemacht, also generalisiert.

22 *Zum ewigen Frieden*, VIII 366.
23 *Grundlegung zur Metaphysik der Sitten*, IV 421.

In vielem ähnelt die Maxime dem Begriff. Eine Maxime bezieht sich auf einzelne Handlungen zwar nicht genauso, aber doch so ähnlich wie ein Begriff auf einzelne Gegenstände. Gegenstände werden unter Begriffe subsumiert wie Handlungen als Fälle unter Maximen als Regeln. Und wie es *gleiche* Gegenstände nur gibt vermöge ihrer Beziehung auf einen *identischen* Begriff, so auch *gleiche* Handlungen nur dank der *identischen* Maxime, nach der sie sich richten. Diese Analogie darf aber nicht zu der Annahme verleiten, unsere Fähigkeit, mehrere Handlungen als dem ›Sinn‹ oder ›Inhalt‹ nach gleich oder verschieden aufzufassen, sei allein in unserem Erkenntnisvermögen verankert: die bloße Handlungsbeschreibung wäre dann schon die hinreichende Bedingung für die Feststellbarkeit solcher Gleichheit oder Verschiedenheit. Es ließe sich dagegen zeigen, daß es eine ›rein theoretische‹ Handlungsbeschreibung gar nicht geben kann: jede impliziert vielmehr, obschon *in suspenso,* ein Ich-will. Was es bedeutet, ein Versprechen zu halten, kann nur verstehen, wer das, was dies bedeutet, grundsätzlich auch *wollen* kann. Deshalb gilt: Handlungsbeschreibungen *sind* Maximen; nur daß in ihnen das wollende Ich nicht explizit genannt wird. Insofern steckt nicht nur eine Handlungsbeschreibung in jeder Maxime, sondern schon eine Maxime in jeder Handlungsbeschreibung.

Maximen sind aber auch für die innere Verfassung des Handelns von Belang: es kann ohne sie nicht nur keine Handlungs*beschreibung* geben, sondern, noch fundamentaler, auch keine *Handlung*. Mit einer Abfolge leiblicher Bewegungen ist es ja noch längst nicht getan. Eine Handlung wird erst zu dem, was sie ist, wenn zwischen den Bewegungen der verschiedenen Teile des räumlich gegliederten Leibes und den zeitlich einander ablösenden Phasen all dieser Bewegungen ein sinnhafter Zusammenhang, eine intentionale Einheit besteht oder hergestellt wird. Um die Identität einer Handlung zu konstituieren und so auch ihre Identifikation zu ermöglichen, bedarf es eines synthetischen Prinzips, das eine Mannigfaltigkeit von Bewegungsmomenten zu einer sinnhaften Einheit verbindet. Dies ist die Leistung der Maxime als eines »Prinzips zu handeln«.

Allerdings ist es nicht so, daß die Maxime zuvor verstreut vorfindbare Bewegungssplitter aufsammelt, um sie nachträglich wie ein dynamisches Puzzle zusammenzusetzen. Als »*Prinzip* zu handeln« bringt sie vielmehr diese Bewegungen selbst von vornherein so hervor, daß sie sich organisch und zwanglos zur Einheit einer Handlung fügen. So ist im Früheren schon auf das Spätere Rücksicht genommen, das eine hört so auf, daß das andere sich bruchlos anzuschließen vermag, und die rechte Hand weiß immer, was die linke tut. In der handlungskonstituierenden Leistung der Maxime zeigt sich die erzeugend-verknüpfende Funktion der Intentionalität: Sie, die den Leib inwendig ›beseelt‹ und seine Aktionen auswendig anleitet, ist eben darin zugleich spontane Synthesis und synthetische Spontaneität.

Zur Identität einer Handlung, auch zur Sicherung der Möglichkeit ihrer Identifikation, bedarf es überdies der Abgrenzung von dem, was nicht zu ihr gehört. Nur die Beziehbarkeit von Bewegungsphasen auf eine Maxime: das Noch-Nicht und das Jetzt-Schon, dann das Gerade-Noch und das Nicht-Mehr lassen uns den Anfang und das Ende dessen markieren, was durch diese Markierung als *diese* Handlung von der vorangehenden und der nachfolgenden abgegrenzt ist. Ja, daß man *eine* Handlung ausführen kann, die in ihrem zeitlichen Ablauf von verschiedenen anderen Handlungen unterbrochen ist, ohne wegen dieser intermittierenden Aktionen ihre Identität zu verlieren: das ist ohne Rekurs auf eine Maxime bzw. die darin implizierte Handlungsbeschreibung nicht möglich und nicht begreiflich. Noch deutlicher wird dies, wenn wir Handlungen ins Auge fassen, die ohne sichtbare Leibbewegungen ausgeführt werden: etwa das geduldige Warten, das gleichmütige Dulden oder das absichtsvolle Unterlassen. Wer hier nicht bereit ist, auf derartiges wie ein »Prinzip zu handeln« zurückzugreifen, der wird kaum noch vermeiden können, von diesen Handlungen zu behaupten, sie seien gar keine.

Begriffsartig sind die Maximen nicht allein deshalb, weil durch sie etwas identifiziert und unter sie etwas subsumiert wird: die Handlungen. Maximen haben mit Begriffen auch gemein, daß sie in unterschiedlichen Graden von Allgemeinheit vorkommen und deshalb auch in Verhältnissen der Über- und Unterordnung auftreten können. Eine Birke ist ein Baum; ein Baum ist eine Pflanze; eine Pflanze ist ein Lebewesen; ein Lebewesen ist ein Ding im Raum... So ergibt sich eine Stufenfolge von Begriffen, im Idealfall ein hierarchisch geordnetes Begriffssystem. Im Idealfall! Denn natürlich sind die faktischen Begriffe, die wir haben, so mannigfaltig und bunt, auch ihrer Art nach so heterogen, daß kaum zu sehen ist, wie sie je in eine solche systematische Ord-

nung sollen gebracht werden können. Ganz im Gegenteil: wir haben schon Mühe, auch nur Fragmente zu einem solchen System ausfindig zu machen.
Doch es kommt hier gar nicht aufs Gelingen an, sondern auf die im Versuch erkennbare, ihn nämlich motivierende Supposition; und die besagt, eine solche Ordnung müsse grundsätzlich möglich sein. Es ist wahrlich kein Zufall, daß dort, wo philosophisch der Begriff ›entdeckt‹ wurde – bei Platon nämlich –, auch die Möglichkeit, Begriffe zu verknüpfen, sogleich zum Thema wird: die *Koinonia* oder *Symploke* der Ideen. Denn *wie* Begriffe untereinander verbunden sind, *wie* sie in einer Begriffsordnung zueinander stehen, davon hängt ab, ob Urteile, die wir aus solchen Begriffen bilden, wahr oder falsch sind. Es liegt gleichsam im ›Wesen‹ des Begriffs, daß an jeden die Frage gerichtet werden kann, welcher allgemeinere Begriff denn über ihm steht, welcher gleichrangige neben ihm und welcher spezifischere unter ihm. Deshalb bereiten uns auch die Begriffe, die keine anderen mehr unter sich haben, und der, der keinen anderen mehr über sich hat, so viel Kopfzerbrechen: ob sie überhaupt noch Begriffe sind. Grundsätzlich aber bliebe die Frage nach dem begrifflichen Drunter und Drüber eines jeden Begriffs auch dann sinnvoll, wenn es nie eine Antwort auf sie gäbe; des öfteren aber gibt es ja eine Antwort. Also: nicht ob unsere Begriffe wirklich ein System bilden, wird hier untersucht, sondern was es bedeutet, daß wir fähig sind, zu fragen, ob sie es tun: wir *wissen,* was ein System ist, auch wenn es nirgendwo eines gibt.
Analoges gilt für die Maximen. Man kann es sich zum »subjektiven Prinzip zu handeln« machen, überhaupt nie zu lügen oder nur Verwandte nie zu belügen oder nur die Eltern nie zu belügen: drei Maximen, abnehmende Allgemeinheit, Über- und Unterordnung. Und auch hier ist es so: wir haben die Idee eines systematischen Zusammenhangs; die Idee, nicht mehr, aber auch nicht weniger. Es muß, so die Unterstellung, zu den vielen Maximen, die wir haben, ein System geben, in das sie integriert werden können, auch wenn sich allenfalls winzige Stücke dazu wirklich auffinden lassen. Dieses intendierte, in sich hierarchisch verfaßte System aber leidet hier nicht allein daran, daß seine faktische ›materiale‹ Ausfüllung nicht so recht vorankommt; vielmehr gibt es, noch wichtiger, systemimmanente ›formale‹ Sperren. Denn Maximen – und da ähneln sie eher den Urteilen als den Begriffen

– können einander widersprechen. Wer sich vorgenommen hat, nie seine Eltern zu belügen, wohl aber, wenn es ihm nützt, seine Geschwister: der kann nun nicht mehr beide Maximen unter einen Hut bringen, nämlich unter die allgemeinere Maxime, nie seine Verwandten zu belügen; tut er es doch, so ist der Widerstreit unvermeidbar. Dieser aber macht einen systematischen Zusammenhang unmöglich.

Der Widerstreit kann also, muß aber nicht auf der gleichen Ebene liegen. Das reimt sich, man sieht's sofort, nicht zusammen: seinen Eltern stets die Wahrheit zu sagen *und* sie gelegentlich zu belügen. Aber jenes zu tun *und* seine Geschwister gelegentlich zu belügen: das widerspricht sich nicht. Erst in Verbindung mit der übergeordneten Maxime der ständigen Wahrhaftigkeit gegenüber allen Verwandten tritt ein Widerspruch zutage.

Ein Subjekt nun, das nicht als fertige Substanz besteht, sondern als spontane Intentionalität agiert, das nicht reglos beharrt, sondern handelnd bewirkt, ein solches Subjekt verliert im Widerstreit seiner Maximen seine Identität. Denn in Maximen konkretisiert sich ja die handlungskonstitutive Funktion der Intentionalität: sie nimmt Form an und formt, sie gewinnt als Maxime Gestalt und gestaltet durch sie dann das Tun. Das sich so zum Handeln bestimmende Subjekt aber wahrt seine Identität, erhält sich als die eine spontane Intentionalität, indem es all diese Selbstkonkretionen von vornherein unter die Bedingung der Widerspruchsfreiheit stellt.

Wie die einzelne Handlung ihren Zusammenhalt nicht dadurch findet, daß sie nachträglich aus zuvor separaten Teilen zusammengestückt würde, sondern dadurch, daß die Maxime vorgängig eint, was sich dann im sinnhaft gefügten Nacheinander entwickelt und ausfaltet: so wird auch eine *Vielzahl* verschiedener Handlungen und sie von innen ›beseelender‹ Maximen nicht erst nachträglich in einen widerspruchfreien Zusammenhang gebracht, sondern schon vorgängig aus *einem* Prinzip heraus spontan entworfen und in ihm synthetisch zusammengehalten. – Blicken wir, um dies etwas genauer zu analysieren, auf die ›Spitze‹ des ›idealen‹ Systems, zunächst wieder, zum Vergleich, auf die der Begriffspyramide. Der Streit, welcher Begriff dort oben zu stehen hat – ob *ens* oder *esse*, ›Seiendes‹, ›Sein‹ oder ›ist‹ –, braucht hier nicht ausgetragen zu werden; wichtig ist nur, daß dieser Begriff völlig inhaltsleer ist. »Sein ist offenbar kein reales Prädikat«, sagt

Kant.[24] Und er meint damit: von einem Gegenstand auszusagen, daß er *ist*, bringt ›sachlich‹ nichts. Alle anderen Begriffe würden uns über den Gegenstand belehren, dieser aber bringt zu unserer Kenntnis nichts inhaltlich Neues hinzu. Der Grund dafür: der höchste Begriff ist nicht real, sondern funktional; er verknüpft Begriffe in und zu Urteilen. Das ›ist‹ kommt, zumindest implizite, als Kopula in *allen* Urteilen vor, aber es sagt nichts aus; es ist nicht material-inhaltlich, sondern formal-synthetisch.
Und doch ist, sonderbar genug, der Begriff des Seins zugleich der inhaltsreichste. Man muß sich nur vorstellen – und in der Tradition des Platonismus ist dies immer wieder versucht worden –, daß der auf der Skala der Allgemeinheit höhere Begriff nicht durch Weglassen von Merkmalen abstrakter, sondern durch Integration differenter Merkmale konkreter wird. Wir klettern dann nicht etwa von Begriffen wie ›Buche‹ und ›Birke‹, ›Eiche‹ und ›Erle‹ zum Begriff des Baumes nach oben, indem wir diejenigen Merkmale unten zurücklassen – die ›spezifischen‹ –, die nicht all diesen Arten gemeinsam sind. Vielmehr steigen wir vom höheren Begriff (›Gattung‹) zu den niederen (›Arten‹) herab; der Begriff ›Baum‹ enthält dann auch all die Merkmale in sich, durch die sich Buchen von Birken, Eichen von Erlen oder Erlen von Buchen unterscheiden. Wenn alle spezifischen Differenzen im Gattungsbegriff, alles Besondere im Allgemeinen schon enthalten ist, dann ist der Weg ›nach unten‹ einer der Verarmung: Man muß Merkmale weglassen, um zum spezifischeren Begriff zu kommen. Alle Besonderung ist Negation: *omnis determinatio est negatio.* Im höchsten Begriff aber sind dann alle anderen Begriffe involviert: ›Sein‹ ist der reichste Begriff. – In der *Kritik der reinen Vernunft* sucht Kant diesen »Urbegriff«: es ist die Idee vom »Inbegriff aller möglichen Prädikate«.[25] Es ist der Begriff aller Begriffe oder, wie Kant sich ausdrückt, das »Wesen aller Wesen *(ens entium)*«.
Nun, ich brauche dies hier nicht weiter zu vertiefen, denn diese metaphysisch-begriffslogischen Verhältnisse dienen nur der Erläuterung durch Analogie. Sie sollen helfen, verständlich zu machen, wie sich die »oberste Maxime«[26] zu den unteren »besonderen Maximen«[27] verhält, sich verhalten muß, wenn die Identität

24 *Kritik der reinen Vernunft* A 598, B 626, III 401.
25 *Ebd.* A 573, B 601, III 386.
26 *Die Religion innerhalb der Grenzen der bloßen Vernunft*, VI 31, 36.
27 *Ebd.* 24.

des handelnden Subjekts gewahrt bleiben soll. Das Moralgesetz, das der kategorische Imperativ als Forderung darstellt, ist dasjenige »Prinzip«, das fähig ist, als »oberste Maxime« alle anderen widerspruchsfreien Maximen unter sich zu vereinen. So wie verschiedenen Maximen eine höhere übergeordnet wird, die sie miteinander verbindet, so verbindet das Moralgesetz als höchste Maxime, vermittelt durch niedrigere, zuletzt *alle*. Es ist, analog dem höchsten Begriff, ein formales und synthetisches Prinzip: als formales schreibt es nichts ›real‹ Bestimmtes unmittelbar vor, sondern sichert nur die Verträglichkeit der Handlungsregeln; als synthetisches aber gibt es allen miteinander verträglichen Maximen systematischen Zusammenhang. Es ist, iterativ, ein Prinzip, das die Annahme von Prinzipien regelt und die angenommenen horizontal miteinander und vertikal untereinander verbindet.

Aber was ›von unten‹ aussieht wie ein Prozeß der schrittweisen Auswahl und stufenweisen Verknüpfung von »subjektiven Prinzipien zu handeln«, das ist ›von oben‹ die ›augenblickliche‹ Konstitution eines allumfassenden Systems kompatibler Maximen. Das Moralgesetz ist, so gesehen, ganz und gar nicht inhaltsleer, sondern geradezu die Idee vom ›Inbegriff aller möglichen Maximen‹, sofern sie einander nicht widerstreiten. Diese Idee enthält sie alle in sich, entläßt sie aus sich und verleiht ihnen, da sie in ihr verbunden bleiben, systematischen Zusammenhang: sie bilden »ein rationales System der mit sich selbst allgemein einstimmigen Freiheit«.[28] Der »gute« oder »reine Wille« ist der, der sich dieses »System guter Maximen«[29] zu eigen gemacht hat.

Wer moralisch gut handelt, folgt also (wenigstens) zwei Maximen zugleich: der untersten, »besonderen«, die als Prinzip gerade *dieser* Handlung *hier* ihre Einheit gibt, und der »obersten«, die *allen* Handlungen unter ihr als Prinzip dient, somit auch *dieser hier*. Das bedeutet zum einen: Wer so handelt, tut, bei aller Verschiedenheit dessen, was er tut, immer dasselbe: *semper idem*. Denn immer sind all seine Handlungen das, was sie sind, *auch* dank der synthetisch-konstitutiven Leistung des obersten »Prinzips zu handeln«. Zum andern aber konstituiert genau dieses Prinzip zugleich jene eine allumfassende Gesamt-Handlung, zu welcher alle möglichen moralischen Handlungen sich zusammenschließen.

28 *Handschriftlicher Nachlaß*, XIX 288.
29 *Kritik der Urteilskraft*, V 274.

Moralisch sein heißt, mit *einem* Akt intentional ins Unendliche vorzugreifen und Schritt für Schritt diesen Vorgriff handelnd einzuholen und auszufüllen. Wie kraft der Einheitsfunktion der »besonderen Maxime« in jeder einzelnen Handlung die früheren Handlungsphasen schon auf die späteren Rücksicht nehmen und das, was jetzt abläuft, so aufhört, daß das, was nun anfängt, sich bruchlos daran anzuschließen vermag: so begründet die moralische »oberste Maxime« eine ›ideale‹ Existenz als *eine* unendliche Handlung, deren Teile wiederum Handlungen sind: Handlungen, die sich in ihr Ganzes auf dieselbe Weise einfügen, wie ihre eigenen Teile sich ihnen selbst schon eingefügt haben. Insofern spiegelt sich in jeder einzelnen moralischen Handlung die Struktur jenes Ganzen, dem sie angehört, und umgekehrt.

Daß in dieser wechselseitigen Entsprechung von Teilen und Ganzem ein Muster wiederkehrt, das wir aus Kants Theorie des Organismus kennen, ist ›beileibe‹ kein Zufall. Denn der organische Leib und das lebendige Handeln sind gleichermaßen Gestalten, in denen die Intentionalität sich äußert und äußerlich darstellt. Vernunft aber ist das der Intentionalität immanente Regelsystem, nach welchem ihre Objektivationen sich richten oder doch richten sollen. Wie es nur aus Vernunft ein »System guter Maximen« geben kann, so ist auch »ein organischer Körper nur durch Vernunft denkbar«.[30]

7. Der Sprung zur Moralität und die Pflicht, ihn zu erleichtern

Wir haben gesehen, worin Moralität, falls es sie gibt, dann *besteht.* Wie aber *gelangt* man zu ihr? Natürlich: durch einen Übergang. Man muß den einen Zustand verlassen und in den anderen eintreten. Kant, allem Plötzlichen und Sprunghaften abhold, zögert dennoch nicht, *diesen* Übergang als einen »Sprung«, ja als eine »Explosion« zu bezeichnen.[31] In allen *empirischen* Zusammenhängen legt Kant Wert auf Stetigkeit und Allmählichkeit und Kontinuität. Alles, so meint er, müßte zusammenstürzen, wenn irgendwo »ein Sprung (Verstoß gegen das System), nicht ein kon-

30 *Opus postumum,* XXII 506 f.
31 *Anthropologie in pragmatischer Hinsicht,* VII 294.

tinuierlicher Überschritt (ein Fortgang) sein würde.«[32] Die Vernunft verbietet, wie die erste *Kritik* formuliert, »in der Reihe der Erscheinungen (Veränderungen) allen Absprung *(in mundo non datur saltus)*«.[33] Das gilt für die Natur wie für die Gesellschaft: auch soziale Veränderungen dürfen »nicht revolutionsmäßig, durch einen Sprung« geschehen; denn da »würde sich zwischeninne ein Augenblick der Vernichtung alles rechtlichen Zustandes ereignen.«[34]

Wie kommt es, daß ein solcher »Sprung, der für ein System immer gefährlich ist«,[35] gerade um des Systems willen in der Moral zulässig, ja notwendig sein soll? Dieser moralische Sprung, der im Subjekt wie eine »Revolution« eine »neue Epoche« einleitet,[36] bewirkt in der Tat »zwischeninne einen Augenblick der Vernichtung«. Was vernichtet wird, ist der Zustand, in welchem die »oberste Maxime« die der Selbstliebe oder des Glücksstrebens war: Maximen, die nicht geeignet sind, ein ins Unendliche konsistentes System zu begründen und zusammenzuhalten. Die »Revolution in der Gesinnung« besteht darin, daß der Mensch »den obersten Grund seiner Maximen, wodurch er ein böser Mensch war, durch eine einzige unwandelbare Entschließung umkehrt (und hiermit einen neuen Menschen anzieht)«.[37]

Diese eine, einmalige und einzigartige Handlung des Übergangs aus dem alten ›vormoralischen‹ Zustand in den der Moralität ist nichts anderes als die Etablierung des Moralgesetzes als »oberste Maxime«. Diese »Revolution« erzeugt auf einen Schlag ein ganzes System moralischer Maximen und eine dazugehörige potentiell unendliche Serie einzelner Handlungen, die samt und sonders, weil durch systemimmanente »Prinzipien zu handeln« konstituiert, auch als ›moralisch gut‹ qualifiziert sind. »Unwandelbar« aber ist diese »Entschließung«, weil der Wandel, dem sie unterworfen werden könnte, selbst eine Handlung wäre: nämlich die der ›Verdrängung‹ des Moralgesetzes aus der ›Systemspitze‹. Diese Handlung der Rückkehr in den vormoralischen Zustand aber müßte nach einer Maxime erfolgen, die in dem neuen System

32 *Opus postumum*, XXI 615.
33 *Kritik der reinen Vernunft* A 228 f., B 281, III 194 f.
34 *Die Metaphysik der Sitten*, VI 355.
35 *Opus postumum*, XXI 163.
36 *Anthropologie in pragmatischer Hinsicht*, VII 294 f.
37 *Die Religion innerhalb der Grenzen der bloßen Vernunft*, VI 47 f.

gar nicht vorkommen kann. Insofern wäre das, was für einen Wandel dieser »Entschließung« gehalten werden könnte, nur der Nachweis dessen, daß sie noch gar nicht stattgefunden hat.

Freilich: niemand ist in der Lage, sich an diese »Explosion« in seinem Leben zu erinnern. Dieser ›epochale‹ Übergang ist, obschon eine Handlung, kein Gegenstand möglicher Erfahrung, auch nicht innerer Erfahrung. Denn da ist eben alles, was erlebt sein will, daran gebunden, sich in die Stetigkeit des Bewußtseinsstroms einzuflechten, sich bruchlos einzufügen in die Form des inneren Zeitbewußtseins. – Niemand kann also jemals wissen, ob er moralisch ist, geschweige denn, wann er es wurde. Die unergründliche »Tiefe des Herzens«,[38] in der sich die »Gesinnung« auch vor dem verbirgt, der sie hat, läßt jeden Handelnden auf immer im Ungewissen, ob das, was zu tun er sich gerade jetzt anschickt, einem moralischen »reinen Willen« entspringt oder nicht. Jede bevorstehende Handlung gewinnt somit höchste Bedeutsamkeit: könnte sie doch gerade die sein, in eins mit der jene eine und einmalige Handlung des Übergangs zur Moralität vollzogen wird. Jede bevorstehende Handlung ist – immer neu – die, mit der vielleicht der »gute Wille« überhaupt erst gegründet wird und die deshalb auch unter dem Anspruch steht, ihn zu gründen. Diesem Anspruch vermag sie nur dann gerecht zu werden – eine notwendige, nicht schon hinreichende Bedingung –, wenn der Handlungsgrundsatz mit dem Moralgesetz übereinstimmt.

Die Übereinstimmung einer Maxime mit dem Moralgesetz macht die durch sie konstituierte Handlung der »Legalität« nach, also dem äußeren Anschein nach, gut. Ob sie darüber hinaus auch moralisch gut ist, kann man nie wissen. Je länger indes die ununterbrochene Kette solcher »gesitteter«, nämlich gut aussehender Handlungen ist, desto größer wird die Zuversicht, daß sie nicht nur *zufällig* so sind, sondern daß diese Handlungsserie die *notwendige* Konsequenz des bereits erreichten moralischen Zustandes des handelnden Subjekts ist. Aber Vorsicht: die wachsende Zuversicht wird nie zur Gewißheit! Immerhin: diese Zuversicht ist zugleich Ermutigung zum Weitermachen. Die erfolgreiche Fortsetzung der Handlungskette vermag wiederum jene Zuversicht zu steigern, und so gibt es, freilich stets nur in der Legalität, Fortschritt, Kumulation, Perfektionierung.

38 *Die Metaphysik der Sitten,* VI 441, *Die Religion innerhalb der Grenzen der bloßen Vernunft,* VI 51.

Zwar ist »die Revolution für die Denkungsart, die allmähliche Reform aber für die Sinnesart«; und dem »Sprung« dort entspricht der »unendliche Fortschritt« hier. Dieser Fortschritt aber ist für den, der ihn vollzieht, niemals einfach die zeitliche Exekution seiner eigenen, ihm selbst verborgenen Entscheidung, sondern das Ergebnis der permanenten Anstrengung, diese Entscheidung je jetzt zu treffen oder – was ganz dasselbe ist – die Unterstellung, sie sei schon getroffen, immer neu zu bewähren. Im Leben, heißt das, ist alle Moralität prätendierte Moralität. Kants Formulierung hierfür: Für unsere Lebenserfahrung ist »zwischen einem Menschen von guten Sitten *(bene moratus)* und einem sittlich guten Menschen *(moraliter bonus)*, was die Übereinstimmung der Handlungen mit dem Gesetz betrifft, kein Unterschied.«[39]

Erst am Ende des »unendlichen Fortschritts« wäre die präsumtive Moralität in eine realisierte überführt, wäre die mühsam bewährte Prätention in ihrer Endgültigkeit erfüllt. Kant übersetzt diesen Konjunktiv ins Religiöse, wenn er die Lücke zwischen dem, was im einmaligen Sprung erreicht wird, und dem immer dahinter zurückbleibenden Resultat eines noch so fortgeschrittenen Fortschritts als ausgefüllt ansieht »für denjenigen, der den intelligiblen Grund des Herzens (aller Maximen der Willkür) durchschauet, für den also die Unendlichkeit des Fortschritts Einheit ist, d. i. für Gott.«[40] Dieser ist also konzipiert als ein »Richter«, der erkennt, was niemand erkennen kann: ob jemand, der *legaliter* gut handelt, in eins damit auch *moraliter* gut handelt und *ist:* ob also die Maxime einer Handlung nur hier und jetzt zufällig dem Moralgesetz konform ist, oder ob diese Konformität eine notwendige ist.

Diese Notwendigkeit ist aber gerade für den Lebenszusammenhang des handelnden Subjekts, für seine Handlungskontinuität und intentionale Identität von höchster Wichtigkeit. Gelegentlich wird Kant ja vorgehalten, es sei doch des Guten zuviel verlangt, wenn man nicht nur gut handeln solle – »pflichtgemäß« –, sondern zudem auch noch um des Moralgesetzes willen: »aus Pflicht«.[41] Wo es aber um die Konstitution von Identität und, einschlußweise, um die Bewältigung der Kontingenz des Anfangs

39 *Die Religion innerhalb der Grenzen der bloßen Vernunft,* VI 30.
40 *Ebd.* 48.
41 *Grundlegung zur Metaphysik der Sitten,* IV 397 f.

des Lebens geht, dort wird all das von entscheidender Bedeutung, was unter Gesichtspunkten der Handlungsorientierung und der Normenbegründung als lästige Zutat erscheinen muß, wenn nicht gar als sinnlose rigorose Überforderung. Denn eine Handlung, welche einer Maxime folgt, die zwar geeignet ist, in einem »System guter Maximen« zu stehen, es aber nicht tut, eine solche Handlung ist eben nur *diese* einzelne Handlung *hier*, so gut sie sein mag. Eine Handlung indes, welche dieser Maxime folgt, *weil* sie diesem System innewohnt, folgt *eo ipso* auch der systemkonstituierenden »obersten Maxime« und vollzieht somit jenen Infinitesimal-Akt, in dem wir konsistent unser Leben leben, die eine unendliche Gesamt-Handlung, die alle anderen guten Handlungen als ihre Teilhandlungen in sich befaßt und aus sich entläßt. Welche »besondere Maxime« auch immer im Spiele sein mag: zugleich mit ihr und in ihr ist das Moralgesetz als »oberste Maxime« handlungsbestimmend. Nur als getragen von und aufgehoben in dieser Maxime verliert die Legalität der einzelnen Handlung und diese selbst ihre Zufälligkeit.[42]

Sprunghaft und revolutionär also, plötzlich und grundlos muß der Übergang zur Moralität sein. Denn die eine Handlung, durch die alle Handlungen erst zu moralisch guten Handlungen werden, muß selbst schon moralisch gut sein.[43] Sie setzt also den Zustand schon voraus, der gerade durch diese Übergangshandlung erst begründet werden soll. Sie, diese »einzige unwandelbare Entschließung«, kann und darf nicht in der Zeit vorkommen. Und

42 »Bei dem, was moralisch gut sein soll, ist es nicht genug, daß es dem sittlichen Gesetze *gemäß* sei, sondern es muß auch *um desselben willen* geschehen; widrigenfalls ist jene Gemäßheit nur sehr zufällig ...« (*Grundlegung zur Metaphysik der Sitten*, IV 390).

43 Dies hat Kant selbst ganz genau gesehen: »Daß der erste subjektive Grund der Annehmung moralischer Maximen unerforschlich sei, ist schon daraus vorläufig zu ersehen: daß, da diese Annehmung frei ist, der Grund desselben (warum ich z. B. eine böse und nicht vielmehr eine gute Maxime angenommen habe) in keiner Triebfeder der Natur, sondern immer wiederum in einer Maxime gesucht werden muß; und, da auch diese eben sowohl ihren Grund haben muß, außer der Maxime aber kein Bestimmungsgrund der freien Willkür angeführt werden soll und kann, man in der Reihe der subjektiven Bestimmungsgründe ins Unendliche immer weiter zurückgewiesen wird, ohne auf den ersten Grund kommen zu können.« (*Die Religion innerhalb der Grenzen der bloßen Vernunft*, VI 26 Anm.).

das, wie gesagt, schließt ein: sie ist kein mögliches Erlebnis, kein Akt oder Ereignis in unserem Bewußtsein. Sie kann nur ein ›intelligibler‹ Sprung sein: ein Attribut, das vor allem die theoretische Verlegenheit ausdrückt, die hier entsteht. Durch diesen Sprung aber wird der drohende unendliche Regreß der Moralität transformiert in einen unendlichen Progreß der Legalität.

Zu wissen, worin Moralität, wenn es sie gibt, nun besteht; gar zu begreifen, was es bedeutet, im Sprunge moralisch zu werden: das heißt noch lange nicht, auch tun zu können, was nötig ist, damit man es wird. Gewiß: die »Achtung« vor dem Gesetz, so sagt uns Kant, muß »Triebfeder« des Handelns sein. Aber was tun, damit sie es wird? Und: unmittelbar muß reine Vernunft den Willen zum Handeln bestimmen: aber wie fängt man's an, daß sie es tut? Auf diese Fragen gibt es keine Antwort, kann es keine Antwort geben. Ja, insgeheim verdrehen diese Fragen den Sinn dessen, worauf sie sich richten. Am Typus der Antwort, die sie erwarten, kann man erkennen, was sie unterstellen: es könne so etwas wie eine Handlungsanweisung geben, die zu befolgen hieße, das Moralgesetz zur »obersten Maxime« zu machen: einen pragmatischen »Ratschlag der Klugheit« oder gar eine technische »Regel der Geschicklichkeit«. Explosionen aber geschehen eben, wie man weiß, nicht aufgrund umsichtiger Beherzigung gegebener Ratschläge und Revolutionen nicht aufgrund sorgfältiger Anwendung gesetzter Regeln.
Daß es auf die Frage, was einer, der »sittlich gut« sein möchte, tun muß, um es zu werden, keine ›praktikable‹ Antwort gibt, hat zwei Konsequenzen. Die *eine* ist zwar für den Philosophen vielleicht nicht recht erfreulich, wohl aber für diejenigen, die ihn ertragen müssen. Und sie besagt: Man braucht, um moralisch zu sein, keine Philosophie. So praktisch ist weiß Gott keine praktische Philosophie, daß sie sagen könnte, was einer tun muß, um *moraliter bonus* zu werden. Und Moralphilosophie ist keine handfeste Anleitung zur Moralität, sondern allenfalls nachdenkliche Verständigung über den Sinn dessen, worin sie besteht, und, wo sich's ergibt, auch kritische Aufklärung darüber, warum es jene Anleitung gar nicht geben kann.
Und die *andere* Konsequenz: es gibt, genau besehen, keine moralische Erziehung. Wie immer auch das Insgesamt derjenigen Aktivitäten aussehen mag, kraft deren die Eltern das Kind »sittlich

gut« zu machen sich bemühen: ihr Ziel können sie nicht erreichen. Und doch können sie einiges tun: Sie können die Bedingungen fördern, die den Sprung zur Moralität erleichtern; sie können Handlungssituationen herbeiführen, die jene Umkehrung der »Denkungsart« begünstigen; sie können zu Handlungen anregen, die dem, der sie ausführt, die »einzige unwandelbare Entschließung« zum Guten nahelegen. – Alles erzieherische Handeln, in welchem dieses Fördern und Erleichtern, Begünstigen und Nahelegen geschieht, muß, wenn es seinem unerreichbaren Ziel gleichwohl umwegig dienlich sein soll, wenigstens drei Bedingungen erfüllen, die als Kriterien einer dennoch moralischen Erziehung gelten können.

Erstens: Stimmigkeit, Konsistenz der Vorschriften, die zu befolgen das Kind gedrängt oder gar genötigt wird. Solche Vorschriften können ja verschiedene Grade der Ausdrücklichkeit annehmen: das reicht von expliziten Verhaltensanweisungen, die in Worte gefaßt sind, bis hin zu jenem selbstverständlichen Stil des Sich-Gebens, der, beiderseits unvermerkt, zur Nachahmung aufgegeben wird. Solche Vorschriften schließen Handlungsmaximen in sich. Wo diese impliziten Maximen einander widerstreiten, dort kann sich so etwas wie systematischer Zusammenhang nicht einmal in Ansätzen ausbilden. Wer aber, obschon gezwungen, so handelt, daß die Maximen, die diesen Handlungen entsprechen, sich wenigstens zu Fragmenten eines möglichen Systems zusammenschließen können, der nähert sich einem Zustand, in dem eine Bedingung dessen, was zur Moralität gehört, schon erfüllt wird. Freilich: von dieser selbst ist er noch immer unendlich weit entfernt.

Zweitens: Ausweitung, Expansion des Handlungsrepertoires. System heißt eben beides: Konsistenz *und* Variation, Einheit *und* Vielheit, Synthesis *und* Mannigfaltiges. Wo sich ein System von Maximen einstellen soll, muß das Aufkommen von »Gewohnheit« verhindert werden. – Wenn man indes bedenkt, daß Kant sich den Aufbau dessen, was man heute vornehm Handlungskompetenz nennen würde, als schrittweise Auswahl und stufenweise Verknüpfung von Maximen vorstellt, so muß seine Polemik gegen alle Gewohnheit doch verwundern.[44] Denn eine Maxime regelt ja eine Vielzahl gleichförmiger Handlungsabläufe, *ist* dem-

44 Z.B. *Pädagogik,* IX 463: »Je mehr der Angewohnheiten sind, die ein Mensch hat, desto weniger ist er frei und unabhängig...«

nach, so gesehen, eine Gewohnheit. Aber *die* Gewohnheit, gegen die sich Kants Mißtrauen richtet, ist gar nicht jenes Sich-Festlegen, das jeder vollzieht, der sich etwas zur Maxime macht; sie ist vielmehr das Sich-Etablieren mit einem einmal erreichten Ensemble solcher Festlegungen. Gewohnheit nicht entstehen zu lassen, sondern stets neue und neuartige Handlungen zu verlangen: das stimuliert den Fortgang des ›Verfahrens‹, zu gegebenen Maximen immer eine höhere zu suchen, die sie unter sich befaßt. So steigert sich allmählich der Grad der jeweils erreichten Allgemeinheit. Man erkennt: der Grenzwert, dem dieses ›Verfahren‹ zustrebt, ist der eines Systems, in welchem das Moralgesetz als »oberste Maxime« alle untereinander konsistenten Maximen vereint. Ein Grenzwert freilich, der im Unendlichen liegt.

Drittens: Zurechnung, Imputation des Verhaltens als Handlung. Der Grund für dieses Erfordernis ist einfach: Zurechnung weckt Freiheitsbewußtsein. Wer etwas tut – und sei er dazu auch gezwungen –, vermag sich selbst als handelndes Subjekt zu erkennen, wenn ihm, daß er dies ist, auch gezeigt wird. Diese Demonstration aber geschieht in der Zurechnung. Von außen bindet sie das äußere Verhalten des anderen zurück an dessen innere Intentionalität und fingiert es dadurch als seine Handlung. Diese Fiktion aber stimuliert die spontane Intentionalität so, daß aus Fiktum Faktum werden kann: Wer als Handelnder behandelt wird, *wird* dadurch zum Handelnden, wenn er es nicht schon war. In eins damit aber verlagert sich gleichsam das ›Verfahren‹ der Auswahl und Verknüpfung von Maximen ins Innere dessen, der da agiert. Insofern ist die Imputation fürs Handeln genau das, was die Affektion fürs Erkennen ist: äußere okkasionelle Bedingung für das Sich-Ingangsetzen eines inneren Regelsystems.[45] Fazit: Imputation provoziert Spontaneität.

Je höher die Konsistenz, je breiter die Expansion, je tiefer die Imputation: desto näher rückt das Subjekt dem Zustand, der im Sprung zur Moralität realisiert würde. Diese »Revolution« aber steht, bei aller Nähe, noch immer aus. Und *insofern* leistet die »moralische Erziehung« *nichts.* Das also ist die Paradoxie moralischer Erziehung: bei ständiger Annäherung an den Zustand der Moralität bleibt der Abstand von ihm doch immer unendlich.

45 Siehe dazu meinen Versuch: »Kant über das Erwachen des Erkenntnisvermögens«, in: Gerhard Funke (Hg.), *Akten des 5. Internationalen Kant-Kongresses, Mainz 1981,* Bonn 1981, 870-880.

Wenn man sich, dieses Resultat im Kopf, eine der Bemerkungen Kants zu dieser Art der »Bildung« näher ansieht – aus der *Pädagogik*-Vorlesung –, dann erkennt man leicht, wie da alles Positive, aber auch alles Paradoxe hineingepackt ist in den Begriff der Maxime: was in ihr an spontaner Synthesis zur Handlungskonstitution und an Tendenz zur Konstitution eines systematischen Zusammenhangs enthalten ist, muß man mitbedenken, wenn Sätze wie diese nicht einen nur negativ-abgrenzenden Sinn haben sollen: »Moralische Erziehung... beruht nicht auf Disziplin, sondern auf Maximen. Alles wird verdorben, wenn man sie auf Exempel, Drohungen, Strafen usw. gründen will. Sie wäre dann bloß Disziplin. Man muß dahin sehen, daß der Zögling aus eigenen Maximen, nicht aus Gewohnheit gut handle, daß er nicht bloß das Gute tue, sondern es darum tue, weil es gut ist.«[46] Wie man jemanden dazu bringt – und sei's auch sich selber –, »nicht bloß das Gute« zu tun: Legalität, sondern es auch deshalb zu tun, »*weil* es gut ist«: Moralität, darüber erfahren wir, aus verständlichen Gründen, nichts. Und dennoch bleibt die Forderung: »Man muß dahin sehen, daß der Zögling aus eigenen Maximen, nicht aus Gewohnheit gut handle...«

8. Nachträgliche Zustimmung

Blicken wir zurück: Im Anfang war die Tat, nämlich die Untat, durch die die Eltern zu Eltern werden, die Gewalttat, die sie ihrem Kind damit unvermeidlich antun: sie zwingen eine Person »ohne ihre Einwilligung« ins Leben, bringen sie »eigenmächtig« ins Dasein. Wer so zu leben beginnt, lebt wider Willen und widerwillig: er lebt, ohne es gewollt zu haben und ohne es zu wollen. Für ein freies Wesen aber ist diese Nötigung unerträglich: Unfrei mit dem Leben anzufangen und unfrei es fortzuführen, das widerspricht der spontanen Intentionalität, die seine Freiheit ausmacht. Daher das anfängliche ›Lebensgefühl‹: »Unzufriedenheit«, »Entrüstung«, »Erbitterung«.

Die Eltern nun sind verpflichtet, den Schaden, den sie da angerichtet haben, zu beheben oder doch, »so viel in ihren Kräften ist«, zu mindern: sie haben die Pflicht, die neue Person »mit diesem ihrem Zustande zufrieden zu machen«. Für das, was sie

46 *Pädagogik*, IX 475.

tun, um diese Schadensregulierung erfolgreich abzuwickeln, hat sich der Name ›Erziehung‹ eingebürgert. »Pragmatisch«, so haben wir gesehen, ist die Erziehung, sofern sie den, der erzogen wird, in einen Zustand gelangen läßt, in welchem er »vermögend ist, sich selbst zu erhalten«. Doch wer sich erhalten *kann*, muß, um zu tun, was er kann, es auch *wollen*. Wer ohne Unterhalt und ohne Außenhalt zu leben im Stande ist – und nur ein solches Leben ist ein freies Leben –, dem fehlt noch immer seine eigene Zustimmung zu sich und dazu, daß er lebt. Diesen Akt der Bejahung herbeizuführen, ist Sache der »moralischen Erziehung«. Was sie anstrebt und doch selbst nie erreicht, sondern allenfalls begünstigt, ist: daß der zur Selbsterhaltung Fähige das, was er kann, nun auch will und dann tut. Freies Leben ist nur dort wirklich, wo das zwanglose Leben-*Können* mit dem unerzwungenen Leben-*Wollen* sich vereint.

Dieses Wollen ist nichts anderes als Selbsterhaltung: Intentionalität gewinnt eine Verfassung, die ihr »Festigkeit und Beharrlichkeit«[47] verleiht. Kant nennt dies auch einen »Charakter«: »Die Gründung eines Charakters aber ist absolute Einheit des inneren Prinzips des Lebenswandels überhaupt.«[48] Die moralische »Revolution« etabliert also eine bruchresistente, nämlich in sich stimmige und stetige Intentionalität. In ihr aber besteht die Identität des Selbst.

Daß auf solche Weise Selbsterhaltung mit Moralität zur Deckung kommt, hat Kant im § 28 der *Kritik der Urteilskraft*, in der »Analytik des Erhabenen«, deutlich gemacht. Übermächtige Naturerscheinungen, so legt er dort dar, kehren unsere weltzugewandte Aufmerksamkeit um, richten sie auf das Subjekt, dem sie entspringt, und führen uns auf solche Weise »unsere physische Ohnmacht« vor Augen. Im Erlebnis der Angst werden wir uns unserer Kontingenz bewußt: wir werden erinnert an die Möglichkeit unseres eigenen Nicht-Seins. Doch das, was uns, den »Naturwesen«, zum »Gegenstand der Furcht« wird, erweckt zugleich das Bewußtsein, daß wir nicht allein »Naturwesen« sind, sondern Subjekte möglicher Moralität. Mit der »Unwiderstehlichkeit ihrer Macht«, so formuliert Kant dies, »entdeckt« uns die Natur »ein Vermögen, uns als unabhängig von ihr zu beurteilen, und eine Überlegenheit über die Natur, worauf sich eine *Selbsterhaltung*

47 *Anthropologie in pragmatischer Hinsicht*, VII 294.
48 *Ebd.* 295.

von ganz anderer Art gründet, als diejenige ist, die von der Natur außer uns angefochten und in Gefahr gebracht werden kann.«[49]
Diese »Selbsterhaltung von ganz anderer Art« *ist* Moralität. Sie ist wohl zu unterscheiden von der Selbsterhaltung, die durch Mächte der Natur »angefochten« und »in Gefahr gebracht« werden kann: diese ist die Selbsterhaltung eines »Naturwesens«. Freilich gibt es zwischen beiden Arten von Selbsterhaltung einen innigen Zusammenhang. Denn die Selbsterhaltung des »Naturwesens«, das der Mensch ist, kann auch von ihm selbst »in Gefahr gebracht« werden. Und nicht selten kommt einer in dieser Gefahr um. Der Suizid ist eine der möglichen Handlungen des Menschen. Gewiß, nicht jeder Suizid ist auch eine Handlung: Häufig genug und auf vielerlei Wegen dringt die »Natur außer uns« so tief in uns ein – als ›Passion‹ in jeder Bedeutung des Wortes –, daß sie es ist, die von Innen und doch als Äußeres den Sinn und die Hand dessen lenkt, der so eines wohl unglücklichen, aber dennoch natürlichen Todes stirbt. Aber der Suizid *kann* auch eine Handlung sein: dann ist die Selbsterhaltung des »Naturwesens«, das wir sind, angefochten nicht »von der Natur außer uns«, sondern ›von der Freiheit in uns‹.
Es gibt nun einen ›idealen‹ Zeitpunkt, in welchem beide ›Arten‹ der Selbsterhaltung sich gleichsam berühren: das ist der Augenblick der Emanzipation. Der Zustand, der durch sie begründet wird, ist unvermeidlich eine ›suizidale Situation‹. Denn wenn alle Fremderhaltung zugunsten von Selbsterhaltung abgebaut ist, so bleibt doch eines irreduzibel: das Faktum der Fremd*erzeugung*. Die Kontingenz des Anfangs, die sich in der Dependenz des Fortbestandes nur verlängert, bleibt auch dann noch bestehen, wenn alle Fremderhaltung wegfällt. Selbsterhaltung kann sich nicht zur Selbsterzeugung amplifizieren.
Und das ist schlimm. Denn das Freiheitsstreben duldet keine Grenzen; Spontaneität greift aus auf alles, Intentionalität ruht nicht, ehe sie nicht über alles verfügt. Das ist die Tendenz: nichts passiv hinnehmen zu müssen, sondern alles spontan leisten zu können. Deshalb kollidieren im Zustand *post emancipationem* Freiheitsstreben und Kontingenzbewußtsein. Es gibt einen irreduziblen Rest von Faktizität, etwas definitiv Unverfügbares. Und dies nicht irgendwo als widerständiges Stückchen Welt, nein: der eigene Anfang ist es. Wer dessen inne wird, in dem muß die fast

49 *Kritik der Urteilskraft*, v 261 f.; meine Hervorhebung.

vergessene »Erbitterung« seiner Kindheit wieder aufsteigen. Damals gab es wenigstens die Chance, die eigene Abhängigkeit nach und nach zu verringern und den im ›Schrei der Entrüstung‹ geltend gemachten »Anspruch auf Freiheit« allmählich durchzusetzen. Jetzt aber, nachdem das Weiterleben von fremden Leistungen völlig unabhängig geworden ist, findet dieser Anspruch eine Grenze, die nicht überschreitbar ist, eine irrationale Sperre vor dem Zugang zum Grund des eigenen Daseins. Hier entspringt notwendig der Verdacht, das eigene Leben sei ›sinnlos‹. Emanzipation wird etwas Schreckliches: ein Übergang in einen Zustand ständiger »Unzufriedenheit«, permanenter »Erbitterung«. Es ist nur eine Weise, die eigene »Entrüstung« ein letztes Mal kund zu tun, wenn einer die zum Zwecke pragmatischer Selbsterhaltung mühsam ausgebildete Geschicklichkeit seines Leibes dazu benutzt, diesen in einen bloß physischen Körper zurückzuverwandeln: durch ›Selbstentleibung‹.

Nun aber: Moral ist, wenn man trotzdem lebt. Kant hat dies im § 5 der »Tugendlehre« der Metaphysik der Sitten so formuliert: »Die, wenngleich nicht vornehmste, doch *erste* Pflicht des Menschen gegen sich selbst in der Qualität seiner Tierheit ist die *Selbsterhaltung* in seiner animalischen Natur.«[50] Erst wo mit dieser »besonderen Maxime« zugleich das Moralgesetz als »oberste« das Handeln bestimmt und die »erste Pflicht des Menschen gegen sich selbst« erfüllt wird, *weil* sie Pflicht ist: dort erst wird Selbsterhaltung sicher und selbstverständlich. Wie in der pragmatischen Emanzipation ein Übergang erster Ordnung – Erwerb einer neuen Fähigkeit – auf den Zustand zweiter Ordnung durchschlägt, weil sich mit diesem Übergang dasjenige ›System‹ von Fähigkeiten vollendet, welches das Vermögen der Selbsterhaltung ausmacht: so ähnlich etabliert sich in der moralischen Emanzipation zugleich mit der »besonderen Maxime« der animalischen Selbsterhaltung die »oberste«: die einer »Selbsterhaltung von ganz anderer Art«. Freilich: ob es dies irgendwo gibt oder jemals gab, wissen wir nicht.

Wenn Kant den ›revolutionären‹ Übergang zur Moralität und zur moralischen Identität als eine »Wiedergeburt« bezeichnet – und zwar nicht zufällig in seiner Anthropologie[51] –, so gibt er einer

50 *Die Metaphysik der Sitten*, VI 421.

51 *Anthropologie in pragmatischer Hinsicht*, VII 294. – Daß Kant in der *Anthropologie* der moralischen »Explosion« die Qualität eines mögli-

religiösen Formel einen tiefen ›existentialen‹ Sinn: denn dieser Übergang ist die zweite Geburt eines Wesens, dessen erste so gründlich mißlang, daß es vor Erbitterung schrie. Der »neue Mensch«, der so entsteht, ist nicht länger entrüstet und erbittert. Zur vollen Glückseligkeit fehlt ihm zwar vieles, mitunter fast alles; aber er hat doch das, was Kant als den irdischen Lohn der Tugend bezeichnet: »ein negatives Wohlgefallen mit seinem Zustand, d. h. Zufriedenheit«.[52] – Das hört sich vielleicht etwas quietistisch an, klingt gar nach philosophischem Biedermeier. Doch behalten wir im Auge: Diese Zufriedenheit ist die *Konsequenz* des moralischen Zustandes, eines Zustandes also, der darin besteht, daß *in* ihm gehandelt wird, und zwar gut.
Verglichen mit dieser »Zufriedenheit« bleiben alle Maßnahmen der Herstellung und Sicherung der ›Geburtsvergessenheit‹ illusionär und prekär, bleibt alles Abblenden der Zufälligkeit des eigenen Daseins prätentiöse Selbsttäuschung.[53] Gewiß, auch die »Selbsterhaltung von ganz anderer Art« wird nie zur Selbsterzeugung, Moralität nie zur Selbstschöpfung. Doch der ›explosiv‹ und ›revolutionär‹ gegründete neue Status des Leben-Wollens enthält eine nachträgliche Zustimmung zu dem, was einem durch die Untat der Eltern widerfahren ist. Moralisch sein heißt, so zu leben, als ob man, ehe man damit anfing, gefragt worden wäre, ob man auch will – und ja gesagt hätte. Diese nachträgliche Zustimmung ist zugleich rechtfertigende Einwilligung: die Tat der Eltern ist nicht länger Untat.

chen Erlebnisses zuschreibt, muß mit der vorangestellten Einschränkung gelesen werden: »Man kann auch annehmen ...« (VII 294). Eine »in pragmatischer Hinsicht abgefaßte« Anthropologie greift eben nicht bloß auf »Weltgeschichte« und »Biographien« zurück, sondern auch auf »Schauspiele und Romane« (VII 121). Daß Kant damit nicht ins beliebig Fiktive ausweicht, sondern klug und umsichtig an genau das Medium anknüpft, in welchem weithin die Verständigung des Menschen über sich selbst stattfindet, wird besonders deutlich vor dem Hintergrund der Studie von Helmut Pfotenhauer, *Literarische Anthropologie. Selbstbiographien und ihre Geschichte – am Leitfaden des Leibes*, Stuttgart 1987.

52 *Kritik der praktischen Vernunft*, V 118.

53 Zur ›existentialanalytischen‹ Version solcher Maßnahmen der Etablierung von Vergeßlichkeit: Barbara Merker, *Selbsttäuschung und Selbsterkenntnis. Zu Heideggers Transformation der Phänomenologie Husserls*, Frankfurt 1988, 61-130.

Nun ist, mit sehr bedenkenswerten Gründen, gegen Kants »erste Pflicht« eingewandt worden, daß sie gar keine sei.[54] Das Gebot, sich nicht selbst zu töten, hängt offenbar ab von teleologischen, ja theologischen Voraussetzungen, deren Aufdeckung es fraglich erscheinen läßt, ob unter allen Umständen weiterzuleben eine Maxime ist, die ins »System guter Maximen« hineingehört. Wenn Kant uns etwa wissen läßt, das »Naturwesen«, das wir sind, sei dem »Vernunftwesen«, das wir auch sind, »zur Erhaltung anvertraut«,[55] dann sieht man, daß hier unter der Hand Theologie im Spiele ist: *Wer* vertraut hier wem was an – wenn nicht Gott mich mir? Gleichwohl wäre jene »erste Pflicht«, wenn dies denn erforderlich sein sollte, auch theologiefrei zu begründen, allerdings mit der Folge, daß sie in einem sehr strikten, auch zeitlich ganz präzisen Sinne zur »*ersten* Pflicht« würde.

Die »Explosion«, mit der der Mensch ein »neuer Mensch« wird, nämlich ein endlich und endgültig guter: sie ist, obschon unser Akt, doch nicht in der Zeit. Das macht uns Schwierigkeiten: wir können, was da vor sich gehen soll, gar nicht verstehen, wenn wir nicht insgeheim doch die Vorstellung einer Zeitfolge zugrundelegen. Und das ist auch ganz unverfänglich, solange wir das Moment der Analogie und des Metaphorischen darin nicht aus dem Auge verlieren. Recht eigentümlich aber wird's, wenn wir bedenken, daß dieser zeitlose Akt, unbeschadet seiner Zeitlosigkeit, zu *irgendeiner* Zeit stattfinden muß. Wenn es ihn überhaupt soll geben können, dann muß er zwischen der Geburt und dem Tod des durch ihn zur Moralität gelangenden Subjekts vollzogen werden. Das bedeutet: zum Zeitpunkt des »Sprungs« muß der, der ihn tut, auch noch *leben,* muß er die »Selbsterhaltung in seiner animalischen Natur« sichern. Insofern ist *diese* Pflicht in der Tat die *erste* Pflicht. Der erste Augenblick des moralischen Zustandes – der Punkt seines Anfangs – kann nicht bestehen ohne die Existenz des »Naturwesens«, das auf diese Weise moralisch wird. Allerdings: wenn erst einmal der »Sprung« getan, »Beharrlichkeit

54 So etwa: Norbert Hoerster, »Kants kategorischer Imperativ als Test unserer sittlichen Pflichten«, in: Manfred Riedel (Hg.), *Rehabilitierung der praktischen Philosophie*, Freiburg 1974, Bd. II, 455-475; zur detaillierten Erörterung dieses Problems: Hans Ebeling, *Selbsterhaltung und Selbstbewußtsein. Zur Analytik von Freiheit und Tod*, Freiburg 1979.

55 *Die Metaphysik der Sitten*, VI 423.

und Festigkeit in Grundsätzen« gewonnen und die »Selbsterhaltung von ganz anderer Art« gesichert ist: dann kann diese auch durch den Tod des Menschen als eines »Naturwesens« nicht mehr »angefochten und in Gefahr gebracht werden« – auch nicht durch *den* Tod, den der, der da stirbt, selbst herbeiführt. Die »erste Pflicht« kontrahiert sich zur allerersten und momentanen: sie ›erstreckt‹ sich nur noch auf den Augenblick des »Sprungs«.
Aber kann man für ›die Zeit danach‹ – aber ach: was heißt das? – ausschließen, daß sich Situationen ergeben, in welchen ein Suizid zulässig, wo nicht gar geboten ist? »In such cases«, sagt Hume, »my resignation of life must not only be innocent but laudable.«[56] Der freie Tod ist dann die Herbeiführung eines Ereignisses, das ohnehin kommt: die Differenz zwischen der faktisch durchlebten Handlungskette und ihrer im »Sprung« ideal antizipierten systematischen Totalität bleibt in jedem Falle unendlich groß. Insofern gibt es für die Moralität des Subjekts keinen Unterschied, ob es von eigener Hand stirbt oder eines natürlichen Todes. – Ja sogar für den Adoleszenz-Suizid ist denkbar, daß er nicht *aus* »Erbitterung« geschieht, sondern *gegen* sie, nicht *aus* Verzweiflung, sondern als Akt ihrer *Überwindung*. Der »Sprung« in die physische Selbstvernichtung könnte zugleich der in die moralische Selbsterhaltung sein; der Augenblick, in dem das »Naturwesen« noch lebt, aber zu leben aufhört, wäre eins mit dem, in welchem die Beharrlichkeit »von ganz anderer Art« anfängt.
Moralität heißt also, trotz des kontingenten Anfangs leben *wollen* und deshalb erstmals auch *frei* leben *können*. Für den Fall aber, daß die Pflicht zur Selbsterhaltung der »animalischen Natur« nur unter teleologischen oder theologischen Prämissen – also zu Unrecht – ins System moralischer Maximen hineingelangt sein sollte, schließt dieses moralische Leben-*Wollen* nicht die Pflicht ein, immer und unter allen Umständen leben zu *müssen*. Das »negative Wohlgefallen mit seinem Zustande«, die »Zufriedenheit«, ist eben auch die mit *dem* Zustand, den man selbst herbeigeführt hat. Und freiwillig aus dem Leben zu scheiden *kann* dann ein Weg sein, seinen Frieden mit sich und der Welt zu machen. – Moralisch zu sein aber heißt, begreifen zu können, wie es zugehen kann, daß dieser moralisch *mögliche* Weg uns trotz der Kontingenz unseres Anfangs nicht – Stichwort: »Erbitterung« – zum ›pathologisch‹

56 David Hume, »Of Suicide«, in: *Essays – Moral, Political, and Literary*, London u. a. 1907, Vol. II, 406-414, hier: 413.

notwendigen werden muß: wie wir also, obschon zum Leben gezwungen, frei weiterzuleben fähig werden können.

9. Individualität aus leiblich-welthafter Kontingenz

Wer, der ich mich erhalte, bin ich? – Daß ich ein Ich bin, dieses eine, in sich konsistente und deshalb mit sich selbst identische Subjekt: dafür mag das Moralgesetz, wenn es denn meine »oberste Maxime« geworden ist, verantwortlich sein. Alle meine Handlungen sind über ihre »besonderen Maximen« in diesem höchsten Prinzip geeint und zusammengehalten. Der systematische Zusammenhang meiner Handlungsgrundsätze sichert mir die Stetigkeit meines Lebensvollzugs. – Doch woher habe ich dieses »ich« und »mein« und »mir«? Was in meinem Handeln macht es zu *meinem* Handeln? Wie verhält sich, was ich tue, zu dem, wodurch ich werde, wer ich bin?

Wer also bin *ich*, dieses nicht substantivierte, nicht generalisierte, stets kleingeschriebene ›ich‹? Worin besteht die Individualität, die Besonderheit, die *haecceitas*, kraft deren ich mich dagegen verwahre, im ›Sprung‹ zur Moralität mit allen anderen moralischen Subjekten, so es welche gibt, identisch zu werden? Denn das moralische Subjekt, wenn es wesentlich durch das »System guter Maximen« bestimmt ist und durch nichts weiter, ist *das* moralische Subjekt: es kann nur *eines* geben. Nach dem *principium identitatis indiscernibilium* fallen alle moralischen Subjekte, rein als solche betrachtet, in eins: das ist moralischer Averroismus.

Das *wäre* Averroismus, gäbe es nicht den Zufall und ein Verhältnis zu ihm – das der Aneignung –, das ihn sein läßt, was er ist, und ihn dennoch in den Bestand dessen integriert, was das Ich zum Ich macht und, zuvor schon, mich zu dem, der ich bin. Zufällig ist, was, obschon es *ist*, auch *nicht* sein könnte; und was, obschon es *so* ist, auch *anders* sein könnte. Die Wirklichkeit auf solche Weise in einem Horizont anderer Möglichkeiten zu sehen: das heißt *Welt* haben; in ihr ist das Wirkliche zufällig wirklich und umgeben von einer Unendlichkeit des Auch-Möglichen und des Möglich-Gewesenen. Nur wer in einer Welt lebt, vermag auch jene Kontingenz zu kennen, ohne die und ohne deren Kenntnis er weder ›ich‹ sein könnte noch auch zu begreifen vermöchte, was, dies zu sein, dem bedeutet, der es ist.

Nun hat Kant nicht nur in der *Metaphysik der Sitten* ›ontogenetisch‹ den kontingenten Anfang des Menschen in der Geburt zum Thema gemacht; er hat in seiner kleinen Schrift über den *Mutmaßlichen Anfang der Menschengeschichte* diesen Anfang auch ›phylogenetisch‹ betrachtet und dabei die Unendlichkeit unserer Intentionalität, vermöge deren wir ›weltlich‹ leben, auf eine Art Geburt zurückgeführt: auf die Entlassung aus dem »Mutterschoß der Natur«.[57] Kant interpretiert in seinem Opusculum von 1786 die alttestamentliche »Urkunde« von der Vertreibung des Menschen aus dem Paradies. Er liest, was dort erzählt wird, als Geschichte von der Menschwerdung des Menschen. »In einem Garten unter einem jederzeit milden Himmelsstriche« hat es der erste Mensch zwar gut, doch er ist abhängig: »Der Instinkt, diese Stimme Gottes, der alle Tiere gehorchen, mußte den Neuling anfänglich leiten. Dieser erlaubte ihm einige Dinge zur Nahrung, andere verbot er ihm.«

Es genügt nun schon »eine Kleinigkeit« – Kant sagt gar nicht welche –, um eine Abweichung von dieser Lenkung, von diesem Zwang zur Übernahme fremder Verhaltensanweisungen zu veranlassen. Doch die Folgen dieser unerheblichen Deklination sind erheblich; denn der Mensch »entdeckte in sich ein Vermögen, sich selbst eine Lebensweise auszuwählen und nicht gleich anderen Tieren an eine einzige gebunden zu sein.« Damit vollzieht sich eine »Entlassung«, nämlich der »Übergang... aus der Vormundschaft der Natur in den Stand der Freiheit«, ein Übergang nach fremder »Veranlassung«, aber als eigener »Schritt«. Und dies ist der erste nachemanzipatorische Zustand des Menschen: »Er stand gleichsam am Rande eines Abgrundes; denn aus den einzelnen Gegenständen seiner Begierde, die ihm bisher der Instinkt angewiesen hatte, war ihm eine Unendlichkeit derselben eröffnet, in deren Wahl er sich noch gar nicht zu finden wußte; und aus diesem einmal gekosteten Stande der Freiheit war es ihm gleichwohl jetzt unmöglich, in den der Dienstbarkeit (unter die Herrschaft des Instinkts) wieder zurückzukehren.«[58]

Instinkt haben heißt, selbstverständlich wissen, was zu tun sei, um sich zu erhalten. Das Sich-Erhalten bezieht sich sowohl auf das Individuum als auch auf die Gattung. Das Individuum aber tut, was nötig ist, um sich selbst *und* seine Gattung zu erhalten.

57 *Mutmaßlicher Anfang der Menschengeschichte*, VIII 114.
58 *Ebd.* 112.

Die elementaren Handlungen, vermittels deren diese Erhaltung tatsächlich geschieht, sind Nahrungsaufnahme und Geschlechtsverkehr. Beide Aktivitäten haben entsprechende »Gegenstände der Begierde«. Der Mensch aber hat die »Herrschaft des Instinkts« abgeschüttelt. Vom »Instinkt zur Nahrung« ist der Mensch emanzipiert. Folglich braucht er so etwas wie Eßkultur: gesellschaftlich abgesicherte Regeln, die ihm sagen, wie wann wo was zu essen sei. Wer allein ißt, muß sich denn auch Geselligkeit hinzuphantasieren oder, daß er ißt, sich verhehlen: indem er dabei, es ›verdeckend‹, etwas anderes tut.
Zu essen: das ist freilich nur die elementarste Form von Weltaneignung und zugleich Symbol für sie. Und die Freiheit vom Zwang, *dieses* zu essen und jenes *nicht,* ist nur die symbolische Darstellung der ›Weltoffenheit‹ des Menschen: denn jetzt steht das, was er wählt, plötzlich in einem Feld anderer möglicher Optionen. »Aus einzelnen Gegenständen seiner Begierde... war ihm eine Unendlichkeit derselben eröffnet«: darin besteht der »Stand der Freiheit«.[59] Intentionalität heißt nichts anderes, als prätentiös auf diese Unendlichkeit auszugreifen – *anima est quodammodo omnia* – und dann diesen proleptischen Ausgriff Stück für Stück in einem allmählichen und stets fragmentarisch bleibenden Prozeß der Selbst- und Weltaneignung einzuholen. Es ist ein Assimilationsprozeß, in welchem Äußeres verinnerlicht, Fremdes angeeignet und Unverfügbares verfügbar gemacht wird. In diesem Prozeß aber konstituiert sich menschliche Individualität.
Dabei geben wir uns nicht damit zufrieden, uns durch Name, Geburtsdatum und Geburtsort sowie zwei, drei ›unveränderliche Kennzeichen‹ von anderen zu unterscheiden. Was eine *Substanz* individuiert – und natürlich auch uns selbst als Substanzen –, mag der Polizei genügen, um ein einmaliges Exemplar aus der Gegenstandsklasse ›Mensch‹ auszusondern und gegebenenfalls ›als Täter zu identifizieren‹. Als handelnde *Subjekte* aber tragen wir unsere Eigenschaften nicht so wie Gegenstände ihre Qualitäten. Unsere zufälligen, akzidentellen Bestimmungen sind unsere Eigenschaften nur, indem wir uns zu ihnen intentional *verhalten.* Unsere Intentionalität als All-Aneignungsstreben, als idealismusanfällige Spontaneität macht begreiflich, warum subjektive Individualität verbunden ist mit einer eigentümlichen, ja geradezu ans Wahnhafte streifenden Prätention: nämlich der, daß wir für das, was

59 *Ebd.*

uns zu *diesem* Individuum macht, zutiefst und zuletzt selbst verantwortlich sind. Immer wieder geraten wir in Situationen, in denen es nötig ist, zu denken oder gar zu sagen: ›Er kann ja nichts dafür, daß er so ist.‹ Solches brauchte nicht eigens gesagt zu werden, wenn es nicht die Unterstellung eines Etwas-dafür-Könnens zur Voraussetzung hätte. Daß wir uns je selbst und gegenseitig mit dieser Unterstellung immer wieder hoffnungslos überfordern, ist der Grund dafür, daß wir uns bisweilen von ihr entlasten müssen; und wir tun es, indem wir die Prätention als Prätention aufdecken. Diese sporadische Aufdeckung und Entlastung aber wird nur nötig und vollzieht sich auch nur auf der Basis einer prinzipiellen Bejahung unserer Verantwortlichkeit auch noch für das, was an uns zufällig so ist, wie es ist.

Es ist also für den menschlichen Umgang mit der Kontingenz des Hier-und-Jetzt, des So-und-nicht-anders höchst aufschlußreich, daß ›zufällige‹ Vorgaben, die über das bloße Daß des Daseins hinausgehen, nicht als solche stehenbleiben oder uns gleichgültig anhängen. Vielmehr knüpft sich an solche Vorgaben ein ständiges Bemühen, sie als eine Art von Eigenleistung auszugeben: sie entweder selbst hervorgebracht oder wenigstens mit Fug und Recht erhalten zu haben. Was wir sind und haben – so unser unglaublicher Anspruch –, das sind und haben wir zu Recht: tätig erzeugt oder durch Tätigkeit redlich verdient. So also wollen wir sein: legitime Eigentümer all unserer Eigenschaften. Wenn man schon nichts dazu kann, daß man existiert, so will man doch alles andere selbst gewesen sein. Gewiß, man erreicht, was man will, hier nie ganz: für die Defizienz jedoch sucht man nach Gründen. Für das Verständnis des Sinns unseres Verhaltens kommt es indes auch gar nicht auf das faktische Gelingen der Aneignung an, sondern auf die Selbstverständlichkeit der Unterstellung, daß sie möglich und nötig sei.

Betrachten wir den ersten Übergang – den ins Leben –, dann sieht man sogleich, wie Aneignung auf Zufälliges ausgreift. Es ist ja, wo geboren wird, ein kaum vermeidbarer Zufall, daß der Ort der Niederkunft jener Frau, die gerade zur Mutter wird, identisch ist mit dem Ort der Geburt ihres Kindes; aber dabei bleibt es nicht; bei entsprechender Gelegenheit fühlt man, je nach Geburtsort, *pride,* dort geboren zu sein, oder *humility,* wenn man in einem entlegenen Winkel der Welt deren Licht erblickte. Daran kann man ablesen, daß pure Fakten gleichsam als intentionale Leistungen ausgegeben werden. Was hier stattfindet, ist Anknüpfung zufälliger Ereignisse an sinnhafte Absicht, Aneignung des Zufalls; ihr korrespondiert aber von seiten der anderen eine Art Zurechnung, die zu solcher Aneignung drängt, indem sie sie als vollzogen unterstellt.

Das geht weiter mit unserer Beziehung zu Ausformungen biologischer Vorgaben: Wer schöne Augen oder häßliche Ohren hat, trägt – oder versucht zu ertragen – die Folgen der Handlung, das, was ihm da als Organismus aufgedrängt wurde, als seinen Leib akzeptiert zu haben. Und er tut dies, obgleich nicht nur dieses Aussehen ihm auferlegt, sondern auch diese Aneignungshandlung erzieherisch erzwungen ist. Wie elementar und tiefgreifend dieser Zwang ist, erkennt man leicht an so selbstverständlichen und doch höchst eigentümlichen Vorgängen dieser Art: Noch die physische Ereignisfolge, daß die beim Trinken verschluckte Luft sich im Magen versammelt, durch die Speiseröhre nach oben steigt und aus einer Öffnung im Gesicht hörbar den Organismus verläßt: noch dies bringt dem Säugling, als sei es seine Tat, Worte der Anerkennung ein. Wenn man so beobachtet, wie schon das, was zum puren Stoffwechsel gehört, etwa schlechtes Trinken, gute Verdauung oder schnelles Wachstum, einem »kaum geborenen Kind« durch tadelnde oder lobende Worte, deren Bedeutung es doch versteht – denn die liegt allein im Tonfall –, von Anfang an als eigene Handlung zugeschrieben wird, kann man erahnen, wie tief so etwas sitzt. Und da diese Zurechnung, welche Spontaneität weckt und Aneignungsakte provoziert, bereits ein erstes Stück »moralischer Erziehung« darstellt, sieht man, wie früh diese anfängt.

Aneignung ohne Kontingenz ist leer, Kontingenz ohne Aneignung blind; das Zufällige muß ›einverleibt‹ und intentionale Assimilation auf Zufälliges bezogen werden, wenn je Individualität sich formieren soll. Auferlegte Kontingenz individuiert eine Substanz, erst angeeignete ein Subjekt. Das Moralgesetz aber reguliert wenigstens indirekt – anfänglich *via* Erziehung, später *via* Handlungslegalität – auch noch den Prozeß, in dem jene substantiale Individualität in diese personale ›umgearbeitet‹ wird. Das moralische Subjekt in seiner vollen ›Eigentlichkeit‹ hätte alle ihm oktroyierten oder zugespielten Kontingenzen sich anverwandelt, Zugemutetes freiwillig angenommen, äußere Zufälligkeit in zufällige Eigenheit transformiert und auf solche Weise seine Individualität, Singularität und Unverwechselbarkeit hergestellt und gewahrt. Freilich: um dies herzustellen und zu wahren, ist es keineswegs erforderlich, moralisch zu sein. Es genügt, ein Subjekt zu sein, das moralisch sein *kann*.

Der Leib ist indes nur das erste Stückchen Welt, das den, der es sich freiwillig anzueignen gezwungen war, individuiert, *anfänglich* individuiert. Kein anderer kann in diesem Leib und als dieser Leib leben, kein anderer durch ihn sich nach außen darstellen und in ihm von außen gesehen werden. Leiblich zu leben genügt so zwar – und was liegt nicht alles darin! –, um ›ich‹ zu sein und ›ich‹ sagen zu können. Aber wer sich so auf sich bezieht, bezieht sich einschlußweise immer auch auf die Unendlichkeit des Möglichen. Denn sie ist die Quelle jener Kontingenz, mit der mir dort und damals gerade dieser Leib ›zufiel‹, den ich seither ständig bei mir und um mich habe – um in ihm erst der zu sein, der ich bin. Der Leib ist insofern ichhaft und weltlich zugleich: im leiblich vermittelten Selbstbezug ist intentionale Weltzuwendung immer schon enthalten.

Der Leib ist also das erste Stückchen Welt, das zweite aber ist die Situation, in der er sich befindet. Dieses Sich-Befinden des Leibes in einer Situation ist keineswegs zu verwechseln mit der Anwesenheit eines Körpers an einer Raum-Zeit-Stelle, welche ihn zu identifizieren gestattet; sie ist vielmehr jenes vorgängige In-Sein, ohne welches wir gar nicht in der Lage wären, ein räumlich-zeitliches Koordinatensystem auszubilden und zum Zwecke intersubjektiver Orientierung als Ordnungsnetz über die Welt auszubreiten. Nur ein naiver Objektivismus, dessen Entstehung indes nur zu gut begreiflich ist, kann glauben, es gäbe die Ordnung von Raum und Zeit schon an sich und wir bräuchten uns ihrer nur zu bedienen.

Als Leib-in-Situation zu leben heißt: eingelassen sein in eine komplexe, geschichtlich gewordene und lebendig sich wandelnde Konstellation von Dingen und Personen, Vorstellungsmustern und Verhaltenserwartungen. Der Leib ist in seiner jeweiligen Situation stets zugleich Wahrnehmungs- und Handlungsorgan. Durch meine Sinne perzipiere ich, was *so* von keinem anderen perzipiert werden kann. Wohl mögen andere dieselben *Gegenstände* wahrnehmen wie ich; und sie mögen über diese dieselben *Erkenntnisse* gewinnen. Doch daß ihnen die Gegenstände *auf dieselbe Weise* gegeben wären wie mir, daß sie sie zugleich *aus derselben Perspektive* sehen könnten wie ich: das ist unmöglich. Ihre Augen müßten an dem Platz sein, der durch meine schon besetzt ist, ihre Hände den Gegenstand an einer Stelle berühren, die ihnen jetzt, weil meine Hand gerade dort ist, unzugänglich bleiben muß. Im Ausschluß aller anderen von gerade diesen sinnlich vermittelten Wahrnehmungserlebnissen gründet meine individuelle ›Erlebnisgeschichte‹. Mein Bewußtsein ist *mein* Bewußtsein, weil die Serie der ›Erlebnisse‹, aus denen es besteht, einmalig ist und wegen der Kontingenz der Leiblichkeit einmalig sein muß. Was ich sinnlich erlebt habe, hat außer mir niemand auf diese Weise und in dieser Sequenz erlebt: er hätte denn zu genau jeder Zeit an genau jedem Ort sein müssen, an dem ich selber war: immer in meiner Situation. Dann aber hätte sein Leib, und zwar von Geburt an, mit meinem identisch sein müssen – und er wäre kein anderer als ich selber.

Analog zu dieser ›perzeptiven‹ Individuation, und über den Leib zugleich verschlungen mit ihr, verläuft die ›aktive‹. Handeln heißt immer, ›aus der Situation heraus‹ handeln, also aus der einen heraus- und in die andere hineingehen: die Handlung ist ein Übergang. Diese andere Situation aber ist nur eine von vielen möglichen anderen, »in deren Wahl« der Handelnde stets neu »sich ... finden« muß. – Weil das handelnde Subjekt durch seinen Leib und mit ihm in einer Situation sich befindet und aus ihr heraus zu handeln sich anschickt, gehen alle Zufälle, die die Situation konstituieren, mit ein in die Entscheidung, hier und jetzt gerade dieses zu tun und nicht jenes. Ich kann ja, selbst wenn ich ein ganzes »System guter Maximen« im Kopfe hätte oder im Herzen trüge, in der je einzigartigen Situation stets nur diese einzige »besondere Maxime« befolgen, allenfalls in eins damit die ihr hierarchisch übergeordneten. *Welche* Maxime ich jeweils zur Konstitution meines aktuellen Handlungsvollzugs verwende, ist insofern situationsabhängig und kontingenzbedingt.

Wie der hier und jetzt vollzogene prädikative Urteilsakt einen allgemeinen Begriff auf einen einzelnen Gegenstand bezieht, indem er diesen unter jenen subsumiert, so setzt der Entscheidungsakt eine Maxime um in diese einzelne Tat. Die Entscheidung, das *fiat*, überbrückt die Kluft zwischen dem allgemeinen »Prinzip zu handeln« und dem konkreten Handlungsvollzug *hic et nunc*. Es geht zuletzt auf den Zufall meines Anfangs zurück, auf das Faktum der Geburt und die damit verbundene Leiblichkeit meiner selbst, daß ich in gerade diese Situationen geraten bin und in keine anderen. Die Kette der Situationen, die ich als leiblich verfaßtes Subjekt durchlaufe, geht aber mit in meine ›Handlungsgeschichte‹ ein. Denn es ist kontingent, daß ich mein Leben als gerade *diese* Sequenz von Handlungen zu führen suche. So entsteht die je gegenwärtige »Identität des Ich in der vergangenen Zeit«.[60] Die Serie meiner konkreten Handlungen unterscheidet mich auch dann noch von jedem anderen Subjekt, wenn uns alle Maximen, nach denen wir handeln, gemeinsam sein sollten.

Das erste Stückchen Welt: der Leib; und die Situation, in der er ist und aus der er lebt: das zweite. – Und die Welt als ganze? Sie ist gleichsam die ins Unendliche erweiterte Situation. Sie ist nicht einfach die Ansammlung aller Dinge, sondern das Integral von Wirklichkeit und Möglichkeit. Die Wirklichkeit wird, was sie ist, indem anderes, was auch hätte wirklich werden können, statt dessen bloß möglich bleibt oder gar unmöglich wird. Dieser Bezug zum jetzt noch oder ehemals auch Möglichen gehört wesentlich zur Wirklichkeit dazu und macht ihre Weltlichkeit aus.

Intentionalität als universales Aneignungsstreben bezieht sich, über den Leib hinaus und stets durch ihn, nicht nur auf weitere Wirklichkeiten – Kleidung und sonstiges Eigentum zählen dazu –, sondern auch auf die entgrenzte Situation, den infiniten Horizont der Möglichkeiten, die »Unendlichkeit«, die sich dem »eröffnet«, der die paradiesische Instinktlenkung verloren hat. Die Aneignung der Möglichkeiten *als* Möglichkeiten ist Sache unserer Einbildungskraft. Sie zeigt uns auch, was noch nicht und nicht mehr möglich ist, was bislang nie oder nur anderen möglich war oder ist oder sein wird. Sich vorzustellen, man wäre nicht so, wie man ist, sondern anders; gar zu denken, man wäre nicht der, der man ist, sondern ein anderer; und die Wirklichkeit, in der man lebt, wäre nicht hier und so, sondern anderswo und andersartig, und die anderen wären nicht einfach andere, sondern ganz andere: mit derlei Fiktionen sind wir als phantasierende Wesen stets befaßt. Und Kunst und Literatur sind weithin nichts anderes als Formen intersubjektiver Kultivierung dieser imaginativen Dimension unseres Weltbezugs. Die Individuen, die wir sind, sind wir nicht zuletzt wegen der ›Phantasiergeschichte‹, die wie unsere ›Erlebnisgeschichte‹ und unsere ›Handlungsgeschichte‹ einen konstitutiven Teil unserer Lebensgeschichte ausmacht und in der wir als

60 *Handschriftlicher Nachlaß*, xv 658.

Träumer und Tagträumer, als Kinogänger oder Romanleser von allem Möglichen alles mögliche in uns hereinholen.
Philosophie aber ist an diesem Prozeß der Weltaneignung nicht unbeteiligt. Wovon wir nicht wissen können, wie es war, davon können wir uns dennoch denken, wie es hätte sein können. Das gilt eben gerade auch für unseren Anfang, ontogenetisch und phylogenetisch. Wir wissen nicht, was der erste Schrei bedeutet; aber ihn als Schrei der Erbitterung aufzufassen heißt, eine fiktive Möglichkeit sinnvoll mit erfahrener Wirklichkeit zu verknüpfen. Und wie wir unsere Bindung an den Instinkt verloren haben, wissen wir nicht: aber wir können Vermutungen anstellen, Möglichkeiten erwägen, Geschichten erzählen. Nichts anderes tut Kant im *Mutmaßlichen Anfang der Menschengeschichte*. In diesem Text, einem »Entwurf zu einem Roman« nicht unähnlich, unternimmt der Autor mit seinem Leser eine »Lustreise«: beide bewegen sich – und dies ist nun eine der herrlichsten Formeln Kants, auch eine seiner tiefsinnigsten – »auf den Flügeln der Einbildungskraft, obgleich nicht ohne einen durch Vernunft an Erfahrung geknüpften Leitfaden«.[61] Da ist Philosophie, weil sie Phantasie, indem sie sie entfaltet, zugleich mit Sinn und Verstand an Erfahrung zurückbindet und behutsam das Mögliche ans Wirkliche knüpft, wahrlich noch ›Weltweisheit‹.

10. Feigenblatt, Blendwerk und Selbstdarstellung

Die Einbildungskraft ist es auch, die – wie Kant erklärt – uns Entlastung verschafft, Entlastung, die wir angesichts dessen, was der kategorische Imperativ von uns verlangt, nur zu gut gebrauchen können. Doch Entlastung kann und darf nicht bedeuten: Abstriche machen an der moralischen Forderung und Aufforderung. – Die Frage liegt ja ständig nahe: Geht's denn nicht auch um einiges maßvoller, ein bißchen geruhsamer, ein wenig entspannter? Muß man denn immer gleich so schrecklich moralisch sein, so fürchterlich ›eigentlich‹?
Ja, man muß es. Die Kontingenz des Anfangs, die Zufälligkeit der Existenz verlangt, daß der, der lebt, sich aus *einem* Prinzip heraus begreiflich zu machen sucht, *wie* er leben soll und *daß* er leben soll. Wollen wir verstehen, wie es möglich ist, daß das, was mit

61 *Mutmaßlicher Anfang der Menschengeschichte*, VIII 109 f.

der unfreien Geburt anfing, nicht mit dem freien Tod enden muß, sondern in einer freien Wiedergeburt angenommen und fortgeführt werden kann, dann muß eine Moralphilosophie, die diese ›existentiale‹ Konfiguration als für Moralität selbst konstitutiv ausweisen will, genau so sein wie die Kants: so formal und so rigoros. Die dennoch mögliche Entlastung kann nur eine Art Provisorium sein, ein Hinführungsmittel, ein Vehikel. Genau dies aber stellt, wie Kant anthropologisch verständlich macht, die Einbildungskraft uns zur Verfügung.

Dies ist Kants anthropologischer Ausgangspunkt im *Mutmaßlichen Anfang der Menschengeschichte:* Wie lebt ein freies, nicht länger vom natürlichen Instinkt gelenktes Wesen? Welche Konsequenzen hat der Instinktverlust und wie werden sie bewältigt? Die erste Konsequenz ist: ›Weltoffenheit‹; Unendlichkeit dessen, worauf Intentionalität – Kant sagt »Begierde« – sich richtet. Was der Mensch nun unternimmt, um sich diese Welt anzueignen, um sie so umzuarbeiten, daß er in ihr dennoch zu leben vermag, das führt zu Resultaten, die in ihrem Zusammenhang das ausmachen, was Kant »Kultur« und »Zivilisation« nennt.[62] Ein winziger, obzwar zentraler Ausschnitt davon ist der Prozeß, in dem Menschen die Kontingenz ihrer Geburt und die Leiblichkeit ihrer Existenz umbilden in die Ausformung ihrer Individualität.

Doch der »Instinkt zur Nahrung«, durch dessen Verlust wir eine Welt gewinnen, ist nicht der einzige, der zur Erhaltung erforderlich ist. »Nächst dem Instinkt zur Nahrung, durch welchen die Natur jedes Individuum erhält, ist der Instinkt zum Geschlecht, wodurch sie für die Erhaltung jeder Art sorgt, der vorzüglichste.« Dieser Instinkt partizipiert nun an der neuen Unendlichkeit. Er wird aus seinen engen Schranken befreit, wird expandiert, und es entsteht eine Art Sexualität im Weltformat. An die Stelle des »vorübergehenden, größtenteils periodischen Antriebs«, wie wir ihn bei den Tieren beobachten können, tritt beim Menschen eine Entgrenzung, kraft deren es ihn und er es »dauerhafter und gleichförmiger treibt«.[63] Und wiederum ist es die Phantasie, die diese Expansion ermöglicht: Phantasieren muß können, wer nicht nur »periodisch«, sondern »dauerhaft«, nicht nur phasenweise,

62 Natürlich projiziere ich hier nicht die Anthropologie Arnold Gehlens auf Kant zurück; denn diese versteht sich ja ihrerseits ausdrücklich als Entfaltung von Motiven, die bei Kant (und Herder) angelegt sind.

63 *Mutmaßlicher Anfang der Menschengeschichte,* VIII 112.

sondern jederzeit sexuell affizierbar sein will. Wenn es stimmt, »daß der Reiz des Geschlechts... der Verlängerung und sogar Vermehrung durch die Einbildungskraft fähig sei«: wie läßt sich die Einbildungskraft so provozieren, daß sie, was sie kann, dann auch tut?

Mittels der Einbildungskraft beziehen wir uns auf Abwesendes. Sinnliche Wahrnehmung verliert ihren Gegenstand, wenn sich zwischen ihn und die Sinnesorgane ein Hindernis einschiebt: ein *anderer* Gegenstand, der den ersten verdeckt. Die Einbildungskraft aber vermag ihn auch als verschwundenen noch festzuhalten, obschon eben nur ›bildhaft‹ im Bewußtsein. Dieses imaginative Noch-Festhalten ist die Voraussetzung dafür, daß wir überhaupt in der Lage sind, etwas Abwesendes zu vermissen, etwas Verlorenes zu suchen, nach etwas Verborgenem neugierig zu forschen. Also: die Einbildungskraft wird aktiv, wo die sinnliche Anschauung ihren Gegenstand verliert.

Das aber heißt: Man muß der sinnlichen Anschauung ihren Gegenstand nehmen, wenn man die Einbildungskraft aktivieren will. Eben dies aber geschieht – folgt man Kants Genesis-Kommentar – durch »das Feigenblatt«. Seine Applikation wirkt, weil es möglich ist, »eine Neigung dadurch inniglicher und dauerhafter zu machen, daß man ihren Gegenstand den Sinnen entzieht«. Dies also gehört zur Menschwerdung des Menschen: daß sein »Instinkt zum Geschlecht« als Liebe »inniglich« wird und als Verlangen »dauerhaft«. Mit dem Feigenblatt etwas zu verbergen ist deshalb der Anfang des Weges, »von der bloß tierischen Begierde allmählich zur Liebe und mit dieser vom Gefühl des bloß Angenehmen zum Geschmack für Schönheit anfänglich nur an Menschen, dann aber auch an der Natur überzuführen.«[64]

Was Kant am Bericht der biblischen Urkunde interessiert, ist indes nicht in erster Linie die daraus zu eruierende Theorie der wesenhaft ›unnatürlichen‹ Eigenart menschlicher Sexualität und ihrer ästhetischen Implikationen, sondern eine weiter abliegende glückliche Folge der anfänglichen Verkleidung: Das Feigenblatt-Prinzip fördert direkt die Kultur und begünstigt indirekt die Moralität. Denn als Wesen, die »den Gegenstand« verbergen, haben wir eine »Neigung, durch guten Anstand (Verhehlung dessen, was Geringschätzigkeit erregen könnte) Anderen Achtung gegen uns einzuflößen«. Diese Neigung, »als die eigentliche Grundlage

64 *Ebd.* 113.

aller wahren Geselligkeit, gab überdem den ersten Wink zur Ausbildung des Menschen als eines sittlichen Geschöpfs«.[65]

Wie hängt dieser Wink ab von dem, wozu er winkt, und wie wirkt er auf den, dem er gilt? – Nun, zunächst ist unschwer zu sehen, daß das Feigenblatt als Proto-Kleid nichts geringeres symbolisiert als den gemeinsamen Ursprung von Selbstbewußtsein und Intersubjektivität. Wer sich oder etwas von sich verbirgt, weiß *eo ipso*, daß er gesehen wird oder gesehen werden kann. Etwas verbergen heißt immer: etwas *vor anderen* verbergen. Wer nicht *etwas*, sondern *sich selbst*, teilweise oder ganz, verbirgt, blickt zuerst mit den Augen möglicher anderer auf sich, um sich dann diesen fremden Blicken zu entziehen. Beides aber gehört in den komplizierten Prozeß der Konstitution subjektiven Leib- und Selbstbewußtseins hinein: der fremde Blick *und* der Schutz vor ihm. Indem ich mich mit den Augen der anderen sehe, mache ich mich umwegig für mich selbst zum Objekt. Indem ich sodann dieses Objekt bekleide, rette ich seine und meine Subjektivität. Das Subjekt ist nichts anderes als ein Objekt, das sich verkleidet hat.[66]

Und es ist weiß Gott kein Zufall – hängt aber aufs engste mit ihm zusammen –, daß die Verkleidung gerade dort anfängt, wo sie anfängt. Denn die erste Verdeckung erspart uns mit dem Anblick jener Organe, deren intersubjektiver Betätigung jeder von uns seine Existenz verdankt, auch die peinliche Erinnerung an die Kontingenz unseres Daseins. Wenn geboren werden heißt: ungefragt anfangen müssen, dann ist geboren zu sein für ein freies Wesen durchaus etwas, das »Geringschätzigkeit erregen könnte«. Wer frei ist und dennoch zum Leben gezwungen wurde und wird, hat Grund genug, sich schon dafür zu schämen, daß er lebt. Uns den Anblick dessen, was uns an unsere Zufälligkeit gemahnt, zu ersparen: das begründet eine ›Geburtsvergessenheit‹, in deren Schutz all das erst möglich ist, was schließlich zur Aussöhnung mit dem Zufall und mit uns selbst als Zufall hinführen kann.

Die Kleidung begründet eine Differenz von Innen und Außen; nach innen *verbirgt* sie, nach außen *zeigt* sie. Das Feigenblatt

65 *Mutmaßlicher Anfang der Menschengeschichte*, VIII 113.

66 Selbstverständlich lösen diese Bemerkungen nicht das Problem des Verhältnisses von Selbstbewußtsein und Intersubjektivität; sie markieren allenfalls seine Stelle in dem hier untersuchten moralphilosophischen Zusammenhang.

muß zu *sehen* sein, wenn es etwas *bedecken* soll; auf den Leib bezogen heißt etwas schützen stets: etwas vorschützen. Man kann sich nicht, für sich, *be*kleiden, ohne sich damit, für andere, zu *ver*kleiden. Das vom Feigenblatt Verborgene könnte nicht verborgen sein, wenn nicht das Verbergende frei zu sehen wäre – und zwar anstelle des Verborgenen, ja an dessen Stelle.

»Das Feigenblatt war«, so Kant im *Mutmaßlichen Anfang*, »das Produkt einer weit größeren Äußerung der Vernunft, als sie in der ersten Stufe ihrer Entwicklung bewiesen hatte«.[67] Wenn wir die *späteren* Stufen der Entwicklung betrachten, so sehen wir, daß das, was anfänglich bloß der Blöße zum Schutz und als Schurz dient, sich ständig kultiviert und verfeinert, sich steigert zur Eleganz, ja zur Extravaganz. Und wie das Feigenblatt beim *ersten* Übergang – bei der »Entlassung« aus dem »Mutterschoß der Natur« – benötigt wird, so seine kunstvoll gestalteten Abkömmlinge in allen weiteren Übergängen des Lebens. Es gibt ja einen wahrlich mythischen Zwang zu immer neuen Kleidern: je nach sozialem Status und Lebensalter und Jahreszeit und Beschäftigungsart und Aufenthaltsort und, all das übergreifend und akzelerierend, modischen Neuheiten erfährt man einen Zwang, sanft und dennoch unwiderstehlich, sich immer neu anzuziehen und anders darzustellen: das Leben im Übergang als permanente Investitur. Und womöglich ist dieser unendlich gedehnte Einkleidungsakt Erinnerung daran und Symbol auch dafür, daß man, wie Kant in seiner Religionsschrift formuliert, »einen neuen Menschen anzieht«, indem man den alten »kontinuierlich auszieht«.[68]

Kein Wunder, daß Schneider, die ja für Leute Kleider und durch Kleider Leute machen, dort zu Höchstleistungen angespornt werden, wo es gilt, Übergänge festlich auszustatten und Initiationsriten feierlich zu zelebrieren. Philosophisch lehrreich ist diese Selbststeigerung der textilen Kultur vor allem dort, wo sie ihren – natürlich fiktiven – Grenzwert erreicht. Denn der Limes des unendlichen Immer-Weiter bringt einen Umschlag in etwas ganz anderes. Wie sieht es denn aus, dieses Extrem-Gewand, das Höchstmaß an Pracht und Prunk? Welches ist das Äußerste der *Doxa,* der *gloria* im Sich-Kleiden? Nun, bekanntlich stand einer, der dem Wahn verfallen war, es haben zu wollen – nicht zufällig ein Kaiser –, statt in seinen neuen Kleidern wieder im Adams-

67 *Mutmaßlicher Anfang der Menschengeschichte,* VIII 113.

68 *Die Religion innerhalb der Grenzen der bloßen Vernunft,* VI 48, 75.

kostüm da. Das Sich-Bekleiden steigert sich so lange, bis am unendlichen Ende, so Kants Formel, »vollkommene Kunst wieder Natur wird«.[69]

Wie man hier, in gesellschaftlich-lebensweltlichen Angelegenheiten, nicht ohne Schaden bis zum Letzten gehen darf, so auch nicht bis zum Ersten. Menschliche Kultur entfaltet sich zwischen dem Zweiten und dem Vorletzten, einschließlich beider. Das Feigenblatt aber ist das Zweite. Gewiß, es stimuliert nur die Einbildungskraft, regt die Phantasie an und durch sie weiteres: »Das Kleid macht Illusionen«, ist nur eine Art »Blendwerk«, zählt zu den *»praestigiae«*.[70] Und Blendwerke dienen lediglich der ›Verblendung‹ im doppelten Sinn des Wortes: man kann *etwas* verblenden, indem man, etwa beim Hausbau, Rohes und Unansehnliches ›verkleidet‹; und man kann *jemanden* verblenden, indem man ihn, etwa durch ›Verkleidungen‹, über den wahren Sachverhalt täuscht. – Dies freilich gilt es dennoch mit Kant festzuhalten: »Ohne Blendwerk wäre das Leben ohne Reiz.«[71] Daher besteht Aufklärung hier nicht im forschen Entlarven und Entblößen, sondern in der sorgsamen Wahrung des Blendwerks, die der Einsicht entspringt, daß in ihm die Vernunft – als »Vernunft im Umweg«[72] – sich gelinde und sacht schon zur Geltung bringt. Aufklärung in der ›sozialen Lebenswelt‹ heißt: Schonung der Vorspiegelungen, Erhaltung der Illusionen, Schutz der Blendwerke. Für diese Zurückweisung des rüden Demaskierens gibt es bei Kant eine Begründung, die über die Notwendigkeit, dem Leben seinen Reiz zu erhalten, noch hinausgeht. Daß sich an die Blendwerke, die *praestigiae*, ein Prestige knüpft, wird dabei eine wesentliche Rolle spielen.

Das Sich-Kleiden ist eine elementare Form der Selbstdarstellung und zugleich Symbol für sie. Daß man, indem man das andere präsentiert, das eine kaschiert: das ist die Grundfigur. Jede Selbstdarstellung ist inwendig von ihr geformt, gleichgültig ob einer das zeigt, was er anhat – seine Kleidung –, oder das, was er vorhat: seine Absicht. Daß wir uns selbst nicht allein durch das darstellen, was wir tragen, sondern auch durch das, was wir tun, daß also mit allem Handeln Selbstdarstellung untrennbar verflochten

69 *Mutmaßlicher Anfang der Menschengeschichte*, VIII 117f.
70 *Handschriftlicher Nachlaß*, XV 685.
71 *Ebd.*, XV 94.
72 *Ebd.*, XVIII 431.

ist, macht *eine* ihrer Gestalten besonders bedeutsam: nämlich die, in der das Gezeigte vom dadurch Verborgenen noch völlig verschieden und dennoch davon kaum mehr zu unterscheiden ist. Was als Sichtbares an die Stelle des dadurch unsichtbar Gewordenen tritt, stellt dieses gleichwohl im Modus des Als-Ob nach außen dar, gibt vor, zu sein, was es verdeckt. Das ist, im präzisen Sinne, der Schein.

Erst wo das Verdeckende und das Verdeckte in eine Beziehung kommen, die über das bloße Verdecken hinausgeht, kann so etwas wie Schein entstehen. Das ›Anstatt‹ und ›Anstelle‹ darf nicht allein räumlichen, es muß auch sachlichen Sinn beinhalten. Das Feigenblatt, das als zweiter Gegenstand zwischen dem Auge und dem ersten steht, hat mit diesem wegen der erforderlichen Größe doch schon eine kleine Verwandtschaft: ein Lorbeerblatt konnte und durfte es nicht sein. Es liegt also im Wesen der Kleidung als einer leibnahen Form der Verdeckung, daß es diese reizvolle Variante geben kann: das, was ›hauteng‹ verbirgt, sieht fast schon so aus, als ob es selbst das wäre, was es da, doch noch, zu verbergen gilt. Die Leibverdeckung kennt eine Tendenz vom gleichgültigen Anderssein zum inhaltlichen Ähnlichsein; mit Hume zu reden: aus der anfänglichen Assoziation durch *contiguity* machen wir die durch *resemblance*. Ihr ist es zuzuschreiben, daß das äußerlich Sichtbare so aussieht, als ob es das verdeckt Unsichtbare selbst darstellen, ausdrücken, präsentieren würde.

Dann aber, wenn es auf solche Weise Schein einmal gibt, gibt es auch Täuschung: daß der Betrachter *sich* täuscht und daß der Betrachtete *ihn* täuscht. Wer, weil er glaubt, im Äußeren zeige sich das Innere, vom Äußeren auf das Innere schließt, der kann getäuscht werden, indem man ihm äußerlich etwas vormacht. Erst wenn unterstellt wird, der Schein sei dem Sein, wo nicht gleich, so doch ähnlich, kann der Schein dazu benutzt werden, ein Sein als verborgen anwesend auszugeben: ein Sein, von dem allenfalls der, der da ›blendet‹, weiß, daß es ›hinter‹ dem Schein ›zurückbleibt‹: latent und defizient. Darin wurzelt die Ambiguität jeder Selbstdarstellung: es ist für den Zuschauer ununterscheidbar, ob in dem, was er sieht, sich zeigt, was ist, oder ob der, dem er zuschaut, im Schein ein Sein prätendiert.

Und nicht allein für den Zuschauer, auch für den, dem er zuschaut, gibt es diese Ambiguität gelungener Selbstdarstellung. Da dieser nur umwegig, nämlich vermittels seiner Darstellung vor anderen und für andere, sich auf sich selbst und auf sein Selbst zu beziehen vermag, gelingt es ihm auch für sich nie mit völliger Gewißheit, sein Selbst von dessen Darstellung zu unterscheiden und absolut untrüglich zu wissen, was das reine Selbst ist und wie es sich vom äußerlich präsentierten evident oder gar *als* evident abhebt. Nicht einmal für den, der in sich blickt, gibt es ein *cœur mis à nu*, geschweige denn für die, denen er es darzubieten beansprucht. ›Selbstdurchsichtigkeit‹: das ist eine *contradictio in adjecto.* – Daß somit das Selbst auch noch vor dem verborgen bleibt, der es hat oder ist, kann man daran erkennen, daß häufig genug die Differenz von Selbst und Selbstdarstellung selbst mit dargestellt wird, also als ein selbstreflexives Moment in die Selbstdarstellung eingeht. Da gibt es den subtilen Hinweis auf die ›rollenspezifische‹ Bedingtheit dessen, was man tut, die vorsichtig signalisierte Distanzierung von dem, was man sagt, und allerlei Gestalten feingesponnener Selbstironie. Entsprechend dazu gibt es ›nach innen‹, und zwar iterativ, ein Selbst hinter dem Selbst hinter *dem* Selbst, das in der Selbstdarstellung sich selbst darzustellen prätendiert. Und vermutlich ist das ›wahre Selbst‹ nicht irgendein letzter Fixpunkt in der unendlichen »Tiefe des Herzens«, sondern gar nichts anderes als diese iterative Struktur selber.

Daß »ohne Blendwerke … das Leben ohne Reiz« wäre, ist schon Grund genug, sie gegen puritanische oder ikonoklastische Anfeindungen in Schutz zu nehmen. Wir benötigen sie aber nicht nur wegen des Reizes, den sie ins Leben bringen, sondern auch und vor allem wegen der Erhaltung dessen, der sich selbst in ihnen darstellt, um sich so erst zu einem Selbst zu machen. Wahrung des Scheins ist Selbsterhaltung als Selbst-Erhaltung, Demaskierung aber Selbst-Zerstörung als Selbst-Verdinglichung. Kant wußte, daß es gerade auch deshalb den Schein zu schätzen und zu schonen gilt. »Wenn man den Schein der meisten Menschen entdecken sollte, so würden sie wie jene Braut erscheinen, von welcher man sagt, daß sie schöne seidene Augenbrauen, ein paar elfenbeinerne Zähne, einige Tücher, die den Busen stützen, vortreffliche Haarlocken abgelegt und ihre Schminke abgewischt hatte, ihrem bestürzten Liebhaber«.[73] Wer möchte schon leben in einer versteinerten Welt der bestürzten Liebhaber? Entlarvung würde, wenn sie je ganz gelänge, alles Subjektive in Objektives zurückverwandeln, es zurückstoßen in jene Erstarrung, aus der es

73 *Handschriftlicher Nachlaß*, XX 181.

vielleicht hervorgegangen ist. »*Persona* bedeutet auch Maske«, notiert sich Kant und fügt aus Lukrez hinzu, daß, wenn man die Maske wegreißt, anstelle der Person ein bloßes Ding übrigbliebe: »*eripitur persona manet res*«.[74]

11. Der doxische Imperativ: Vehikel zur Moralität

Doch den Schein zu wahren dient nicht allein der Erhaltung des Selbst; es begünstigt auch die Möglichkeit von Moralität *qua* Selbsterhaltung. Um die Weise dieser Begünstigung einsehen zu können, bedarf es der Beachtung des darstellend-vorspielenden Moments in allem Handeln. Wie immer das Handeln in sich verfaßt und motiviert sein mag, ob zweckrational oder wertrational, affektuell oder traditional: immer hat es darüber hinaus einen präsentativen, exhibitiven, theatralischen Aspekt. Daß das eigene Tun gesehen wird oder gesehen werden kann, gehört mit zu jedem Handlungsbewußtsein und ist integrales Moment der Handlungskonstitution selber. Mein Wissen, daß andere sehen, was ich tue, geht mit in dieses Tun ein und gibt ihm den Charakter der Darstellung. Im Handeln inszeniert der Handelnde immer auch die »Darstellung seiner eigenen Person«;[75] insofern gilt: »Menschen sind Schauspieler«.[76] Sie können nicht Worte sprechen oder Taten vollbringen ohne eine reflexive Optik: »sie hören sich sprechen, sie sehen sich selbst mit fremden Augen«.[77] Der Mensch kann nichts tun, ohne daß er imaginativ »sich in den Standpunkt anderer versetzt«,[78] um von dort aus auf sich und sein Tun zu blicken.

Indem dieser indirekte Blick auf sich selber aber die ›Handlungsperformanz‹ steuert, ja zuinnerst an der Handlungskonstitution mitwirkt, kommt in den Kreislauf von Sich-Zeigen, Gesehen-Werden und Sich-Sehen ein Moment der Beurteilung, der Wertschätzung, der Achtung hinein. Schon mit der Verwendung des Feigenblattes war ja die Absicht verknüpft, »durch guten An-

74 *Opus postumum*, XXI 142; vgl. *Anthropologie in pragmatischer Hinsicht*, VII 180.

75 *Anthropologie in pragmatischer Hinsicht*, VII 240.

76 *Handschriftlicher Nachlaß*, XV 686.

77 *Ebd.* 664.

78 *Ebd.* 528; *Kritik der Urteilskraft*, V 295.

stand... Anderen Achtung gegen uns einzuflößen«. Diese Neigung bleibt uns. Wir wollen nicht irgendeine »Rolle spielen«, sondern immer eine, »die sich gut sehen läßt«.[79] Wer handelt, wird doch »zugleich durch einen geheimen Antrieb bewogen, in Gedanken außer sich selbst einen Standpunkt zu nehmen, um den Anstand zu beurteilen, den sein Betragen hat, wie es aussehe und dem Zuschauer in die Augen falle«.[80]

Nicht allein *daß*, sondern auch *wie* wir gesehen werden, ist uns wichtig: wir wollen so gesehen werden, daß die »Anderen Achtung gegen uns« haben. Wir wollen, daß sie für gut halten, was wir tun; und deshalb ist alles, was wir tun, darauf angelegt, die anderen, die es sehen, dazu zu bringen, es auch wirklich für gut zu halten. Diese *opinio* zu evozieren, dient auch und vor allem jene Konsistenz in der handelnden Selbstdarstellung, die in den Sozialwissenschaften unter dem Titel ›soziale Identität‹ geführt wird. – Was im Urteil der anderen die Achtung ist, ist für den, dem sie gilt, seine Ehre. Handlungen, die gut scheinen, spiegeln sich in den Augen der anderen: aufs handelnde Subjekt reflektiert, begründen sie sein ›Ansehen‹. Auf diese Reluzenz läßt sich nun so etwas wie ein ›doxischer Imperativ‹ gründen: ein Imperativ, der abzielt auf den Schein, die Meinung, das Ansehen, die Ehre: all das kann *Doxa* heißen. Dieser Imperativ lautet in Kants Worten: »Lebe so, daß deine Handlungen auch aus dem Gesichtspunkte anderer gut scheinen!«[81] Wer immer nur danach handelt, ist allenfalls ein »Mensch von guten Sitten *(bene moratus)*«, aber noch längst kein »sittlich guter Mensch *(moraliter bonus)*«.[82] Da indes die *legaliter* guten, nämlich gut scheinenden Handlungen selbst den Übergang zur Moralität begünstigen und erleichtern, ist die Wahrung der Möglichkeit des Gut-Scheinens zugleich ein Mittel der Moralitätsförderung. »Daher ist es nicht immer gut, hinter die Blendwerke zu forschen... Wer hinter den schönen Schein forscht, verliert den Glauben an die Tugend«.[83] Wie hängt nun die Erhaltung des »schönen Scheins« mit der Wahrung des »Glaubens an die Tugend« zusammen? Was haben die Blendwerke mit dem Guten zu tun?

79 *Handschriftlicher Nachlaß*, XV 203.
80 *Beobachtungen über das Gefühl des Schönen und Erhabenen*, II 227.
81 *Handschriftlicher Nachlaß*, XIX 241.
82 *Die Religion innerhalb der Grenzen der bloßen Vernunft*, VI 30.
83 *Handschriftlicher Nachlaß*, XV 686 f.

Der doxische Imperativ steht mit dem kategorischen in einer indirekten Verbindung, die ihm erst seine Legitimation verschafft. Will man diese Verbindung ermitteln, so muß man erst die *Doxa* zum Exzeß treiben. Eine solche Extrapolation führt auf einen fiktiven Grenzwert des Gesehen-Werdens. Es gibt eine visuelle Extremsituation, wenn man so will: eine eschatologische Optik: daß immer alles von allen gesehen wird. Das Selbst würde, so gesehen, restlos in die Selbstdarstellung absorbiert, nichts an ihm bliebe den urteilenden Blicken der Zuschauer verborgen. An diesem Limes des Gesehen-Werdens koinzidiert die ins Äußerste ihrer Möglichkeiten extrapolierte Ehre – mit der Moralität. Kant formuliert dies in schlichten Worten: »Würde einem jeden ins Herz gesehen werden können, so müßte er nur gute Maximen annehmen.«[84] Es gäbe da also, wie paradox, einen Zwang zur Moralität. Freilich: das Subjekt ginge, indem es moralisch wird, seiner Freiheit verlustig und seiner Subjektivität dazu: *manet res.*

Dennoch: daß ›zuletzt‹ Ehre in Moral enden würde: das rettet die Ehre der Ehre. Gewiß, sie ist und bleibt irreal, imaginär, illusionär: ein »Luftwesen« und »Hirngespinst«.[85] Und das Streben nach ihr ist eine bloße »Neigung«, eine menschliche »Schwäche«.[86] Ehre heißt, unausweichlich, Außensteuerung, Fremdbestimmung, Abhängigkeit. Denn das Motiv meines Handelns entspringt ja meiner Vorstellung davon, wie sich wohl das, was zu tun ich mich anschicke, in fremden Augen ausnehmen wird. Moralisch sein kann eine solche »Triebfeder« nie und nimmer.

Und trotzdem meint Kant: »Ehrliebend sein ist etwas Moralisches.«[87] Denn sich Ansehen zu erwerben und nach Ehre zu trachten, das begünstigt, das fördert, das erleichtert den so schwierigen Übergang zur Moralität. Diese Begünstigung funktioniert nach der Figur der *pars pro toto.* Wenn wir dem ›doxischen Imperativ‹ folgen, so schneiden wir gleichsam aus dem ir-

84 *Ebd.*, XIX 526 f.
85 *Ebd.*, XV 144, 123.
86 *Anthropologie in pragmatischer Hinsicht*, VII 272.
87 *Handschriftlicher Nachlaß*, XIX 242. »Die Ehre ist die einzige Neigung, die auf Grundsätze gebaut werden kann, weil der unparteiische Beifall anderer nur auf Grundsätzen beruht, daher Ehrliebe mit der Tugend verwandt ist.« »Man muß die Neigungen, die so nahe mit der Moralität zusammenstimmen, exzitieren: Ehrliebe, Geselligkeit, Freiheit« (*ebd.* 287, 113).

realen Zustand restlosen Gesehen-Werdens einen Sektor aus: Statt uns der fiktiven Totalität der Blicke aller überhaupt denkbaren Subjekte zu exponieren, bleiben wir maßvoll und bescheiden: was wir tun, das tun wir im Blick auf die wenigen wirklichen oder möglichen Blicke einiger wirklicher Subjekte; dazu bedenken wir allenfalls noch das, was mehrere mögliche Subjekte von dem halten würden, was wir zu tun beabsichtigen. So ist der Zwang, »gute Maximen« anzunehmen, nicht völlig zwingend: wir werden keine Dinge, *res*, sondern bleiben freie Wesen, *personae*. Und doch wirkt da ein zwangloser Zwang, der uns das, wozu man nicht zwingen kann, umwegig näherbringt und rücksichtsvoll nahelegt: »Die Menschen sind insgesamt, je zivilisierter, desto mehr Schauspieler: sie nehmen den Schein der Zuneigung, der Achtung vor anderen, der Sittsamkeit, der Uneigennützigkeit an, ohne irgend jemand dadurch zu betrügen; weil ein jeder andere, daß es hiermit eben nicht herzlich gemeint sei, dabei einverständig ist, und es ist auch sehr gut, daß es so in der Welt zugeht. Denn dadurch, daß Menschen diese Rolle spielen, werden zuletzt die Tugenden, deren Schein sie eine geraume Zeit hindurch nur gekünstelt haben, nach und nach wohl wirklich erweckt und gehen in die Gesinnung über.«[88]

Ja: »... gehen in die Gesinnung über«. Dieser Übergang, wo er vollzogen ist, sichert die moralische Identität des Subjekts. Die eigentümliche Umwegigkeit und Indirektheit dieses Übergangs hat Kant im Modell des Vehikels darzustellen gesucht. »Die *vehicula* des reinen Willens sind Ehre, Geselligkeit und Sympathie.«[89] – Was ist ein Vehikel? Nun, in der Chemie ist das Vehikel eine Flüssigkeit, in welcher ein fester Stoff aufgelöst ist – etwa Salz in Wasser –, ein »Medium«, das als »auflösendes Mittel« die »aufgelöste Materie« in sich enthält.[90] Im übertragenen Sinn, als Metapher also, ist das Vehikel das, was das nur schwer zu Erreichende leichter zugänglich und das nur schwer zu Fassende leichter eingängig macht. Dinge, die nicht so recht dorthin kommen, wo sie hin sollen, brauchen »Vehikel ihrer Introduktion«.[91] Vehikel sind deshalb besonders »sinnliche Mittel, das Intellektuelle zu beför-

88 *Anthropologie in pragmatischer Hinsicht*, VII 151.
89 *Handschriftlicher Nachlaß*, XV 527.
90 *Metaphysische Anfangsgründe der Naturwissenschaft*, IV 531.
91 *Die Religion innerhalb der Grenzen der bloßen Vernunft*, VI 107.

dern«.[92] Und so benötigt denn auch der »reine Wille«, damit er zustande kommt, »Vehikel der Empfindung und der sinnlichen Einkleidung«.[93]

Das Vehikel verhält sich zu dem, dessen Vehikel es ist, wie das Frühere zum Späteren, das Leichtere zum Schwierigeren, das Äußere zum Inneren, das Vorläufige zum Endgültigen; es ist nichts beliebig Machbares, sondern etwas Vorfindliches, das sich auszeichnet durch Sicherung der Möglichkeit des Übergangs von ihm selbst zu jenem anderen, das in seiner Authentizität noch nicht da ist und doch das Vehikel zum Vehikel macht und es als solches erkennen läßt. Das Vehikel ist insofern Platzhalter von etwas, dessen genuine Gestalt erst noch auszubilden oder aufzufinden ist, an welcher Ausbildung oder Auffindung aber dieser Platzhalter selbst hilfreich beteiligt ist.

Gerade für das Verhältnis von wahrer Moralität zur scheinhaften Ehre als ihrem Vehikel ist die *Art* des Übergangs von Bedeutung. Die *Kritik der Urteilskraft* beschreibt, ganz unmetaphorisch, den chemisch-physikalischen Vorgang, in dem das in Flüssigkeit Aufgelöste sich »plötzlich« kristallisiert, als einen »Augenblick des Festwerdens«; diese »Bildung« ist ein »Sprung«: »Die Bildung geschieht alsdann durch Anschießen, d. i. durch ein plötzliches Festwerden, nicht durch einen allmählichen Übergang aus dem flüssigen in den festen Zustand, sondern gleichsam durch einen Sprung, welcher Übergang auch das Kristallisieren genannt wird.«[94]

Metaphorisch gewendet und auf das Verhältnis von Ehre und Moral bezogen heißt das: es gibt keinen kontinuierlichen Übergang zwischen beiden. Wer aus Ehrbegierde handelt, handelt nicht moralisch. Zwar bleibt es wahr, daß die »Ehrliebe mit der Tugend verwandt ist«.[95] Aber diese Verwandtschaft des doxischen Vehikels mit der reinen Moralität dispensiert nicht von dem »Sprung«, mit dem diese in einem »Augenblick des Festwerdens« erreicht wird; es bleibt die Pflicht zu der »Revolution«, die allererst »Festigkeit und Beharrlichkeit in Grundsätzen« sichert.[96]

Da wir indes von dieser »Revolution« nichts wissen können, blei-

92 *Ebd.* 170.
93 *Handschriftlicher Nachlaß*, XV 408.
94 *Kritik der Urteilskraft*, V 348.
95 *Handschriftlicher Nachlaß*, XIX 287.
96 *Anthropologie in pragmatischer Hinsicht*, VII 294.

ben wir zeitlebens auf das Vehikel angewiesen. Das Provisorium wird uns zur Institution, das Vorläufige zum Dauerhaften. Und dennoch darf sich das, was nur um eines anderen willen da ist, nicht an dessen Stelle setzen. Die Hinführungsfunktion darf nicht zur Ersatzfunktion werden. Aufklärung aber besteht in der Erinnerung an diese Differenz. Ehre von Moral und allgemein »die zwar einige Zeit hindurch nützliche und nötige Hülle von der Sache selbst zu unterscheiden, ist Aufklärung«.[97]

Wer ›dogmatisch‹ die Illusion nicht als Illusion erkennt, sondern das »Hirngespinst der Ehre« für Wirklichkeit hält, Ehre mit Moralität verwechselt, das Vehikel für das Endgültige nimmt: der verfällt einem Wahn. Er kann Spiel und Ernst, fingiertes und wirkliches Gutsein nicht mehr unterscheiden. Wer hingegen gerade deshalb, weil er die Illusion als Illusion durchschaut hat, zum ›skeptischen‹ Verächter der Äußerlichkeiten und Höflichkeiten wird und sich munter ans Entlarven, Demaskieren, Kompromittieren macht, der zerstört mit dem Vehikel auch das, wozu hinzuführen es so dringend benötigt wird. So endet das »*eripitur persona, manet res* im Tode«.[98] Der Dogmatiker ist naiv, »ein Kind«, der Skeptiker aber, ungleich schlimmer, verübt eine Art »Hochverrat«: »Alle menschliche Tugend im Verkehr ist Scheidemünze; ein Kind ist der, welcher sie für echtes Gold nimmt. – Es ist doch besser, Scheidemünze, als gar kein solches Mittel im Umlauf zu haben... Sie für lauter Spielmarken, die gar keinen Wert haben, auszugeben... ist ein an der Menschheit verübter Hochverrat.«[99]

Nicht ›dogmatisch‹ und nicht ›skeptisch‹, sondern ›kritisch‹ ist, wer das Vehikel als Vehikel zu benutzen weiß. Ihm wird der glückliche Außenhalt zum sanften Außendruck. Kritisch sein heißt, überlegt zwischen der dogmatischen Skylla des Wahns und der skeptischen Charybdis der Verdinglichung hindurchzusteuern. Dies gelingt nur, wenn man die Einsicht beherzigt, daß das Vehikel stets auf die Möglichkeit von Moralität angewiesen bleibt und auf sie verweist. Das Vehikel selbst enthält die Erinnerung daran, daß der in der Selbstdarstellung dargestellte »moralische Schein« erst im Sprung noch zu Wahrheit zu verwandeln ist. Die

97 *Anthropologie in pragmatischer Hinsicht*, VII 191 f.
98 *Handschriftlicher Nachlaß*, XXIII 167.
99 *Anthropologie in pragmatischer Hinsicht*, VII 152 f.

doxisch prätendierte Identität strahlt auf das prätendierende Subjekt zurück als die Aufforderung, jene »einzige unwandelbare Entschließung« herbeizuführen, kraft deren die Prätention erfüllt und in Präsentation überführt würde.

Ich glaube, man begreift, was Kant meint, wenn er angesichts des »Feigenblattes« sagt, daß »den Gegenstand« schamhaft zu verbergen und so den »Anderen Achtung gegen uns einzuflößen ... den ersten Wink zur Ausbildung des Menschen als eines sittlichen Geschöpfs« gegeben hat. Wenn man die Moral dieser Geschichte, die in der Bibel erzählt und von Kant kommentiert wird, festhalten wollte, so wäre es diese: Es gibt *zwei* wesentliche Imperative: den kategorischen und den doxischen. Der eine sagt: ›Sei gut!‹; der andere: ›Scheine gut!‹ Der doxische aber erhält allein vom kategorischen her seine Rechtfertigung. Weil aber der doxische Imperativ indirekt fördert, was der kategorische direkt verlangt, gehört die Erhaltung der moralverwandten »Blendwerke« und »Hirngespinste« selbst mit zu dem, was moralisch gefordert ist, eine Forderung, gegen die zu verstoßen einem »Hochverrat« gleichkommt. Es gibt eine Pflicht, äußere Bedingungen herzustellen und zu sichern, die den Übergang zu moralischer Identität zu erleichtern geeignet sind. Das ›Scheine gut!‹ ist im ›Sei gut!‹ impliziert. Für den aber, der den doxischen Imperativ schon befolgt, lautet der kategorische nur noch: ›Werde, was du scheinst!‹

2.
Selbsterhaltung als rationales Prinzip

Um deutlich zu machen, »in welchem Maße intransitive Erhaltungsaussagen der Rationalität der Neuzeit zugrunde liegen«, hat Hans Blumenberg gezeigt, wie zu Beginn unserer Epoche das Konzept der Selbsterhaltung sich in den verschiedensten Gebieten – von der Erkenntnistheorie über die Naturphilosophie bis zur Ethik – als ein neues Prinzip etabliert.[1] Selbsterhaltung, als Beharrung verstanden, ist aber nicht einfach ein neues rationales Prinzip, sondern »das Prinzip der neuen Rationalität selbst«, nämlich das der »neuzeitlichen Rationalität«.[2] Diese spezifisch moderne Erhaltungskonzeption ist die rationale Antwort auf die Herausforderung durch den »theologischen Absolutismus«, wie er sich in der Lehre von der *creatio continua* präsentiert. Diese theologische Doktrin, die der spätmittelalterliche Nominalismus forciert vorgetragen hat, besagt: Alles, was ist, bedarf, um zu sein, der göttlichen Erhaltung: diese transitive *conservatio* ist die Ausweitung der initialen *creatio*. Die Kontingenz des Anfangs der Welt setzt sich fort in der Dependenz ihres Fortbestandes. Nur dadurch, daß der Schöpfer nicht aufhört zu schaffen, was er schuf, bleibt uns die Schöpfung erhalten.

Selbsterhaltung, *conservatio sui* oder *perseveratio*, besagt dagegen: Was existiert, hat Bestand ohne alle Hilfe, hat Dauer ohne allen ›Zuschuß‹. Was ist, bedarf, um *überhaupt* zu sein, aber auch, um zu sein, *was* es ist, und zu bleiben, was es war, keiner fremden Leistung. Newtons Trägheitsprinzip verleiht dem physikalische Gestalt: Jeder Körper beharrt in seinem Zustand – sei es der der Ruhe oder der Bewegung – solange nicht äußere Kräfte auf ihn einwirken. Erklärungsbedürftig ist nicht der Zustand, sondern

1 H. Blumenberg, *Selbsterhaltung und Beharrung. Zur Konstitution der neuzeitlichen Rationalität*, Mainz 1970 (Akademie der Wissenschaften und der Literatur in Mainz, Abhandlungen der geistes- und sozialwissenschaftlichen Klasse, Jahrgang 1969, Nr. 11, 333-383); wieder abgedruckt in: H. Ebeling (Hg.), *Subjektivität und Selbsterhaltung. Beiträge zur Diagnose der Moderne*, Frankfurt 1976, 144-207; ich zitiere nach diesem Nachdruck; hier: 200.

2 *Ebd.* 146.

seine Veränderung, also, physikalisch gesehen, Beschleunigung und Verzögerung von Bewegung, nicht etwa Bewegung selbst. Deshalb nennt Blumenberg das Selbsterhaltungsprinzip auch einen Satz zur Regelung der Beweislastverteilung: Daß das Bestehende besteht, ist selbstverständlich, nur für Änderungen sind Gründe erforderlich.[3]

Blumenberg hat seine Erwägungen vornehmlich anhand von Theorien der frühen Neuzeit belegt. Mit meinen folgenden Überlegungen suche ich zu zeigen, daß gerade auch für den bedeutendsten Repräsentanten neuzeitlicher Rationalität, für Kant nämlich, das Prinzip der Selbsterhaltung Prinzip von Rationalität ist. Ich werfe zuerst einen Blick auf einige stoische Erhaltungsvorstellungen, um an zwei, drei Stellen exemplarisch vorzuführen, daß diese Vorstellungen weithin – entgegen Wilhelm Diltheys Behauptung – ungeeignet sind, als Induktoren der spezifisch modernen Erhaltungsvorstellung zu fungieren. Ja, es lassen sich Momente dingfest machen, die eine Affinität stoischer Konzepte zu späteren theologischen Erhaltungsvorstellungen offenkundig machen: Da werden Bruchstellen sichtbar, die eher zur göttlichen Erhaltungsaktivität der *creatio continua* und somit zur Fremderhaltung hinführen als zur Selbsterhaltung, eher zur kreatürlichen Abhängigkeit als zur Unabhängigkeit der *conservatio sui*.

In meinen weiteren Ausführungen suche ich dann wenigstens in Grundzügen den Nachweis zu erbringen, daß das, was Kant die »Selbsterhaltung der Vernunft«[4] nennt, Grundprinzip seiner eigenen Philosophie ist. Diese Philosophie, die sich versteht als die theoretische Ausfaltung und Darstellung dessen, was mit dem Begriff der Vernunft gemeint ist, beruht wesentlich auf Erhaltungssätzen. Erkennen und Handeln sind gleichermaßen zuunterst getragen und zuinnerst geformt von einer Rationalität des Sich-Erhaltens, der Identitätswahrung, der Bestandsicherung. Was Vernunft ist, zeigt sich am deutlichsten dort, wo sie mögliche Fremdzerstörung, die ›von außen‹ kommt, ständig abwehrt und mögliche Selbstzerstörung, die ihr ›von innen‹ droht, inhibiert. Ja, in der »transzendentalen Dialektik« wird diese Abwehr der für die menschliche Vernunft gleichwohl konstitutiven Möglichkeit der Selbstzerstörung nicht allein theoretisch *dargestellt*, sondern in eins damit auch *geleistet*. – Selbsterhaltung als Behar-

3 *Ebd.* 186.

4 *Was heißt: Sich im Denken orientieren?*, VIII 147 Anm.

rung: das heißt für Kant: stetiges Tätigsein nach einem beharrlichen Prinzip, dem der »Selbsterhaltung der Vernunft«.

1. Stoische Erhaltungsdefizite

Nach der Lektüre von Wilhelm Diltheys Ausführungen zur »Abhängigkeit« des neuzeitlichen Erhaltungsprinzips von der antiken Stoa[5] kann man sich zunächst nur schwer der Vermutung erwehren, der Autor habe statt des Manuskripts versehentlich seinen Zettelkasten zum Druck gegeben: er bietet kaum mehr als eine Aufzählung von Anklängen und Ähnlichkeiten, von sachlichen Übereinstimmungen und zitierten Zitaten. – Doch könnte es nicht auch sein, daß dieses Minimum an theoretischer Synthese aus sachlichen Gründen schon fast an das Maximum dessen heranreicht, was hier an Systematik möglich ist? Könnte Diltheys Beschränkung seiner Darstellung auf eine bloße Liste ihren Grund nicht darin haben, daß den Selbsterhaltungsvorstellungen, mit denen in stoischen und stoisierenden Texten der Antike operiert wird, gar kein Prinzip übergeordnet ist, das sie nachvollziehbar in eine einheitliche Theorie zusammenschließen und gerade durch diese Leistung seine Rationalität beweisen würde?
Um zu belegen, daß die Stoa der Selbsterhaltung nicht den Status eines in diesem Sinne rationalen Prinzips zuzuschreiben vermocht hat, auch als Vorspann zu dem Nachweis, daß erst dort, wo neuzeitlich die Vernunft ihre Selbsterhaltung als ihr Grundprinzip begreift, auch deren Rationalität einsehbar und theoretischer Explikation zugänglich wird, werfe ich einen Blick auf einige Indizien dafür, daß in der stoischen Erhaltungskonzeption Inkonzinnitäten, ja disparate Ansätze nur mühsam und nie bruchlos zusammengefügt sind.
Da ist als erstes, sofern man Selbsterhaltung einmal ins Auge faßt als das Sichdurchhalten eines identischen Selbst in verschiedenen Handlungen, der Interpretationszwang, den Zenons Homologie-Formel des »In-Übereinstimmung-Leben« auslöste. Die Frage, womit denn der Handelnde übereinstimmen solle, fand nacheinander die Antworten: mit sich selbst, mit der Natur, zunächst mit

5 W. Dilthey, »Weltanschauung und Analyse des Menschen seit Renaissance und Reformation«, in: *Gesammelte Schriften* II, Stuttgart/Göttingen [5]1957, 283-296.

der eigenen, dann mit der allgemeinen, schließlich mit dem, was alles mit Natur identisch sein soll – bis hin zu Gott. Parallel zu dieser Deklination wird die Übereinstimmung-mit zum Gehorsam-gegen modifiziert.[6] Senecas Satz, Freiheit sei Gehorsam gegen Gott (»deo parere libertas est«[7]), muß nicht notwendig schon so gelesen werden, daß nur der Rekurs auf eine externe Instanz die interne Geschlossenheit des Selbst, die Konstanz der Lebensführung gewährleistet; aber daß er doch bestens dazu disponiert ist, kann man nicht nur an den ferneren Folgen, sondern schon an den näheren Ängsten ablesen, wie sie etwa in dem Vorwurf zutage treten, den bei Cicero der Epikureer Velleius den Stoikern macht: nämlich daß sie uns einen ewigen Herrn in den Nacken gesetzt haben, den wir Tag und Nacht fürchten: ». . . inposuistis in cervicibus nostris sempiternum dominum, quem dies et noctes timeremus.«[8] Später sind wir dann die durch Epikur von derlei Schrecken Befreite: »his terroribus ab Epicuro soluti . . .«

Scheitert diese ethische Selbsterhaltungskonzeption an ihrem Mangel an Bestimmtheit, vornehmlich an ihrer Unterschätzung der Schwierigkeiten von Reflexivität – was nämlich ist das: ›mit sich selbst übereinstimmen‹? –, so wird das, was ihr kosmologisches Äquivalent hätte sein können, Opfer eines Zuviel an Bestimmung. Das topographische Modell des stoischen Kosmos ist die im unendlichen leeren Raum schwebende Kugel, die durch Zentrum und Peripherie bestimmt ist und eine fundamentale Differenz von Innen und Außen konstituiert. Die Materie, mit der diese Kugel gefüllt ist, gliedert sich in vier konzentrische Kugelschalen; stratigraphisch dargestellt lagern von innen nach außen oder, was das gleiche ist, von unten nach oben die Elemente nach ihrer Dichte geordnet: Erde, Wasser, Luft und Feuer.[9]

Diese Schichtung ergibt sich aus der natürlichen Bewegung aller Teile des Kosmos zu seiner Mitte hin. Seine innere Dynamik erhält er durch die Verwandlung von Feuer in Luft und durch diese hindurch in Wasser; aus diesem sinkt ein Teil herab und wird zur Erde, ein anderer verdampft und wird zu Luft, die sich

6 Hier, nicht aber in den folgenden Ausführungen, folge ich M. Pohlenz, *Die Stoa*, Bd. 1, Göttingen [3]1964, 116-118, 422.

7 Seneca, *De vita beata* 15,7.

8 Cicero, *De natura deorum* I 20, 54.

9 *Stoicorum Veterum Fragmenta (SVF)*, hg. v. Arnim, I 115, 116; II 550, 558.

dann entzündet und so die Rückkehr des Feuers zu sich selbst vollendet.[10] Was sichert uns nun den Bestand des Ganzen gegen seine Auflösung in zusammenhanglose, durch leere Zwischenräume abgesonderte Partikel? Wie erhält sich dieser Kosmos?
Diese Frage macht deutlich, daß Feuer und Weltzentrum in Konkurrenz zueinander stehen. Schon der Sachverhalt, daß das Feuer als das allbelebende Element, dem alle Teile der Welt und die Welt selbst ihren Zusammenhalt verdanken,[11] am weitesten von dem so ausgezeichneten Weltmittelpunkt entfernt und in unmittelbarer Nachbarschaft des Nichts lokalisiert ist, läßt hier Unstimmigkeiten vermuten. Gibt es für die divergierenden Grundgedanken, daß der Kosmos einmal von seinem Zentrum her innerlich zusammengezogen, zum anderen aber vom umschließenden und durchwaltenden Feuer äußerlich zusammengehalten wird, einen gemeinsamen Nenner?
Die Welt als ein Organismus: das ist der Versuch, hier Einstimmigkeit herzustellen. Doch was für die *Teile der Welt*, vornehmlich die belebten, nach ihrem Muster aber auch für die unbelebten, möglich war, nämlich das Feuer in ihrem Inneren anzusiedeln – sinnfällig und paradigmatisch dafür das ständig schlagende Herz –, um auf diese Weise die Bewegung zum Zentrum als die zweite Phase jener Kreisbewegung zu verstehen, in der das Feuer zu sich selbst zurückkehrt,[12] das gelang der Stoa für den *Kosmos im ganzen* nicht. Sie hat sich zwar mit Spiritualisierungen zu helfen versucht[13] – das *Pneuma*, der *Logos*, die Gottheit sind als ubiquitäre Größen mögliche Vertreter des Feuers –, konnte aber ihr Element *par excellence*, den notwendig materiellen Träger des Immateriellen, nie vom Himmel herunterholen, konnte, nicht zuletzt aus religiösen Motiven heraus, nie die periphere Lage dessen beseitigen, was aus rationalen Motiven von der Mitte aus seine Wirkung hätte entfalten müssen.
Der Teil der Seele, in dem die Fäden zusammenlaufen, durch welche die Glieder eines Leibes verbunden sind und bewegt werden, das *Hegemonikon*, ist beim Menschen der im Herzen wohnende Geist (»positum in media sede cordis«[14]), beim Welttier ist

10 *SVF* I 102; II 579, 581.
11 *SVF* II 444; Cicero, *De natura deorum* II 9, 23 ff.
12 *SVF* II 454, 458.
13 Z. B. Seneca, *De vita beata* 8, 4.
14 *SVF* II 879, 855.

es Gott.[15] Den Ort dieses *Hegemonikon* sah Kleanthes in der Sonne, Chrysipp und Poseidonios wähnten ihn im Himmel, andere aber – Namen sind nicht überliefert – verlegten ihn so häretisch wie rational ins Zentrum, in die Erde.[16] Im Zeus-Hymnus des Kleanthes ist es der göttliche Adressat, dem die Welt gehört und der sie durch seinen feurigen, ewig lebendigen Blitz erhält.[17] Gerade als Rivale des Mittelpunktes und um dessen Primat nicht seinerseits durch das Streben nach der Mitte anzuerkennen, tendiert das Feuer mit all dem, was ihm synonym ist, ständig dazu, aus der Not der Marginalität die Tugend der Transzendenz zu machen und vom Äußersten des immanent Möglichen ins Jenseitige überzuspringen. Wo dies geschieht, hat der Kosmos das, was ihn erhält, außer sich.

Den Weltorganismus nicht einfach unbesehen als gegeben hinzunehmen, sondern durch Analyse seiner Konstitution als rational begründet zu erweisen, wäre die *conditio sine qua non* gewesen für die Anwendung des ursprünglich ethisch-anthropologischen Konzepts der *Oikeiosis* in der Kosmologie. Grundsätzlich nämlich ist dieses Konzept wohl geeignet, die Rolle des *missing link* zwischen ethischer und kosmologischer Selbsterhaltung zu spielen. Denn die *Oikeiosis*, also der Prozeß, in dem ein Lebewesen, um sich zu erhalten, das ihm Zugehörige sich aneignet und das ihm Fremde von sich fernhält, hätte, so jedenfalls der Anspruch,[18] im Fall des vernünftigen Wesens das moralische Selbsterhaltungs-

15 Cicero, *De natura deorum* II 11, 30.
16 *SVF* I 499, II 642, 644.
17 *SVF* I 537.
18 Cicero hat an der Verknüpfung von Moralprinzip und *Oikeiosis* dunkle Stellen ausgemacht: »habet haec Stoicorum ratio difficilius quiddam et obscurius.« Man macht es sich wohl zu leicht, wenn man das auf die *Oikeiosis*-Lehre bezogene freimütige Geständnis: »multa dicunt, quae vix intelligam«, einfach seiner Beschränktheit zurechnet (*De finibus* III 4, 15 und IV 1, 2). Erhellendes zu diesen Dunkelheiten der *Oikeiosis* bei: D. Henrich, »Selbsterhaltung und Geschichtlichkeit«, in: H. Ebeling (Hg.), *Subjektivität und Selbsterhaltung*, Frankfurt 1976, S. 303-313; Ph. Merlan, »The Stoic Oikeiosis and Sartre's ›Situation‹«, in: *Journal of the History of Philosophy* 13 (1975), S. 1-4; S. G. Pembroke, »Oikeiosis«, in: A. A. Long (Hg.), *Problems in Stoicism*, London 1971, S. 114-149; M. Forschner, *Die stoische Ethik*, Stuttgart 1981, 142-159.

postulat des *servare constantiam*[19] ebenso erschließen können wie den Grund für den Zusammenhalt des lebendigen Kosmos.

Wie wenig indes selbst mit der gelungenen Darstellung der inneren Konstitution des Weltorganismus gewonnen wäre, zeigt bei Cicero ein skeptischer Einwand des Akademikers Cotta gegen den Vortrag des Stoikers Balbus. Dieser hatte, getreu seiner Schule, erläutert, wie die Sterne und der Äther sich von den Ausdünstungen der Meere ernähren. Was sie so aufgenommen haben, strömen sie dann wieder aus, um es erneut anzuziehen. Bei dieser Zirkulation gehe *fast* nichts verloren oder doch nur *das Bißchen* (»nihil ut fere intereat aut admodum paululum«), das vom Feuer der Sterne und von der Flamme des Äthers verzehrt wird.[20] Dieser ständig minimale Verlust muß, auf lange Sicht und über die *Ekpyrosis* hinaus, schließlich zur Selbstaufzehrung führen; nicht einmal das Feuer ist seiner Natur nach von unzerstörbarer Dauer: »Non esse igitur natura ignem sempiternum«.[21]

Der Skeptiker erinnert den Stoiker daran, daß der Organismus, als welcher der Kosmos seine Einheit gegen die Gefahr des Zerfalls wahren soll, genau dann, wenn er als Wesen betrachtet wird, das mehr (aus sich selbst) frißt als es (in sich hinein) ausscheidet, die Frage nach einer ontologischen Erhaltung aufwirft, nach einer die Verluste kompensierenden Instanz, die ungeachtet des jeweiligen Aggregat- und Verteilungszustandes der Weltmaterie die Konstanz ihres Quantums garantiert. Doch wer kann solches garantieren, wenn das Feuer selbst schon der Gott ist? Ein Über-Gott? Ein Schöpfer-Gott. Die lapidare Feststellung, kein Lebewesen sei ewig – »nullum est animal sempiternum«[22] –, ist das skeptische Monitum, daß die Organismus-Analogie auf die Erhaltungsfrage nur eine vorläufige Antwort gibt. Wo diese Analogie, statt zu begrifflicher Ausarbeitung besserer oder gar endgülti-

19 Cicero, *De officiis* I 34, 125. Die in der neuzeitlichen Physik so bedeutsame *inertia* gehört freilich nicht auf die Seite der *constantia*, sondern auf die der Untugenden wie *neglegentia* und *pigritia* (Cicero, *De officiis* I 9, 28; vgl. Seneca, *De tranquillitate animae* 2, 6; 12, 3). Aber immerhin ist ihre metaphorische Verwendung zur Kennzeichnung der Materie stoisch: »materia iacet iners, res ad omnia parata, cessatura, si nemo moveat« (Seneca, *Epistulae morales* 65,2).

20 Cicero, *De natura deorum* II 46, 118.

21 *Ebd.* III 14, 37.

22 *Ebd.* III 13, 32.

ger Antworten hinzuleiten, sich selbst schon als definitiv zu etablieren trachtet, wird sie irrational: sie leistet nicht, was sie zu leisten beansprucht, ohne daß dieses Defizit noch behoben werden könnte.
Dies mag hier als Nachweis genügen, daß Diltheys Darstellung frühneuzeitlicher Stoa-Rezeption sich auf kein einheitliches stoisches Erhaltungsprinzip als gleichsam ›systembildende‹ Idee stützen konnte. Im folgenden möchte ich dartun – freilich recht skizzenhaft –, wie in der Moderne eine Philosophie aussehen kann, die »das Prinzip der neuen Rationalität selbst« verkörpert wie kaum eine andere: Ich meine, es läßt sich zeigen, daß die Philosophie Kants im Prinzip der Selbsterhaltung ihr Zentrum, ihr innerstes Agens und ihr äußerstes Ziel hat.

2. Transzendentale Dialektik als Therapie

»Grundsatz der Vernunft: ihre Selbsterhaltung«, notiert sich Kant.[23] Um die Tragweite dieses Satzes darzutun, greife ich auf einen Leitfaden zurück, der, wenn auch vielleicht nicht originär, aus der Stoa stammt und nirgendwo bei Dilthey, der doch daran hätte interessiert sein müssen, der Erhaltungsthematik zugerechnet wird. – An die stoische Affektenlehre schließt sich die Therapeutik an. Im dritten und vierten Buch der *Tusculanen* stellt Cicero der Medizin, die den menschlichen Körper von seiner Krankheit befreit, die Philosophie zur Seite, welche die Krankheit der Seele, den Wahnsinn, heilt. Dieser entsteht aus einer Art ›Aneignungstendenz‹ oder ›Antriebsüberschuß‹,[24] mit dem die Seele einer ihr von außen aufgedrängten Vorstellung, etwa der Schmerz sei ein Übel, ihre Zustimmung gibt. Die Seele wehrt sich nicht ausreichend gegen das, was auf sie eindringt (»contra incurrentia«), gerät damit in den Irrtum und durch diesen außer sich; die kranke Seele ist mit sich selbst und in sich selbst uneins.[25]

23 *Handschriftlicher Nachlaß*, XV 823.
24 A. Gehlen, *Der Mensch*, Frankfurt [9]1971, 57ff. Cicero gibt *horme pleonazousa* (*SVF* I 205) wieder mit »effrenata adpetentia« und »adpetitus vehementior« (*Tusculanae disputationes* IV 7, 15, 21, 47).
25 Seneca, *De providentia* 2, 2; vgl. 2, 1: *impetus rerum*. Cicero, *Tusculanae disputationes* V 10, 29f.; ebd. IV 13, 29: seelische Krankheit als »adfectio in tota vita inconstans et a se ipsa dissentiens«. Hier also

Das philosophische Heilmittel besteht aus nichts anderem als der Einsicht in diese Genese, liegt also in der Seele selbst, in ihrer Reflexion auf sich selbst, und muß nicht, wie bei der körperlichen Krankheit, von außen hinzugebracht werden. Philosophie ist somit zugleich Theorie und Therapie.[26] Wo Selbstwahrung, Identitätssicherung nicht, wie beim stoischen Weisen, auf Anhieb fest gegründet und dauerhaft gesichert ist, ist dennoch nicht alles verloren; es bleibt noch ein zweiter Anlauf, es bleibt noch der Umweg der kathartischen Heilung.

An einem solchen therapeutischen Prozeß orientiert sich Kant, wenn er fragt, »ob nicht alle Menschen in gewisser Weise gestört sind (Narrenspital des Universi)«.[27] Die Metapher von Krankheit und Heilung der Seele wird hier auf alle irdischen Vernunftwesen bezogen. Das universale Leiden bedarf eines universalen Heilmittels. Die Philosophie muß so verfahren, daß sich »die Gesundheit ... der Vernunft als Wirkung der Philosophie« ergibt.[28] In der transzendentalen Dialektik hat Kant dies expliziert. Wenn die Vernunft, so wird dort gezeigt, der ihr immanenten exzessiven Triebkraft namens schwärmende Wißbegierde folgt, überschreitet sie die Grenzen möglicher Erfahrung und hält das, was nur gedacht werden kann, für erkannt: ein Irrtum, der genau die Definition des Wahnsinns erfüllt.[29] Der Kontext der Erfahrung wird auf eine Weise mit Produkten der symbolisierenden Einbildungskraft durchsetzt, daß diese von denen der schematisierenden Einbildungskraft nicht mehr unterscheidbar sind – und in

tauchen die frühesten Formeln für die anthropologische Verfehlungsmöglichkeit auf, die mit den Ausdrücken »Entfremdung« und »Uneigentlichkeit« bezeichnet worden ist. Was Freud das »innere Ausland« nennt (*Gesammelte Werke* Bd. xv, 62), ist in dem Bild Marc Aurels vorgezeichnet, der Tor sei ein »Fremdling im eigenen Land« (xii 1; 13).

26 Cicero, *Tusculanae disputationes* iv 27, 58; 38, 83; Philosophie als *theoria kai therapeia* etwa in *SVF* iii 471.

27 *Handschriftlicher Nachlaß*, xv 211.

28 *Verkündigung eines nahen Abschlusses eines Traktats zum ewigen Frieden in der Philosophie*, viii 414. Zu seiner Auffassung von der »Philosophie als Arzneimittel« beruft sich Kant hier ausdrücklich auf Ciceros *Tusculanen* und den dort erwähnten »stoischen Philosophen Posidonius«.

29 *Die Religion innerhalb der Grenzen der bloßen Vernunft*, vi 168 Anm.

dieser Verwirrung von Fiktion und Realität hat »alles Denken selbst ein Ende«.[30]

Und doch ist die überschießende Neugier nicht ein in sich selbst irrationaler, »vernunfttötender«[31] Faktor. In der Anthropologie, wenn dieser Seitenblick erlaubt ist, tritt sie auf als Gegenspielerin der Langeweile. Diese, von Kant charakterisiert als Leere an Empfindungen, »erregt ein Grauen (*horror vacui*) und gleichsam das Vorgefühl eines langsamen Todes«; ein Horror ist dieser *horror vacui*, weil er zugleich ein *horror annihilationis* ist.[32] Dieses Grauen vor dem Leeren ist so stark, daß, wer sich langweilt, »eher etwas zu seinem Schaden als gar nichts zu tun sich angetrieben fühlt«.[33] Dies gilt nun auch für die Wißbegierde als Antriebskraft der Vernunft: Der »leere Raum des reinen Verstandes«, den die Vorrede zur zweiten Auflage der ersten *Kritik* anführt, evoziert ein Füllungsbedürfnis, das so stark ist, daß »wir sogar auf die Gefahr zu irren eher alles wagen«, als den Fragen nach dem, was jenseits der Grenze des Erfahrbaren liegt, die Antwort zu verweigern.[34]

Der dogmatischen Metaphysik, die auf solch tragische Weise, nämlich in der Absicht, einer drohenden *annihilatio* entgegenzuarbeiten, nichts geringeres als die »Euthanasie der reinen Vernunft«[35] betreibt, tritt als rettende Instanz der Skeptizismus entgegen: er restringiert rigoros die Ansprüche der Wißbegierde; er verkennt indessen die latente rationale Intention dieser Pleonexie der Vernunft und schneidet sie in einem Akt der »Zensur« kurzerhand ab;[36] so führt er, auf seine Art, geradewegs zum »Selbstmord der Vernunft«.[37]

Die in ihrer Eigenart undurchschaute fundamentale Diskrepanz zwischen Haben-Wollen und Haben-Können, zwischen Er-

30 *Das Ende aller Dinge*, VIII 336.
31 *Der Streit der Fakultäten*, VII 59.
32 *Opus postumum*, XII 519.
33 *Anthropologie in pragmatischer Hinsicht*, VII 233.
34 *Kritik der reinen Vernunft*, B 6f., III 31f.
35 *Ebd.* B 434, III 282.
36 *Ebd.* B 792, III 498f. Über die Erfolglosigkeit der bloßen Skepsis heißt es weiter: »Die bloße Zensur kann also die Streitigkeit über die Rechtsame der menschlichen Vernunft niemals zu Ende bringen.«
37 *Handschriftlicher Nachlaß*, XVIII 509.

kenntnisbedürfnis und Befriedigungsmöglichkeit, dynamisiert sich als Dauerkonflikt zwischen einem Ausgreifen, das zu viel will, und einem Einschränken, das zu wenig gestattet. Dieser Konflikt manifestiert sich seinerseits theoretisch als Widerspruch von Thesis und Antithesis: etwa in kollidierenden Sätzen über Freiheit und Notwendigkeit. Die Vernunft aber, gezwungen, beide Sätze für wahr zu halten, destruiert sich durch diesen Widerspruch – es sei denn, er läßt sich als scheinbar durchschauen. Für die Vehemenz dieses »Kampfes der Vernunft mit sich selbst«, in welchem sich die »Krankheit der Vernunft« äußert,[38] gibt es wohl keinen geeigneteren Indikator – und keine folgenreichere Metapher – als seine Totalisierung zum Klassenkampf: »Diese Antinomie teilt die Kämpfenden in zwei Klassen«;[39] und solches ist in der Regel der »Tod aller Vernunft«.[40]

Wenn ich mit dieser Akzentuierung der Metaphorik Kants nicht allein die strikt theoretischen Sachgehalte betrachte, sondern auch die imaginative Orientierung und den szenischen Aufbau, so bedarf es zusätzlich einer Warnung vor unangemessenen Ansprüchen an Konsistenz und Konsequenz: die untergelegten Figuren und Bilder, die hier zur Abhebung gelangen, sind wenig exklusiv, gestatten Variationen und stillschweigende Übergänge. Wie es reibungslos gelingt, die Metaphorik des Kampfes in die der Heilung einzubetten, so unvermerkt parallelisiert Kant den Heilungsprozeß mit einem Gerichtsprozeß: therapeutische, agonale und juridische Metaphorik.

Bekanntlich setzt Kant ja angesichts der desolaten Situation einer Vernunft, die »mit sich selbst entzweit« ist, ein Verfahren in Gang, um die »gerechten Ansprüche« von den »grundlosen Anmaßungen« zu sondern.[41] Daß dieses Bild in seiner Funktion, das, was in der Kritik der Vernunft geschieht, in eine sinnhafte Einheit zu fassen, sich überlagert mit dem Bild des Übergangs vom kriegerischen *status naturalis* zum rechtlichen *status civilis*,[42] der doch für die Eröffnung jenes Verfahrens schon vorausgesetzt ist, mag

38 *Handschriftlicher Nachlaß*, XVIII 79. 39 *Ebd.*, XX 327.
40 *Ebd.*, XV 181. 41 *Kritik der reinen Vernunft* A XII f., IV 9.
42 *Ebd.*, B 779, III 491; vgl. *Über eine Entdeckung, nach der alle Kritik der reinen Vernunft durch eine ältere entbehrlich gemacht werden soll*, VIII 247. Zur hier einschlägigen Emanzipationsmetaphorik siehe unten in diesem Buch S. 117-139.

als störendes Moment empfunden werden, solange man das Augenmerk auf die Inhalte richtet, nicht aber, wenn man die Funktion im argumentativen Gesamtkontext untersucht. Wie die »erste Institution« der Verfassung der Vernunft aussieht, sagt Kant in der *Kritik der reinen Vernunft* nicht, aber in seinen Reflexionen zur Rechtsphilosophie besteht das *eine* Ziel der Verfassung in der Herstellung von Gerechtigkeit *und* in der Erhaltung des Ganzen: »Finis constitutionis est 1. conservatio totius, 2. suum cuiusque«.[43]

Dieses Zusammenlaufen von Erhaltung und Gerechtigkeit läßt sich als Grundsatz auch an der juridischen Prozedur ausmachen, nach deren Vorbild der Streit der Vernunft mit sich selbst ausgetragen wird: Erhaltung des Ganzen der Vernunft *und* Gerechtigkeit für die in ihrem Namen streitenden Parteien. Die Genese des schließlich letalen Konflikts wird, so war zu sehen, getragen vom Selbstmißverständnis zweier auf Erhaltung der Vernunft zielender Strebungen. In dem nun eingeleiteten Verfahren gelingt der Vernunft diejenige Reflexion, in der sie sich mit beiden streitenden Parteien identifiziert und zugleich jene Distanz behält, die nötig ist, um den Punkt des Mißverständnisses auszumachen, der den Streit veranlaßt. Wenn dabei mitten im *Prozeß* die Metaphorik des *Kampfes* wiederkehrt, so bedeutet das nur scheinbar eine Regression auf eine Stufe, wo »statt der Argumente Schläge« ausgetauscht werden;[44] zwar treten da, mit Stabreim, »rüstige Ritter« auf, die »Waffen in die Hände« nehmen und mancherlei »Angriff tun«;[45] doch die hier drohende Regression wird inhibiert durch eine Art Sublimierung, durch Umsetzung des Ganzen ins Spielerische, ins Schauspiel.

Das Gerichtsverfahren legt sich auseinander in zwei Dimensionen: eine ernste und eine heitere; es dissoziiert in ein Moment des agonalen Ernstes, wo es um Kampf auf Leben und Tod geht, und in das des Spiels, das dem Ernstfall seinen Ernst wieder nimmt. Statt Gerichtsprozeß: Krieg im Theater. Der Kampfplatz wird zur »Bühne des Streits«, auf der sich »die Auftritte des Zwiespalts und der Zerrüttung sehen lassen«. Der Zuschauer übernimmt den Part des »unparteiischen Kampfrichters«. Er sieht, »anstatt ... mit dem Schwerte dreinzuschlagen, ... von dem sicheren Sitze

43 *Handschriftlicher Nachlaß*, XIX 504.
44 *Ebd.*, XIII 162.
45 *Kritik der reinen Vernunft* B 450, III 291.

der Kritik diesem Streite geruhig zu«. »Laßt diese Leute nur machen«, empfiehlt Kant – und das muß man ins Französische übersetzen –, denn in diesem Kampf, »der für die Kämpfenden mühsam, für euch unterhaltend« ist, wird »Vernunft schon von selbst durch Vernunft« gebändigt.[46]

Wenn diese Selbstbesinnung, in der die Vernunft bei dem Streit, den sie ausficht, zugleich engagierter Teilnehmer und distanzierter Zuschauer ist, die Antinomien mit Hilfe der kritischen Markierung einer Grenze zwischen Erfahrbarem und Denkbarem, zwischen Erscheinung und Ding an sich auflöst, so bedeutet das zum einen die Heilung vom dogmatischen Wahn, die dem Skeptizismus mißlang, zum anderen Vermeidung des Skeptizismus, ohne Restitution überschwenglicher Erkenntnisansprüche. In der Kritik kommt der Skeptizismus zu sich selbst, weil sie seine ihm selbst unverständliche Intention, nämlich die Erhaltung der Vernunft durch Beschränkung, entdeckt und sich in ihr mit ihm identifiziert. Die Kritik ist aber auch die Wahrheit der dogmatischen Metaphysik, weil sie deren als Erkenntniswillen mißverstandene Absicht, nämlich die Erhaltung der Vernunft durch Vermeidung der leeren Transzendenz, entdeckt und sich gleichfalls in dieser Absicht mit ihr eins weiß.

Was die entzweiten Parteien wollten, die Erhaltung der Vernunft durch Grenzsicherung und Transzendenzbesetzung, das tut die Kritik – und es gelingt ihr durch Reduktion von überzogenen Forderungen: Sie zieht die Grenze nicht ganz so scharf und besetzt die Transzendenz nicht ganz so dicht; sie trennt nicht Alles-Hier von Nichts-Dort, nicht das volle Diesseits vom leeren Jenseits; sie sondert nur das sinnlich Erfahrbare vom immerhin Denkbaren, das Empirische vom Intelligiblen; und dieses transzendente Feld besetzt sie nicht mit spekulativer Erkenntnis, sondern mit regulativen Ideen und praktischen Postulaten. Insofern ist Rationalität der Selbsterhaltung entspannte Rationalität.

Indem die streitenden Parteien sich selbst mit den Augen einer Vernunft sehen, die eben dadurch zur kritisch aufgeklärten wird, und indem sie in deren so erst ermöglichten Handlungen die

46 *Ebd.*, B 881, 434, 451, 774 f., III 550, 282, 291, 488 f.; vgl. auch *Handschriftlicher Nachlaß*, XVIII 61: »Zwei *metaphysici*, deren einer die Thesis, der andere die Antithesis beweist, vertreten in den Augen eines dritten Beobachters die Stelle einer skeptischen Prüfung. Man muß beides selbst tun.«

erfolgreiche Ausführung ihrer eigenen Absichten erblicken, sehen sie ein, daß sie in Wirklichkeit »um nichts streiten«.[47] Der Akt, in welchem die Vernunft sich die Einsicht verschafft, daß ihre eigenste Absicht in ihrer Selbsterhaltung liegt, ist zugleich der, durch den diese gelingt; er sichert die »Existenz der Vernunft«, setzt sie in einen »beharrlichen Zustand«.[48] Die Genese der Entzweiung der Vernunft ist ebenso von einer – freilich mangels Einsicht in ihr Wesen pervertierten – Intention auf Selbsterhaltung geprägt wie die Logik des Prozesses ihrer Aufhebung. Selbsterkenntnis und Selbsterhaltung fallen in eins; die Kritik der Vernunft ist zugleich Theorie und Therapie.

Eine Vernunft, die nicht in ihrem ersten und einzigen Akt ihre eigene Erhaltung als ihr *primum movens* erfaßt und zugleich als ihr erstes und letztes Ziel realisiert, sondern in dogmatischer Überforderung, skeptischer Selbstgefährdung und kritischer Reduktion sich rettet, nennt Kant eine »Vernunft im Umweg«.[49] Angewiesenheit auf Umwege und Insistenz auf Anspruchsreduktion zählen zu den wichtigsten Signaturen des so spät eingesehenen Zusammenhangs von Rationalität und Erhaltung. Daß es bei Kant zu den ersten Prinzipien immer noch den zweiten Anlauf, zu den harten Thesen noch die fast zärtliche Rücksicht auf ihre Erträglichkeit gibt, daß der transzendentalen Analytik noch eine tröstliche, nämlich den Irrtum als dennoch sinnvoll aufweisende Dialektik folgt und der rigorosen Ethik eine pragmatische Anthropologie, das hat die Kant-Kritik seit Fichte in zahlreichen Abwandlungen stets neu moniert.[50] Daß es sich bei Kant so verhält, steht außer Frage; aber was gibt es daran herumzumäkeln?

47 *Kritik der reinen Vernunft* B 529, III 345.

48 *Ebd.* B 766, III 345; *Über eine Entdeckung, nach der alle Kritik … a.a.O.* [Anm. 42], VIII 242. In den »beharrlichen Zustand« kommt auch die durch Kritik zu einer Wissenschaft avancierte Metaphysik (*Kritik der reinen Vernunft* B XXIV, III 16).

49 *Handschriftlicher Nachlaß*, XVIII 431.

50 Der schon zu Lebzeiten Kants entstandene Topos, der umstürzlerische Königsberger sei vor den Konsequenzen seiner eigenen Philosophie zurückgeschreckt, übersieht, daß dieses Zurückschrecken selbst noch in dieser Philosophie begründet ist und wesentlich zu ihr dazugehört. O. Marquard hat gezeigt (*Skeptische Methode im Blick auf Kant*, Freiburg/München 1958), daß Kants vermeintliche Schwäche seine wahre Stärke ist.

3. Identität trotz Erkenntnis

Wenn es zutrifft, daß, im Durchgang durch die Dialektik, die Vernunft Selbsterhaltung als ihren Grundsatz erfaßt und durch dieses Erfassen deren Rationalität manifest werden läßt, um ihre eigene darin zu begreifen, so muß sich auch zeigen lassen, daß die obersten Sätze der theoretischen und praktischen Philosophie Kants Erhaltungssätze sind. Um in der Ausführung dieser Absicht die transzendentale Synthesis als Handlung der »Selbsterhaltung der Vernunft« wenigstens in Grundzügen darstellen zu können, erinnere ich hier kurz an einige Stücke der Phänomenologie Husserls, die ich als Folie einer Interpretation von Kants Theorie der Entstehung von Erkenntnis verwende.

Die phänomenologische Reduktion oder *Epoché*, dem cartesischen Zweifel nachgebildet, »inhibiert« – so Husserl – die »Seinssetzung«. Damit ist gemeint, daß die Dinge der Welt nicht länger als wirklich existierend betrachtet werden: sie verlieren ihren ›Seinscharakter‹. Aus Gegenständen der Realität werden Phänomene des Bewußtseins. In diesem Sinne ist die *Epoché* »Vernichtung der Welt«[51] – mit Ausnahme des diesen Akt vollziehenden Bewußtseins: das *cogito* kann nicht phänomenologisch reduziert werden, sondern ist selbst das »Residuum« der Reduktion. Im Hinblick auf die Denktätigkeit bedeutet die phänomenologische Reduktion Ausschließung des Urteils, denn der Urteilsakt vollzieht eine »Seinssetzung«. Der Gewinn dieses Aktes von Weltvernichtung und Urteilsverzicht besteht in der absoluten Unbezweifelbarkeit des so in immanenter Wahrnehmung Geschauten. Diese Gewißheit bleibt aber nur erhalten, wenn die Rezeptivität der reinen Anschauung durchgehalten und das Sich-Einschleichen von spontanen Urteilsakten erfolgreich verhindert wird.

Nun wird die phänomenologische Reduktion mit dem, was sie an Verzichten impliziert, nicht aus Destruktionslust oder Bescheidenheitspathos vollzogen, sondern in der Hoffnung, die in der Immanenz gewonnene Gewißheit dadurch auch für die bewußtseinstranszendente Welt zu sichern, daß das Sein externer Objekte, die Wirklichkeit welthafter Gegenstände, selbst noch als Leistung des immanenten Fungierens des Bewußtseins aufgewiesen wird. Die transzendentale Phänomenologie beschreibt die

51 E. Husserl, *Ideen zu einer reinen Phänomenologie und phänomenologischen Philosophie*, Bd. I (*Husserliana* Bd. III), Den Haag 1952, 115.

notwendigen Strukturen des Bewußtseins und deren Funktion für die Konstitution des Seins der Gegenstände dieses Bewußtseins. Freilich bleibt dieses Fungieren immer rein passiv oder doch in reiner Passivität fundiert. In dem, was Husserl als Bewußtsein vorstellt, ist die traditionelle Dichotomie von Anschauung und Begriff, von Rezeptivität und Spontaneität übergeführt in ein Kontinuum, in dem sich die spontanen Leistungen als sukzessive Aufstufungen rezeptiven Schauens verstehen lassen. »Schon in der Passivität ist doch all das bereit, was die Leistung des aktiven Ich ermöglicht.«[52]

Um das transzendente Sein als Leistung immanenter Funktionen, als Ergebnis einer »Konstitution durch passive Genesis«[53] zu begründen, arbeitet Husserl mit einer Art Kontext-Theorie des Seins; ihr zufolge wird die welthafte Wirklichkeit gegeben und bestätigt durch einen unendlichen Prozeß einstimmiger Erfahrung. »Indem Erfahrung in diesem Stil immerzu fortläuft, gibt sie konsequent und bestätigt sie das Sein der Welt«.[54] Der ungebrochene immanente Erfahrungskontext ist Garant transzendenter Wirklichkeit.

Will man nun genauer wissen, was denn die Eigenart dieser Wirklichkeit, dieses »mundanen Seins« ausmache, so ist es am aufschlußreichsten, indirekt zu verfahren und ins Auge zu fassen, worin sie nicht besteht und wogegen sie gedacht wird. Dieses negative Gegenbild findet sich in der mathematisierten Natur mit ihrer »anschauungsfernen Symbolik«, wie sie, Husserl zufolge, Galilei entwickelt hat.[55] Alle Wirklichkeit, nicht nur Ausdehnung und Bewegung, sondern auch noch die »sinnlichen Füllen« wie Farbe, Ton, Geruch, erfährt eine zahlenmäßige Bestimmung, in der das anschauliche lebensweltliche Objekt verlorengeht und mit

52 E. Husserl, *Analysen zur passiven Synthesis*, Den Haag 1966 (*Husserliana* Bd. XI), 209. Vgl. 358: »Rezeptivität ist die fundierende Voraussetzung für die Möglichkeit der spezifischen ›Spontaneität‹ des Ich, d. h. für die Ermöglichung ichlicher Stellungnahmen und, was hier in Frage ist, urteilender Stellungnahmen«.

53 E. Husserl, *Cartesianische Meditationen* (*Husserliana* Bd. I), Den Haag ²1963, 112.

54 E. Husserl, *Erste Philosophie, 2. Teil* (*Husserliana* Bd. VIII), Den Haag 1959, 404.

55 E. Husserl, *Die Krisis der europäischen Wissenschaften und die transzendentale Phänomenologie* (*Husserliana* Bd. VI), Den Haag ²1962, 18 ff.

ihm die »ursprüngliche Evidenz« und die »naive Selbstverständlichkeit der Weltgewißheit«.[56] Was Husserl beklagt, ist der Verlust natürlicher Substantialität. Die Fundierung der Wissenschaft in der Lebenswelt ist der Versuch der Resubstantialisierung einer als Funktionszusammenhang begriffenen und sich als Gefüge mathematisch bestimmter Relationen darstellenden Wirklichkeit. Husserl will den Kontext so verdichten, daß Substanz dabei herausspringt.

Aus der Perspektive der Philosophie Kants erbringt die phänomenologische Reduktion, obgleich ein einziger Akt, zwei unterscheidbare Leistungen, die nur durch Husserls Neigung zur Transformation von Dichotomien in Stufenfolgen mit dem Grenzwert der Kontinuität stets als kongruent erscheinen. Versteht man den Initialakt der Phänomenologie als einen der Gewinnung einer Region reiner Anschauung, so findet er in Kants System sein Pendant in der Subtraktion der Empfindung von der Wahrnehmung: reine Anschauung entsteht aus der empirischen (und d. i. Wahrnehmung) durch Ausschaltung der Empfindung. Aber in der reinen Anschauung bleibt nicht das vorher Angeschaute als nunmehr phänomenal reduziertes zurück, sondern, da alle Inhalte durch Empfindungen gegeben werden, die bloße Form der Anschauung. Wie wenig das ist im Vergleich mit der Fülle des Lebens – wenn auch nur des Bewußtseinslebens – bei Husserl, vergißt man nur deshalb leicht, weil Husserl in der Beschreibung dessen, was bei ihm die Fülle der reinen Anschauung ausmacht, kaum über Töne, Einbeulungen und Wachspuppen hinauskommt. Die Form der sinnlichen Anschauung bei Kant ist nichts Inhaltliches oder auch nur Gestalthaftes, sondern eine durch Nebeneinander und Nacheinander geordnete reine Mannigfaltigkeit von Stellen, in welche Empfindungen eintreten können.

Versteht man indessen die phänomenologische Reduktion als Vermeidung der »Seinsthesis«, so findet sie ihr Pendant in der Unterscheidung von Sinnlichkeit und Verstand, von Rezeptivität und Spontaneität, von Anschauung und Begriff. Sie schützt – und darin ist sie dem Zweifel Descartes' äquivalent – vor dem Irrtum: denn weder der Verstand als das »Vermögen zu urteilen« kann für sich allein irren, noch die Sinne, da sie gar nicht urteilen; und so entspringt »der Irrtum nur durch den unbemerkten Einfluß

56 *Ebd.*, 99.

der Sinnlichkeit auf den Verstand«.[57] Die Isolation beider Erkenntnisquellen bringt Irrtumsfreiheit um den Preis des Erkenntnisverlustes; sie ist der Weg von der steten Bezweifelbarkeit von Aussagen, die Erkenntnisqualität für sich beanspruchen, zur Unbezweifelbarkeit des bloß Gedachten und des nur Angeschauten.

Wenn sich so die eine Leistung der phänomenologischen Reduktion bei Kant in zwei Teilleistungen abbilden läßt – in der Reinigung der Wahrnehmung von allen Empfindungen und in der Isolation von Anschauung und Denken –, dann wird schon deutlich, daß es nun nicht darum gehen kann, das durch einen Gewaltakt Vernichtete selbst zu erzeugen; vonnöten ist vielmehr zweierlei: eine die gewonnene Sicherheit nicht gefährdende Verbindung des experimentell Getrennten; und die Wiederzulassung des durch Reinigung Ausgeschalteten. Das erste geschieht in der Beantwortung der Frage, wie synthetische Urteile *a priori* möglich sind, also durch die Anwendung der Kategorien auf die Mannigfaltigkeit der reinen Anschauung, eine Anwendung, deren Berechtigung dadurch dargetan wird, daß das »Ich denke« durch die Kategorien gleichermaßen den verschiedenen Vorstellungen in einem Urteil und der Synthesis verschiedener Vorstellungen in einer Anschauung Einheit gibt.

Das System der synthetischen Grundsätze des reinen Verstandes liefert so zwar einen Kontext, der etwas über die Wirklichkeit aussagt, ohne sich indessen ihrer selbst vergewissern zu können. Die Gewißheit von Wirklichkeit ergibt sich erst aus der Zulassung des Eintritts des empirisch Mannigfaltigen in die Anschauung, d. h. durch Wahrnehmung, die Empfindung in sich befaßt, und durch die Verknüpfung der Wahrnehmungen in einen Erfahrungszusammenhang. Nicht das Mannigfaltige selbst, sondern seine Verknüpfung in einen Zusammenhang macht die Wirklichkeit aus. So schreibt Kant: »Durch den Begriff wird der Gegenstand nur mit den allgemeinen Bedingungen einer möglichen empirischen Erkenntnis überhaupt als einstimmig, durch die Existenz aber als in dem Kontext der gesamten Erfahrung enthalten gedacht ... Unser Begriff von einem Gegenstande mag also enthalten, was und wieviel er wolle, so müssen wir doch aus ihm herausgehen, um diesem die Existenz zu erteilen. Bei Gegenständen der Sinne geschieht dies durch den Zusammenhang mit ir-

57 *Kritik der reinen Vernunft* B 350, III 234 f.

gendeiner meiner Wahrnehmungen nach empirischen Gesetzen.«[58]

So geht also Kant vor: als erstes – zu deutsch: *a priori* – ist ein reiner Kontext da, der anschließend so mit empirisch Mannigfaltigem, sprich: Empfindungen, besetzt wird, daß Erkenntnis zustande kommt. Für Husserl gibt es diese ›Reihenfolge‹ nicht: der »Erlebnisstrom« des *reinen* Bewußtseins ist bereits mit sinnlichen Inhalten angefüllt. Mit dieser Differenz im Prozeß der Konstitution von Erkenntnis hängt es zusammen, daß beide Transzendentalphilosophen die Gefährdung, die es abzuwehren gilt, unterschiedlich taxieren. Für Husserl kommt diese Bedrohung von innen und ist geschichtlich bestimmbar: Galilei hat uns als Wirklichkeit eine Wirklichkeit aufgeredet, der alles Sinnliche, ja alles Sinnhafte abgeht. Die Ablösung des Bewußtseins von der unmittelbaren Erfahrung ist das, was dem Bewußtsein aus seiner eigenen Verfassung heraus widerfahren kann und ihm historisch auch widerfahren ist. Die Phänomenologie hat dann die Aufgabe, diese mathematisch bestimmte Realität zurückzubinden an die lebensweltlich-anschauliche. Hier ist also die Gefährdung endogen und episodisch.

Bei Kant ist sie exogen und permanent: sie kommt ständig und von außen. Das Mannigfaltige, das gegeben sein muß, wenn der Schritt von der möglichen zur wirklichen Erfahrung und zur Erfahrung von Wirklichkeit gelingen soll, dieses Mannigfaltige begegnet als Inbegriff von Unbestimmtheit, als »ein Chaos von Ungewißheit, Dunkelheit und Unbestand«.[59] Das Problem des Bewußtseins ergibt sich aus der Inadäquanz von Kapazität und Anforderung; es besteht nämlich darin, »aus einem für uns so verworrenen (eigentlich nur unendlich mannigfaltigen, unserer Fassungskraft nicht angemessenen) Stoffe eine zusammenhängende Erfahrung zu machen«.[60]

Das Subjekt, das, um Wirklichkeit zu erkennen, der Rezeptivität der Sinnlichkeit bedarf, entdeckt diese als seine Achillesferse: Rezeptivität ist die Stelle, durch welche das bedrohliche Fremde, das übermächtige Mannigfaltige in das Bewußtsein eindringen und sich seiner bemächtigen kann. Durch die Erklärung der Möglichkeit synthetischer Urteile *a priori* jedoch hat sich die Vernunft

58 *Kritik der reinen Vernunft* B 629, III 402.

59 *Grundlegung zur Metaphysik der Sitten*, IV 404.

60 *Kritik der Urteilskraft*, V 185.

ihrer Fähigkeit vergewissert, alles, was auf die Sinne einstürmt – »incurrere« ist Kants Terminus[61] –, durch spontane Synthesis zu einem Zusammenhang zu verknüpfen. Nur indem das »Ich denke« alles selbst verbindet, sichert es den durchgängigen Kontext der Erfahrung. Könnte das Mannigfaltige ungebändigt ins Bewußtsein treten, so müßte dieses selbst zum Mannigfaltigen werden: das Ich würde sich in ein Chaos auflösen, ununterscheidbar von dem, was es nicht ist. Ohne Kontrolle über das »unbestimmte Mannigfaltige« zerfließt die Grenze zwischen Innen und Außen; ohne »Bestimmung des Unbestimmten« – und »alle Bestimmung ist Synthesis«[62] – diffundiert das Bewußtsein selbst zur Unbestimmtheit: eben dies wäre seine Vernichtung. Erwägt man die Verwandtschaft dieser Konzeption der Synthesis des Mannigfaltigen mit Theorien der ›Bewältigung von Reizüberflutung‹ oder der ›Reduktion von Komplexität‹, so möchte man fast das Paradoxon wagen: Kant betrachtet Subjektivität als Institution.

Eine nicht weniger auffällige Affinität, nämlich die zur nominalistischen Erkenntnistheorie, läßt vermuten, daß ein Zusammenhang besteht zwischen dem Gedanken einer Selbsterhaltung des Bewußtseins durch Synthesis des Mannigfaltigen und der Charakteristik des systematischen Ursprungs des neuzeitlichen Selbsterhaltungstheorems als Ablösung der transitiven *conservatio* mit dem Extremwert der *creatio continua* durch die reflexive *conservatio sui* und die intransitive *perseveratio*. Dafür gibt es bei Kant weitere Anhaltspunkte.

Im scholastischen Modell, daran muß hier kurz erinnert werden, verläuft der Erkenntnisprozeß von Gott als der *causa exemplaris omnium rerum* zu den Dingen: ihnen wird die sie bestimmende Form eingeprägt. Von dort geht er zum menschlichen Intellekt: sie prägen ihm ihre Form ein, wodurch er sie erkennt: der Erkennende ist das Erkannte wegen der Identität der Form. Diese Art von Identitätszwang, der den erkennenden Geist stets zu dem macht, was er erkennt, und ihn gerade dadurch seiner Identität zu berauben droht, setzt sich noch Grenzen dank der numerischen Endlichkeit und der fixierten Umrisse der eidetischen Urbilder, dank der in den göttlichen Intellekt hineingelegten platonischen Ideen. Je weniger der durch sein Erkennen der Dinge produzie-

61 *De mundi sensibilis atque intelligibilis forma et principiis*, II 392.
62 *Opus postumum*, XXII 87; *Handschriftlicher Nachlaß*, XVIII 326, 330.

rende Gott an die Konstanz der Formen gebunden ist, je weniger, historisch gesprochen, der christliche Gott sich zugunsten griechischer Rationalität einzuschränken gewillt ist, desto mehr ist im erkennenden menschlichen Geist »alles in kontinuierlichem Flusse und nichts Bleibendes« – mit einer Ausnahme: das »einfache Ich«, das deshalb einfach ist, »weil diese Vorstellung keinen Inhalt, mithin kein Mannigfaltiges hat«.[63]

Nach einer Reflexion, die Kant sich irgendwann zwischen 1769 und 1779 notiert hat, »kann keine Substanz innerlich selbst durch Gott zu anderen und größeren *accidentibus* bestimmt werden, als aus ihrer Natur möglich sind; sonst würde eine andere Grundkraft und Substantialität in ihr hervorgebracht werden, und also sie umgeschaffen, und nicht die Identität des Subjekts sein.«[64] Diese frühe Überlegung mit ihrem Changieren zwischen »Subjekt« und »Substanz«, die aber eben auch ›geistige Substanz‹ sein kann, nennt den später hinter dem Mannigfaltigen verborgenen Gott beim Namen, stellt die Überforderung durch das zu Große und zu Heterogene mit der *creatio continua* zusammen und bezieht beides auf die Identität des Subjekts. Indem die Vernunft in den synthetischen Urteilen *a priori* selbst bestimmt, was als Bestimmung »aus ihrer Natur möglich« ist, wehrt sich das Subjekt dagegen, »umgeschaffen« zu werden; ohne das inhaltsleere »Ich denke« »würde ich ein so vielfärbiges verschiedenes Selbst haben, als ich Vorstellungen habe, deren ich mir bewußt bin«.[65]

Wenn Husserl die Mathematisierung der Natur bei Galilei beklagt, so verschweigt er geflissentlich, daß diese bereits Antwort auf eine Zumutung ist, die an die Substanz geht. Denn wenn die Substanz ihre Substantialität als fremde Leistung empfängt, wird sie eben dadurch depraviert. Und das Mannigfaltige ist genau das, was von einer Substanz unter der Bedingung der *creatio continua* übrigbleibt. Fast im Gegenzug zu Husserl sagt sein Zeitgenosse

63 *Kritik der reinen Vernunft* A 381, IV 239.

64 *Handschriftlicher Nachlaß*, XVII 71.

65 *Kritik der reinen Vernunft* B 134, III 110.

66 E. Cassirer, *Substanzbegriff und Funktionsbegriff*, Berlin 1910, 178. Und natürlich haben auch Max Horkheimer und Theodor W. Adorno recht mit ihrer freilich als Entlarvung gemeinten These: »Selbsterhaltung ist das konstitutive Prinzip der Wissenschaft, die Seele der Kategorientafel« (*Dialektik der Aufklärung*, Amsterdam 1947, 106).

Ernst Cassirer hinsichtlich der sich etablierenden neuzeitlichen Wissenschaft: »Die zahlenmäßige Bestimmtheit des Universums ist es, die die sichere Bürgschaft für seine innere Selbsterhaltung enthält.«[66]

Gegen die bedrohliche Möglichkeit einer Destruktion von außen also erbringt die Vernunft – als dem Bewußtsein immanentes Funktionsgefüge – kraft spontaner Synthesis zugleich die Leistung ihrer Selbsterhaltung und die der Erhaltung der Wirklichkeit als Kontext der Erfahrung. Daß somit die Erhaltung der Natur durch dieselben synthetischen Handlungen der Vernunft geschieht, durch die diese, als Struktur des Bewußtseins, sich selbst erhält, formuliert Kant *e contrario*, wenn er sagt: »Sogar das Bewußtsein kann fließen, vornehmlich wenn alles nur durch die göttliche Kraft dauert.«[67] Eine *creatio continua* müßte, wenn es sie gäbe, das Bewußtsein liquidieren.

4. Handeln im Zusammenhang

Mit Mannigfaltigem hat es die Vernunft nicht nur zu tun, sofern sie, um zu erkennen, dauernd auf die Rezeptivität der Sinnlichkeit angewiesen bleibt, sondern auch dort, wo sie als praktische in den Prozeß der Entstehung von Handlungen eines nicht instinktgebundenen Wesens verflochten ist. Die Unendlichkeit möglicher Gegenstände des Begehrens und, als ihr subjektinternes Korrelat, das »Mannigfaltige der Neigungen« gehören zu den am deutlichsten hervortretenden Konturen jener ›narrativen Anthropologie‹, wie Kant sie im Anschluß an biblische Texte zur Erfassung der Situation des aus dem Paradies entlassenen Menschen skizziert.[68]

Handlungen als Operationen zur Erreichung dessen, was begehrt wird, bestehen, das gilt es zu bedenken, nicht einfach aus physischen Bewegungen des Organismus; vielmehr sind diese mögliche, aber nicht notwendige Folgen der handlungskonstituierenden Setzung von Maximen durch die Vernunft, also von subjektiven Grundsätzen von mehr oder minder hohem Allgemeinheitsgrad. Und hier liegt auch die Gefahr der Selbstzerstörung, näm-

67 *Handschriftlicher Nachlaß*, XVII 399.

68 *Handschriftlicher Nachlaß*, XIX 233; *Mutmaßlicher Anfang der Menschengeschichte*, VIII 112.

lich in der Möglichkeit, daß sich die Vernunft einander widersprechende Maximen des Handelns setzt. Diese Gefahr könnte dadurch gebannt werden, daß jede einzelne Maxime mit jeder anderen, die der Handelnde schon einmal befolgt hat, verglichen wird. So wäre Konsistenzwahrung möglich. Man kann da einerseits versuchen, mit einem sehr kleinen Repertoire auszukommen und sich dem Grenzwert zu nähern: mit genau einer einzigen Maxime ständig ein und dieselbe Handlung zu wiederholen.[69] Wo man dies nicht will oder nicht kann – und unsere Welt ist nicht so, daß man es könnte –, da wird die Aufgabe, die Befolgung einander widersprechender Maximen und die damit verbundene Selbstzerstörung der maximensetzenden Vernunft zu vermeiden, nicht von dieser selbst bewältigt, sondern einem so wenig verläßlichen Vermögen wie der Erinnerung übertragen. Das im kategorischen Imperativ enthaltene Moralgesetz erweist sich jedoch gerade dadurch als ein Prinzip der »Selbsterhaltung der Vernunft«, daß es gleichsam die rationale Abbreviatur dessen darstellt, was sonst der Erinnerung zugemutet werden muß, ohne daß diese leisten könnte, was ihr da abverlangt wird. Die Tauglichkeit einer Maxime zum Prinzip einer allgemeinen Gesetzgebung ist ja nichts anderes als die Feststellung, daß eine Maxime zum Inbegriff aller möglichen untereinander widerspruchsfreien Maximen gehört. Diese können in beliebiger Häufigkeit und Alternierung, also ohne Rekurs auf Erinnerung oder gar Voraussicht, Handlungen begründen.

Ein rationales Verfahren, nämlich die Unterordnung aller dazu geeigneten verschiedenen Maximen unter eine höchste, das Moralgesetz, befreit von der Last stets neuer Rückfragen an die Erinnerung, stets neuer Vergegenwärtigung des ganzen Lebens als eines Handlungszusammenhangs, weil der moralisch Handelnde, bei aller Verschiedenheit seiner Handlungen, immer das gleiche tut, nämlich das Gute. Dies ist die Realisierung des Grenzwertes der permanenten Repetition der selben Handlung – freilich ohne die Monotonie, die er mit sich führen müßte, wenn nicht je »besondere Maximen« das Formal-Gute mit vielerlei Inhalt ausfüllen würden. Durch den kategorischen Imperativ als einen »syntheti-

69 Das Nichtstun überbietet diesen Grenzwert nicht, da es, jedenfalls unter den Prämissen Kants, selbst dann schon eine Handlung ist, wenn es nicht als Akt des Unterlassens gemeint ist.

schen Satz *a priori*«[70] verknüpft die Vernunft Handlungsmaximen in einen Kontext und reguliert vermittels dieser Verknüpfung zugleich eine Auswahl aus der Überfülle des Möglichen, reduziert das heterogene Mannigfaltige auf das ihr Erträgliche: »Das Regulativ geht vorher, und nichts muß ihm widerstreiten; sonst ist unter dem Mannigfaltigen kein Zusammenhang, keine Sicherheit. Es ist alles tumultarisch«.[71]

Es ist wichtig zu sehen, daß die Verhinderung der Selbstzerstörung der Vernunft durch Widerspruchsvermeidung die Frage nicht mehr offen läßt, ob sie, nachdem jenes geglückt ist, sich nun weiterhin selbst erhält oder von einer fremden Macht gnädig oder gewaltsam erhalten wird. Denn die Vernunft ist keine Substanz, auch wenn man, um von ihr zu sprechen, oft so tun muß, als sei sie es; eher ist sie der Titel für den einstimmigen Kontext und das, was ihn herstellt. Die Handlungen der Vernunft, deren Subjekt sie nur ist, sofern sie sich mit ihnen und ihren Resultaten gleich wieder als identisch setzt, sind Akte ihrer Selbsterhaltung, weil nur, indem sie handelt, sie ihr Sein perpetuiert, weil das, was erhalten wird, zugleich das ist, was erhält. Widerspruchsvermeidung als Leistung der Vernunft selbst bedeutet immer positiv Verbindung des Mannigfaltigen in einen Zusammenhang, Fortsetzung der Aktivität der Vernunft, Fortsetzung ihrer Existenz. Denn *agere* und *esse* fallen für sie zusammen. »Selbsterhaltung der Vernunft«[72] besagt: ständig tätig sein, Beharrung im Handeln.

Auch auf dem Gebiet der Handlungsphilosophie läßt sich dartun, daß die Begründung der Rationalität von Selbsterhaltung sich nicht unabhängig von ihrer systematischen Genese vollzieht, wie Blumenberg sie dargestellt hat. Wenn man nämlich Handlungen nicht formal durch eine Regel, sondern teleologisch durch einen Endzweck in einen Zusammenhang integriert und diesen finalen Bezugspunkt in die Transzendenz verlegt, so hat man modellhaft das vor sich, was Thomas von Aquin in die Aussage faßt:

70 *Kritik der praktischen Vernunft*, V 31.
71 *Handschriftlicher Nachlaß*, XIX 230.
72 *Was heißt: Sich im Denken orientieren?*, VIII 147 Anm.; die *Kritik der Urteilskraft* kennt in der Analyse des Erhabenen eine »Selbsterhaltung von ganz anderer Art ... als diejenige ist, die von der Natur außer uns angefochten und in Gefahr gebracht werden kann« (V 261 f.).

»Bonum universi non est ultimus finis hominis, sed ipse Deus.«[73] Ist Gott letzter Zweck, so ist alles andere Mittel, alles auf ihn hin instrumentalisiert. Wenn man jetzt der von Kant stets festgehaltenen Behauptung folgt, das Moralgesetz gelte für alle vernünftigen Wesen, nicht allein für den Menschen,[74] und die Forderung, »die Menschheit ... in der Person eines jeden anderen jederzeit zugleich als Zweck, niemals bloß als Mittel« zu gebrauchen, auf den Gott der theozentrischen Teleologie appliziert,[75] dann wird klar, daß dieser, um Gott zu bleiben, den Menschen aus jener Instrumentalisierung entlassen muß. Die Verkettung je diskreter Handlungen in einen Kontext kraft einer transzendenten Instanz – auch dies ist eine Art von Fremderhaltung – wird durch genau jenes Prinzip negiert, welches die »tumultarische« Zusammenhanglosigkeit, und d.h. Sinnlosigkeit, die auf diese Negation folgt, mittels immanenter Synthesis bewältigt, mithin durch das Prinzip der »Selbsterhaltung der Vernunft«. Nach dieser Freisetzung hat also der Mensch kein außer ihm liegendes Telos mehr; es »kann nicht weiter gefragt werden: wozu (*quem in finem*) er existiere. Sein Dasein hat den höchsten Zweck selbst in sich.«[76] Genau dies aber meint Selbsterhaltung: das bloße Dasein als der höchste Zweck.

Natürlich ist es schwierig – vielleicht unmöglich –, den skizzierten ideal-rationalen Entwurf eines Handlungskontextes so zu konkretisieren, daß er noch die Taten des in lebensweltliche Interaktionssysteme eingeflochtenen Subjekts auf ihre Sinnhaftigkeit hin durchsichtig machen könnte; und nicht minder schwierig ist es, zu *wissen*, was zu tun sei, um »moralisch gut« zu werden, geschweige denn, dies auch wirklich zu *tun*. – Doch es gibt, zum Glück, auch Entlastung. Das System des Vernunftrechts schreibt Handlungen vor, gestattet gar ihre Erzwingung, die alle die Bedingung rationaler Verknüpfbarkeit erfüllen, ohne vom jeweils Handelnden auch aktual verbunden zu werden. Handlungen, die nur ausgeführt werden, weil man sonst gewärtigen muß, dazu gezwungen zu werden, stehen insofern je diskret für sich: Moralität *qua* Selbsterhaltung wird nicht erreicht. Gerade darin, daß

73 Thomas von Aquin, *Summa theologica* I-II, qu. 2, art. 8.

74 *Grundlegung zur Metaphysik der Sitten*, IV 408; *Kritik der praktischen Vernunft*, V 32, 87, 131.

75 *Handschriftlicher Nachlaß*, XVII 202.

76 *Kritik der Urteilskraft*, V 435.

dies nicht notwendig identisch ist mit moralischer Selbstzerstörung, weil diese Handlungen ja jederzeit synthetisierbar bleiben, liegt der Gewinn dieser Anspruchsreduktion. Die Umsetzung des Moralprinzips in eine präskriptive Theorie des Rechts ermöglicht die Idee einer Gesellschaft, in welcher die sozial normierten Handlungsabläufe von außen her Widerspruchsfreiheit sichern und damit eine Synthese erleichtern, ohne die Freiheit zu ihrer Verweigerung einzuschränken: die sinnstiftende Verknüpfung zu verschmähen bleibt jedem freigestellt. Gleichwohl entlastet die rechtlich strukturierte Gesellschaft bei der Anstrengung moralischer Selbsterhaltung und hat in deren Möglichkeit zugleich die Bedingung ihrer eigenen.

Die Gesellschaft garantiert auf der anderen Seite auch das physische Überleben. Damit sie aber »wie ein Automat sich selbst erhalten«[77] und ihr eigenes Überdauern sichern kann, muß in ihr die Idee des Rechts realisiert sein. Weil indessen stets »eine Kluft ... zwischen der Idee und ihrer Ausführung notwendig übrigbleibt«,[78] bleibt auch die Gesellschaft labil und somit die Garantie physischer Erhaltung prekär.

Genau dies ist der systematische Ort, an welchem Fortschritt notwendig wird als eine Veranstaltung zur Verhinderung von Verzweiflung angesichts der Unerreichbarkeit absoluter Überlebenssicherung. Die fortschreitende Orientierung der sozialen Normenbildung an dem Kriterium möglicher Legalität von Handlungen ist die Konsequenz der Erfahrung der steten Widerrufbarkeit gesellschaftlich geleisteter Lebenssicherung, folgt also aus der Einsicht in die »Kluft« zwischen dem, was faktisch normativ gilt, und dem, was der Idee nach gelten soll. Fortschritt ist die Selbsterhaltungsleistung eines Wesens, das sich sein Hängen zwischen dem Nicht-Mehr naturhafter Geborgenheit und dem Noch-Nicht endgültig juridisch-sozialer Selbstsicherung erträglich machen will. Weit davon entfernt, den triumphalen Vormarsch eines bevorzugten Wesens in der Anhäufung von Errungenschaften oder die Demonstration von Selbsterhaltung als Selbststeigerung vorzuführen, erweist sich der Fortschritt als Umweg eines Umwegs, als drittbeste Lösung eines Problems, das die zweitbeste nur zur Hälfte bewältigte.

77 *Idee zu einer allgemeinen Geschichte in weltbürgerlicher Absicht*, VIII 25.

78 *Kritik der reinen Vernunft* B 374, III 248.

Der Wille zum physischen Überleben, wo vorhanden, zwingt zur progressiven, aber stets approximativ bleibenden Konstitution einer sich auf Dauer erhaltenden und d. h. im Sinne von Legalität gerechten Gesellschaft, die ihrerseits Selbsterhaltung der Vernunft als Moralität vorzubereiten oder abzusichern hilft. Und umgekehrt: Gerade die notwendige Zugehörigkeit des Prinzips der Selbsterhaltung der Vernunft zu den Bedingungen einer auch dauerhaft gesicherten Selbsterhaltung des Menschen erweist dieses fundamentale rationale Prinzip als integrierenden Bestandteil des Programms physischen Überlebens. Dies ist die Konvergenz von Leben und ›gutem Leben‹.

3. Mündigkeit: Begriff und Metapher

1. Juridische Anfänge

›Mündigkeit‹ ist ursprünglich – und auch heute noch – ein deutscher Rechtsbegriff. Mit dem althochdeutschen Wort ›Munt‹ und seiner latinisierten Form *›mundium‹* wird in mittelalterlichen Quellen die Stellung des germanischen Hausherrn gegenüber Frau, Kindern und Gesinde bezeichnet: die Munt bedeutet nach innen Herrschaft und Fürsorge, nach außen Haftung und Schutz.[1] Mündigkeit, obwohl sprachlich aus der ›Munt‹ entstanden, steht sachlich konträr zu ihr und besagt zunächst: außerhalb der Munt des Vaters, frei von seiner Herrschaft, aber auch ledig seines Schutzes zu leben, also ein Subjekt zu sein, das seine Handlungen selbst bestimmt und sie sich rechtlich zurechnen lassen will und lassen muß. Verständlich wird dieser Gegensatz von Munt und Mündigkeit dadurch, daß das Wort ›Mündigkeit‹ wohl als Verkürzung des erloschenen ›Selbmündigkeit‹ entstanden ist, die den nun seinerseits zum Hausherrn gewordenen Sohn auszeichnet. So schließt ›Mündigkeit‹ zwei Bedeutungskomponenten in sich: Unabhängigkeit als Negation eines vergangenen und Selbständigkeit als Behauptung eines gegenwärtigen Zustandes. Voraussetzung dafür, daß »dy Kinder mundig werden«[2] und »selbmündig« leben konnten (»selpmundia vivere«[3]), war die Erlangung wirtschaftlicher Selbständigkeit, die Fähigkeit also, sich das zur Selbsterhaltung Nötige selbst zu besorgen. Diese Bedingung war beim Mann in der Regel mit der Gründung eines eigenen Hausstandes erfüllt; die Frau indes wechselte, wenn sie heiratete, nur den Herrn: mündig wurde sie nie.[4]

Die Übernahme von Vorstellungen des römischen Rechts ins ger-

1 H. Brunner, *Deutsche Rechtsgeschichte*, Bd. I, Leipzig ²1906, 91-110 (»Das Haus«); Bd. II, Leipzig 1892, 31-34 (»Der unmündige König«).

2 A. Walde, *Vergleichendes Wörterbuch der indogermanischen Sprachen*, Leipzig 1927, Bd. 2, 272; F. Kluge, *Etymologisches Wörterbuch der deutschen Sprache*, Berlin ²⁰1967, 493.

3 H. Brunner, a.a.O. [Anm. 1] Bd. I, 102 Anm. 59.

4 *Ebd.*

manische verknüpft die Mündigkeit mit der heterochthonen *emancipatio*: diese ist der ausdrücklich vollzogene Rechtsakt, durch den der *pater familias* seinen Sohn oder seinen Sklaven freigibt, ihn aus seiner Gewalt entläßt.[5] Da lag es nahe, römische Emanzipation und deutsche Mündigsprechung zu identifizieren. Und doch hat dieser Versuch zahlreiche – und aufschlußreiche – Passungsschwierigkeiten und Begriffsreibungen nach sich gezogen.

Das beginnt schon beim Hin- und Her-Übersetzen. Der römischen Rechtssprache fehlt das genaue Äquivalent von ›Mündigkeit‹: Wer emanzipiert wurde, ist frei (*liber*), sein eigener Herr (*sui iuris*). Die gebräuchliche Übersetzung von ›mündig‹ in das lateinische *›majorennis‹* (›volljährig‹) bringt die so wichtigen Konnotationen von Macht und Selbständigkeit zum Verschwinden. Abweichend hiervon wird bei Übertragungen aus dem Lateinischen Mündigkeit bestimmt als »dasjenige Alter, in welchem jemand aus der Unmündigkeit herausgetreten ist, aber die Jahre der Volljährigkeit noch nicht erreicht hat.« ›Mündigkeit‹ verdeutscht in diesem Kontext *›pubertas‹* (›Geschlechtsreife‹). Nach dem hier zitierten *Lexikon des Kirchenrechts* von 1839 werden die »Weibspersonen aber mit dem zwölften Jahre mündig (*puberes*)«.[6] Es rücken also mit *majorennitas* und *pubertas* verschiedene lateinische Altersstufenbezeichnungen, obgleich ursprünglich von der Institution der Emanzipation ganz unabhängig, in die leere Stelle eines sprachlichen Äquivalents von ›Mündigkeit‹ ein.

Doch handelt es sich hier nicht nur um Inkonzinnitäten beim Versuch, juridische Terminologien aufeinander abzustimmen: es geht vielmehr schon um das ›semantische‹ Problem, in rechtlicher Begrifflichkeit den Status des Noch-Nicht von dem des Jetzt-Schon der Mündigkeit durch eine klare Zäsur zu unterscheiden, obgleich die Kontinuität des Lebensprozesses für die genaue Markierung dieser Grenze keinen sicheren Anhalt bietet. Zwischen der Stetigkeit der Entwicklung und der Trennschärfe des Begriffs vermittelt hilfreich das Stufenschema: Es gibt nicht nur *eine* Mündigkeit, sondern *mehrere*, die sukzessive erreicht werden. So kann vermieden werden, daß der Prozeß organischen

5 R. Sohm, *Institutionen. Geschichte und System des römischen Privatrechts*, Leipzig [10]1901, 463-465 (»Die Aufhebung der *patria potestas*«).
6 A. Müller, *Lexikon des Kirchenrechts*, Würzburg/Wien/Luzern [2]1839, Bd. IV, 113.

Wachstums dem konzeptuellen Zugriff entgleitet oder zum bloß fiktiven Grenz- und Übergangspunkt zwischen zwei Zuständen, Kindheit und Erwachsensein, komprimiert wird; vielmehr stellt sich dieser Prozeß dar als gegliederter und kumulativer Verlauf, in den die beiden Stufen, Mündigkeit als *pubertas* und Mündigkeit als *majorennitas*, eingefügt werden. Die Vielzahl rechtlicher Status und sozialer Rollen, die dem Erwachsenen *gleichzeitig* zukommen, wird auf eine Geschichte projiziert, in der sie vom Heranwachsenden *nacheinander* erworben werden. Je nachdem, was man da schon oder noch nicht darf, kann, soll oder muß, unterscheiden sich die diversen ›Mündigkeiten‹ als Bezeichnungen der nacheinander betretenen Stufen. Neben ›Mündigkeit‹ als *›pubertas‹* und *›majorennitas‹* gibt es zahlreiche Bindestrich-Mündigkeiten: »Ehe-Mündigkeit«, »Straf-Mündigkeit«, »Eides-Mündigkeit«, »Wahl-Mündigkeit«, »Religions-Mündigkeit«, »Kultur-Mündigkeit«, »Filmbesuchs-Mündigkeit«.[7] Sowohl die Zahl dieser Stufen als auch ihre innere Aufgliederung nimmt mit dem Grad der sozialen Differenzierung zu, so daß sich die diskrete Stufenfolge den infinitesimal kleinen Schritten des immer allmählichen Lebensprozesses annähert.

Die erste Schwierigkeit bei der Übernahme römischer Rechtsvorstellungen wird von einer zweiten überlagert: Das germanische Recht kennt zwar den Zustand der Mündigkeit, aber keinen rechtlichen Akt, durch den er anfängt: eine förmliche Emanzipation ist »äußerst selten«.[8] Dies führt zu einer nie abreißenden Polemik gegen das Konzept der Emanzipation.[9] In dieser Tradition stehend, verbannt Hegel – der den Ausdruck ›Mündigkeit‹ vermeidet und lieber von ›Volljährigkeit‹ spricht – diese Freilas-

7 R. Bovensiepen, »Alter und Rechte«, in: *Handwörterbuch der Rechtswissenschaft*, Leipzig/Berlin 1926, Bd. I, 107-112; H. Dölle, *Familienrecht*, Bd. I, Karlsruhe 1964, 153-169; Bd. II, Karlsruhe 1965, 195 f.; W. Roessler, »Zur Theorie der deutschen Schule«, in: *Bildung und Erziehung* 19 (1966) 1-12; G. Potrykus, »Altersstufen im Recht«, in: *Lexikon der Pädagogik*, Freiburg 1970, Bd. I, 34 f.

8 »Emanzipation«, in: *Deutsche Enzyklopädie*, Bd. VIII (1734) 319; zit. nach: K. M. Grass/R. Koselleck, »Emanzipation«, in: *Historische Grundbegriffe*, Bd. II, Stuttgart 1975, 153-197, hier 155. Dem Artikel von Grass und Koselleck verdanke ich – besonders im Abschnitt 2 meines Versuchs – mehr als ich im einzelnen kenntlich machen kann.

9 Siehe dazu: K. M. Grass/R. Koselleck, *a.a.O.* [Anm. 8].

sungs-Institution aus der Rechtsphilosophie.[10] Er setzt, nach Auskunft seines Z.C. zeichnenden Rezensenten, »in die erlangte Mündigkeit der Kinder die Befugnis zur Ausscheidung aus der Familie«.[11] Hegel selbst sagt: »Das Sklavenverhältnis der römischen Kinder ist eine der diese Gesetzgebung befleckendsten Institutionen«; denn »die Kinder sind an sich Freie«.[12] Ist der Mensch frei und gleich geboren, *born free and equal*, dann ist Emanzipation nicht möglich und nicht nötig. Dann aber verliert der Zustand der Mündigkeit seinen Anfang: man wird nie mündig oder ist es immer schon.

Zu der so aporetisch auslaufenden Geschichte der Abwehr des als fremd Empfundenen gehört es auch, daß in der Tradition der Rechtsphilosophie Sklaven und Leibeigene nicht ›unmündig‹ und als freigelassene nicht ›mündig‹ genannt werden. Dies sind Attribute, die den Kindern in ihrem Verhältnis zu den Eltern und dem Mündel im Verhältnis zum Vormund reserviert blieben.[13]

Parallel zum Versuch der Eliminierung des Emanzipationsbegriffs verläuft der einer Harmonisierung: Mündigkeit wird nun erlangt durch eine ›stillschweigende Emanzipation‹ (*emancipatio tacita*).[14] Diese Hilfsfiktion rettet den formalen Nexus von Akt und Status, von emanzipatorischem Übergang und mündigem Zustand: der faktisch ja vollzogene Übergang wird thematisiert, das in ihm liegende Kriterium der Mündigkeit expliziert und der fehlende Akt des Vaters durch die Feststellung der Anwendbarkeit dieses Kriteriums substituiert. »Sobald die Kinder sich selbst versorgen und regieren können«, werden sie »nach dem Rechte der Natur mündig«, sagt Christian Wolff.[15] Und Johann Christoph Gottsched gibt die nominale Bestimmung: »Sobald sie sich aber selbst zu versorgen und zu regieren wissen, nennet man sie

10 Hegel, *Vorlesungen über Rechtsphilosophie*, hg. v. K.-H. Ilting, Bd. II, Stuttgart 1974, 614; dagegen in Notizen zur Vorlesung: »fortdauernde Unmündigkeit«, ebd. 627.

11 *Ebd.* Bd. I, Stuttgart 1973, 439.

12 *Ebd.* Bd. II, 610.

13 Chr. Wolff, *Vernünftige Gedanken von dem gesellschaftlichen Leben der Menschen*, Halle 1721, 87-89, 106 f., 130; J. Chr. Gottsched, *Erste Gründe der gesamten Weltweisheit. Praktischer Teil*, Leipzig [4]1743, 232-238.

14 K. M. Grass/R. Koselleck, *a.a.O.* [Anm. 8] 155 f.

15 Chr. Wolff, *a.a.O.* [Anm. 13] 89.

mündig«.[16] Die Unmündigen, so lehrt die deutsche Schulphilosophie der Aufklärungszeit, haben ein Recht auf die Erhaltung ihres Lebens und ihres Leibes, ein »ius in vitae et corporis sui conservationem«;[17] und sie werden mündig, sobald sie zu jenem Zustand gelangt sind, da sie sich selbst um das kümmern können, was sie zu ihrer Selbsterhaltung brauchen: »quamprimum ad eum statum perveniunt, ut sibimetipsis de ipsis prospicere possint, quae ad conservationem sui indigent«.[18]

Diesen Zusammenhang von Mündigkeit und Selbsterhaltung hat Kant in seiner *Metaphysik der Sitten* am prägnantesten formuliert: Die Kinder werden »durch die bloße Gelangung zu dem Vermögen ihrer Selbsterhaltung ... mündig (*maiorennes*), d.i. ihre eigenen Herren (*sui iuris*), und erwerben dieses Recht ohne besonderen rechtlichen Akt, mithin bloß durchs Gesetz (*lege*)«.[19] Doch kennt auch Kant die Spanne zwischen *pubertas* und *majorennitas*, zwischen geschlechtlicher und bürgerlicher Mündigkeit und Reife: »Die Epoche der Mündigkeit, d.i. des Triebes sowohl als Vermögens, seine Art zu erzeugen, hat die Natur auf das Alter von etwa 16 bis 17 Jahren festgesetzt: ein Alter, in welchem der Jüngling im rohen Naturzustande buchstäblich ein Mann wird; denn er hat alsdenn das Vermögen, sich selbst zu erhalten, seine Art zu erzeugen und auch diese samt seinem Weibe zu erhalten ... Der Naturmensch ist in einem gewissen Alter schon Mann, wenn der bürgerliche Mensch (der doch nie aufhört, Naturmensch zu sein) nur Jüngling, ja wohl gar nur Kind ist; denn so kann man denjenigen wohl nennen, der seiner Jahre wegen (im bürgerlichen Zustande) sich nicht einmal selbst, viel weniger seine Art erhalten kann.«[20] So drückt sich in der inneren Spannung des Rechtsbegriffs der Mündigkeit die anthropologisch fundamentale Schwierigkeit aus, Natur und zugleich mehr als Natur zu sein, mit der biologischen Selbsterhaltung zugleich kulturelle Sozialität verwirklichen zu müssen.

16 J. Chr. Gottsched, *a.a.O.* [Anm. 13] 225.
17 G. Achenwall, *Juris naturalis pars posterior*, Göttingen 1763, §§ 54, 58.
18 Chr. Wolff, *Jus Naturae*, Halle 1740/48, VII §§ 775 ff.
19 Kant, *Die Metaphysik der Sitten* (1797), Akad.-Ausg. VI 282.
20 Kant, *Mutmaßlicher Anfang der Menschengeschichte* (1786), Akad.-Ausg. VIII 116 f.

2. Geschichtsphilosophische Analogien

Mit dem Namen Kants verbindet sich auch der Gebrauch des Begriffs Mündigkeit in der Geschichtsphilosophie. Hier kann die rechtshistorisch so brüchige Begriffstrias Unmündigkeit-Emanzipation-Mündigkeit metaphorisch verwendet werden, weil sie ein Modell für das geschichtliche Grundmuster von Ausgangszustand-Übergang-Endzustand abgibt.[21] Die Aufklärung unterstellt dabei eine Analogie zwischen der Geschichte der Menschheit und dem natürlich ablaufenden Erwachsenwerden des Kindes oder der bewußt gelenkten Erziehung eines Zöglings. Doch fehlt etwa in Lessings *Erziehung des Menschengeschlechts* der Begriff ›Mündigkeit‹ ganz, oder er hat, wie etwa bei Isaak Iselin[22] und Johann Joachim Spalding,[23] allenfalls marginale Funktion.

Neue Emphase gewinnt dieser Begriff erst, als Kant 1784 seine kleine Abhandlung zur »Beantwortung der Frage: Was ist Aufklärung?« in der *Berlinischen Monatsschrift* veröffentlicht. »Aufklärung«, so erklärt der Königsberger Philosoph, »ist der Ausgang des Menschen aus seiner selbstverschuldeten Unmündigkeit. Unmündigkeit ist das Unvermögen, sich seines Verstandes ohne Leitung eines anderen zu bedienen.« Aufklärung heißt demnach nichts anderes als den »Schritt zur Mündigkeit« tun.[24] Unmündigkeit ist, was bisher war, Mündigkeit, was künftig sein soll. Der Aufklärer sieht sich zwischen zwei Zustände gestellt und kennt die Richtung, in die selbsttätig fortzuschreiten ihn als Aufklärer auszeichnet. Die Devise der Mündigkeit beinhaltet also Selbstlokalisierung und Handlungsorientierung in einem. Daß man etwa zur gleichen Zeit immer mehr aktiv ›sich emanzipiert‹, statt passiv emanzipiert zu werden, der reflexive Gebrauch von ›Emanzipation‹ also den ursprünglich transitiven zunehmend in den Hinter-

21 A. C. Danto, *Analytical Philosophy of History*, Cambridge ²1968, 236.

22 I. Iselin, *Philosophische und patriotische Träume eines Menschenfreundes*, Zürich 1755, 75 f.

23 J. J. Spalding, »Berlinische Antrittspredigt«, in: *Predigten*, Berlin/Stralsund ²1768, Anhang 19 f.; vgl. N. Hinske, »Nachwort« zu: *Was ist Aufklärung*, hg. v. N. Hinske, Darmstadt ²1977, 544 ff.

24 Kant, »Beantwortung der Frage: Was ist Aufklärung?« (1786), Akad.-Ausg. VIII 35 ff.; siehe dazu auch: N. Hinske, *Kant als Herausforderung an die Gegenwart*, Freiburg/München 1980, 67-85.

grund drängt,[25] findet seine Entsprechung darin, daß Mündigkeit hier nicht Resultat fremder, sondern Ziel eigener Handlungen ist. Gleichwohl vermeidet es Kant, ›Emanzipation‹ in geschichtsphilosophischem Sinn zu verwenden: dies liegt zu nahe an sprunghafter Selbstermächtigung. Aufklärung indessen geschieht »nicht revolutionsmäßig, durch einen Sprung«,[26] sondern als »Reform der Denkungsart«, als stetiges »Fortschreiten«.[27] Die Kontinuität des Fortschritts sichert die Identität seines Subjekts: es vermag seinen Zustand zu ändern und dennoch mit sich identisch zu bleiben, als Subjekt sich selbst zu erhalten. Max Horkheimer und Theodor W. Adorno beziehen sich kritisch auf diese Identität, wenn sie vom Subjekt der Aufklärung behaupten: »Seine Prinzipien sind die der Selbsterhaltung. Unmündigkeit erweist sich als das Unvermögen, sich selbst zu erhalten.«[28]

Die Formel, in der Kant Aufklärung und Mündigkeit verknüpft, hat eine Rezeption erfahren, deren Breite und Intensität auf eine tiefere Fundierung verweist, als es die metaphorische Verwendung eines Rechtsbegriffs darstellt. Dieses Fundament erschließt sich, wenn die Funktion ins Auge gefaßt wird, die der Begriff ›Mündigkeit‹ in dem Versuch erfüllt, Geschichte aufklärerisch als Fortschritt entwerfen zu wollen und dennoch ihren Anfang als Sündenfall hinnehmen zu müssen. Ein anonymer Rezensent der ebenfalls anonym erschienenen Schrift *Eden, das ist Betrachtung über das Paradies* hat 1772 als erster die mythische Ursünde nicht als Fall, sondern als Anfang eines Fortschritts interpretiert und entsprechend kühn das Paradies beschrieben als einen »sinnlichen, kindischen und unmündigen Zustand«.[29] Vier Jahre später nimmt Herder Stellung gegen diese Degradierung Adams, die ja eine Herabwürdigung dessen, der ihn geschaffen hat, einschließt. Zwar gilt die Analogie: »Die Kindheit jedes Einzelnen ist der des

25 K. M. Grass/R. Koselleck, *a.a.O.* [Anm. 8] 157-162.
26 Kant, *Die Metaphysik der Sitten* (1797), Akad.-Ausg. VI 355.
27 Kant, *a.a.O.* [Anm. 24] 36, 39.
28 M. Horkheimer/Th. W. Adorno, *Dialektik der Aufklärung*, Amsterdam 1947, 102.
29 Kl., »Rezension von: Anonymus (J. H. v. Gerstenberg), Eden, das ist Betrachtung über das Paradies, Frankfurt 1772«, in: *Allgemeine deutsche Bibliothek*, Bd. 17, 2. Stück, Berlin 1772, 374 ff. Vgl. M. Metzger, *Die Paradieseserzählung*, Bonn 1959; W. Oelmüller, *Die unbefriedigte Aufklärung*, Frankfurt 1969, 227-239.

ganzen Geschlechts gleich.«[30] Doch im Paradies und aus ihm heraus gefallen zu sein, das bedeutet für Herder nicht das glückliche Ende eines kindischen, sondern das unglückliche eines kindlichen Zustandes – und den Anfang eines sklavischen: der erste Mensch ist nun »nicht mehr Kind, sondern Knecht«. Und dann geht's rasch bergab: »Das Kind ist nicht mehr Kind, sondern Philosoph, Metaphysiker, vielleicht bald Bube.«[31]

Als Kant gut ein Jahr nach seinem Aufklärungsaufsatz dieses Thema aufgreift – wiederum in der *Berlinischen Monatsschrift* –, kehrt der »Ausgang« aus der Unmündigkeit wieder als der »Übergang ... aus der Vormundschaft der Natur in den Stand der Freiheit«. Der Sündenfall wird als Emanzipationsakt gesehen, aber nicht so genannt: »Dieser Schritt ist daher zugleich mit der Entlassung ... aus dem Mutterschoße der Natur verbunden.«[32] Mit der Parataxe von aktiv vollzogenem »Schritt« und passiv erfahrener »Entlassung« läßt Kant kunstvoll ungesagt, wer hier Handlungssubjekt ist. Die Natur, als Vormund und als Leibeshöhle aufgefaßt, muß verlassen werden, weil der »Mensch ... sich darin nicht erhalten« kann.[33] Die Struktur des »mutmaßlichen« Anfangs der Geschichte ist identisch mit der inneren Verfassung jener geschichtlichen Totalität, deren stets noch bevorstehendes Ende Mündigkeit heißt. So werden auch diese Parallelisierungen Kants verständlich: »Der Übergang aus dem wilden Zustand in den bürgerlichen, aus dem rohen in den verfeinerten des Geschmacks und der Kunst, aus der Unwissenheit in den aufgeklärten der Wissenschaft, kurz: aus der Unmündigkeit in die Mündigkeit ist der schlimmste.«[34] In den akuten Erfordernissen der Aufklärung manifestiert sich ein dauerndes Problem, nämlich das Hängen zwischen dem Nicht-Mehr naturhafter Geborgenheit und dem Noch-Nicht definitiver kultureller Freiheitssicherung. Der Ausgang aus der Unmündigkeit ist für Kant nicht nur das, worauf es hier und jetzt ankommt, sondern auch das, in dessen

30 J. G. Herder, *Älteste Urkunde des Menschengeschlechts* (1776), *Sämtliche Werke*, hg. v. B. Suphan, Berlin 1877-1899, VII 29.

31 *Ebd.* 32, 35.

32 Kant, *Mutmaßlicher Anfang ...*, *a.a.O.* [Anm. 20] 114 f. Zu Kants Auseinandersetzung mit Herders Schrift vgl. seine Briefe an Hamann vom 6. und 8. April 1774, Akad.-Ausg. X 153-156, 158-161.

33 Kant, *Mutmaßlicher Anfang ...*, *a.a.O.* 122.

34 Kant, *Reflexionen zur Anthropologie*, Akad.-Ausg. XV 621.

Aktualisierung zugleich die mythische Darstellung des anthropologischen Verhältnisses von Natur und Kultur vollzogen wird. Der Begriff ›Mündigkeit‹ dient zwar dem Aufklärer Kant zur Selbstlokalisierung des Subjekts in der Geschichte, aber der in eins damit geleisteten Lokalisierung der Geschichte im Selbstverständnis des Subjekts verdankt die Metapher vom Ausgang aus der Unmündigkeit einen erheblichen Teil ihrer außergewöhnlichen Rezeption.[35]

Die räumlich und zeitlich unmittelbare Antwort auf Kants Appell zur Mündigkeit ist die systematisch bedeutendste geblieben. Sie findet sich in einem Brief aus der Feder Johann Georg Hamanns,[36] verfaßt am 18. Dezember 1784 in Königsberg und adressiert an den Kant und Hamann gemeinsamen Freund und Schüler Christian Jacob Kraus. Zum einen nimmt Hamann Anstoß an dem »vermaledeiten adjecto oder Beiworte: selbstverschuldet«; zum anderen fragt er: »Wer ist der unbestimmte Andere, ... der leidige Vormund?« Kant hatte damit eine Stelle bezeichnet, in die Natur, Monarch, Gott eingesetzt werden können, Instanzen also, die als despotisch erfahren werden, wenn sie nicht rationalen Regelungen unterliegen. Diese Substituierbarkeit nützt Hamann zu der Pointe: Kant selbst ist es! Mit subtiler Ironie unterwirft sich Hamann diesem Vormund: »Auch will ich mir seine Vormundschaft zur Leitung meines eigenen Verstandes, doch *cum grano salis*, gefallen lassen«. Und er gelangt, gerade durch solchen Gehorsam, in seinen Erwägungen über die Frage der Selbstverschuldung zu der kühnen Umkehrung: Die Schuld liegt nicht beim »fälschlich angeklagten Unmündigen«, sondern »in der Blindheit seines Vormundes, der sich selbst für sehend ausgibt.« Hamanns Fazit: »Meine Verklärung der Kantischen Erklärung läuft also darauf hinaus, daß wahre Aufklärung in einem Ausgang des unmündigen Menschen aus einer allerhöchst selbstverschuldeten Vormundschaft bestehe.«

Der Aufklärer als schuldbeladener Vormund: dieser Gedanke kann unmittelbar an die Sündenfall-Deutung Herders anknüpfen, wo es heißt: »Den Menschen, das Vernunfttier, hat die Schlange erzogen, den Menschen, das Gotteskind, bildete Gott.« »Kinder

35 Zum weiteren Kontext dieser Deutung vgl. meine Untersuchung *Die Selbsterhaltung der Vernunft*, Stuttgart 1977.

36 J. G. Hamann, *Briefwechsel*, hg. v. W. Ziesemer/A. Henkel, Wiesbaden 1955 ff., V 289-292.

müßt ihr werden, sagt der zweite Adam.«[37] Hamann schließt seinen Brief mit dem Ausruf: Ich »halt es mit der unmündigen Unschuld. Amen!«[38] Er vertritt hier die asketisch-mystische Tradition des *esprit d'enfance*.[39] Der Ausgang aus der Geborgenheit des kindlichen Zustandes führt in die unendliche Reflexion des Bewußtseins und in die unendliche Progression der Geschichte: das Ziel der Mündigkeit ist immer unendlich weit entfernt. Hamanns Haltung ist durch die Verzweiflung an solcher Unerreichbarkeit bereits hindurchgegangen – eine Haltung freilich, die durch Kants Restriktion von Fortschritt auf Legalität auch bei ihm Raum hat. Gerade die umwegige Verbindung von Legalität und Moralität sichert die Möglichkeit von beidem: den Fortschritt zur Mündigkeit ohne Verzweiflung an seiner Unendlichkeit und die gehorsame Unterwerfung unter das Sittengesetz ohne Preisgabe moralischer Autonomie.

Im Gefolge Kants findet das Begriffspaar ›Mündigkeit‹ und ›Unmündigkeit‹ weiterhin Verwendung in geschichtsphilosophischen und ›gesellschaftskritischen‹ Zusammenhängen. Der Kant-Schüler Johann Heinrich Tieftrunk will den so großen »Schritt des Menschengeschlechts vom Kind ... zur männlichen Reife« in einer »Religion der Mündigen« enden lassen.[40] Der aufklärerische Gedanke einer Erziehung zur Autonomie ist auch bei Theodor Gottlieb v. Hippel mit dem Begriff ›Mündigkeit‹ verbunden: »Gesetze erziehen Menschen und müssen sich, wenn Menschen mündig werden, von Menschen erziehen lassen.«[41] Aber es kommt auch zu Verschärfungen, durch die ›Mündigkeit‹ fast zur Legitimationsformel für revolutionäre Handlungen wird. So bestimmt 1795 Johann Benjamin Erhard Revolution als den Akt, mit dem »sich das Volk durch Gewalt in die Rechte der Mündigkeit« einsetzt. »Insoferne jedes Volk unaufhaltsam seiner Mün-

37 Herder, *a.a.O.* [Anm. 30] 29f.

38 J. G. Hamann, *a.a.O.* [Anm. 36] 292; zur Interpretation des Briefes von Hamann an Kraus vgl. E. Büchsel, »Aufklärung und christliche Freiheit. J. G. Hamann gegen I. Kant«, in: *Neue Zeitschrift für systematische Theologie* 4 (1962) 133-157.

39 Vgl. R. Spaemann, *Reflexion und Spontaneität*, Stuttgart 1963, 138ff.

40 J. H. Tieftrunk, *Tugendlehre, Zweiter Teil*, Halle 1805, 494. Ders., *Die Religion der Mündigen*, Berlin 1799/1800.

41 Anonymus (Th. G. v. Hippel), *Über die bürgerliche Verbesserung der Weiber*, Berlin 1792, 209.

digkeit entgegengeht, insoferne bereiten sich alle Völker zu einer Revolution vor. Es ist aber möglich, daß sich die Verfassungen den verschiedenen Graden von Mündigkeit anpassen und dadurch eine eigentliche Revolution verhüten, so daß alles nach und nach geschieht und unvermerkt die Verfassung ihre richtige moralische Form erhält. So, wie man von dem Volke sagen kann, daß es seine Unmündigkeit verschuldet habe, so kann man auch von der Regierung sagen, daß sie jede Revolution verschuldet habe, weil sie sich nicht der Mündigkeit anpaßte.«[42] Ähnlich bringt auch Paul Johann Anselm von Feuerbach Verständnis dafür auf, daß sich »ein seiner Mündigkeit bewußtes Volk« gegen eine diese Mündigkeit nicht anerkennende Regierung wendet.[43]

Wo zum einen das große Ziel der Mündigkeit nicht als erreichbarer Zustand, sondern nur als Regulativ für die Richtung des Fortschritts erscheint, also »die Lust des unendlichen Progresses als Last des unendlichen Ausbleibens empfunden wird«,[44] und wo zum andern Entlastungsinstanzen wie, noch aufklärerisch, Moralität und Religion oder, schon romantisch, Kunst und Natur ausfallen, da scheint es in der Tat nur zwei Möglichkeiten zu geben: Entweder das, was ist, ist schon das, was sein soll: dies war der Ausweg Hegels; oder es muß hier und jetzt das getan werden, was den definitiven Zustand hervorbringt, einen Zustand totaler Mündigkeit, in dem alle Menschen Brüder sind – mit der selten bemerkten Konsequenz, die Jean Paul 1796 Jesus »mit strömenden Tränen« aussprechen läßt: »Wir sind alle Waisen, ich und ihr, wir sind ohne Vater.«[45] Mit diesem Prospekt nimmt die Romantik Abschied von der ganzen Geschichtsphilosophie, die unter den Titeln ›Emanzipation‹ und ›Mündigkeit‹ konzipiert und propagiert worden war. Mit entsprechend pejorativem Beiklang begegnet dann ›Mündigkeit‹ etwa in der distanzierenden Wendung eines Moritz v. Brabeck: »... so glaubt sich jetzt jeder mündig«,[46]

42 J. B. Erhard, *Über das Recht des Volkes zu einer Revolution*, Jena 1795, 179 ff.

43 P. J. A. Feuerbach, »Über deutsche Freiheit und Vertretung deutscher Völker durch Landstände« (1814), in: Ders., *Kleine Schriften*, Nürnberg 1833, 110 f.

44 O. Marquard, *Schwierigkeiten mit der Geschichtsphilosophie*, Frankfurt 1973, 71.

45 Jean Paul, *Siebenkäs, Werke*, München ³1970, II 273.

46 M. v. Brabeck, »Einige Bemerkungen, dem gesamten Corps der Hil-

oder in Christoph Martin Wielands bitter-ironischem Zitat: »Die Menschheit hat in Europa die Jahre der Mündigkeit erreicht«.[47] Den Grund für eine solche Einschätzung der sich mündig wähnenden Gegenwart hatte Wieland schon 1777 formuliert: »Für das Kind kommt eine Zeit, wo es sich selbst regieren kann, und sofort hört die väterliche Gewalt auf. Für ein Volk gibt's keine solche Zeit in der Natur, je größer, je älter, je aufgeklärter es wird: je unfähiger wird es, sich selbst zu regieren.«[48] Das ist die Inversion der Analogie zwischen dem Wachstum des Kindes und dem Gang der Geschichte.

Gegenüber der so vorbereiteten romantischen Distanzierung verbindet die Hegelsche Rechte (insbesondere Eduard Gans, Friedrich Wilhelm Carové, Karl Rosenkranz) ihr Bemühen, Reform als Explikation dessen zu betreiben, wozu die Mittel in der vernünftigen Realität schon da sind, auch mit den Vorstellungen von Mündigkeit und Unmündigkeit.[49] Dabei finden, wie in der ganzen Zeit des Vormärz, ›Mündigkeit‹ und ›Emanzipation‹ nebeneinander Verwendung – und zwar in zunehmender Häufigkeit.[50] Aber dieser extensive Gebrauch geht schließlich über in eine neue Art der Reflexion: Der Begriff ›Mündigkeit‹ wird nicht mehr nur ›geradehin‹ auf Personen und Gruppen bezogen; vielmehr wird – eine Fortwirkung der romantischen Distanzierung – diese Beziehung mitthematisiert. Dies geschieht bei Max Stirner: »Hier liegt der Unterschied zwischen Selbstbefreiung und Emanzipation (Freisprechung, Freilassung). Wer heutigen Tages ›in der Opposition steht‹, der lechzt und schreit nach Frei-›lassung‹. Die Fürsten sollen ihre Völker für ›mündig erklären‹, d. h. emanzipieren! Betragt Euch als mündig, so seid Ihr's ohne jede Mündigsprechung, und betragt Ihr Euch nicht danach, so seid Ihr's nicht wert, und

desheimischen Ritterschaft in ihrer Versammlung am 20. April 1799 vorgelegt«, in: *Annalen der leidenden Menschheit*, H. 7 (1799) 98; zit. nach K. M. Grass/R. Koselleck, a.a.O. [Anm. 8] 163 Anm. 62.

47 Chr. M. Wieland, *Betrachtungen über die gegenwärtige Lage des Vaterlandes* (1793), Akad.-Ausg. 1. Abt. Bd. xv (1930) 558.

48 Chr. M. Wieland, *Über das göttliche Recht der Obrigkeit* (1777), *Sämtliche Werke* Bd. xxx (1857) 290 f.; zit. nach: K. M. Grass/R. Koselleck, *a.a.O.* [Anm. 8] 162 f.

49 *Die Hegelsche Rechte*, hg. v. H. Lübbe, Stuttgart 1962, 51, 54, 60, 145; vgl. H. Lübbe, *Politische Philosophie in Deutschland*, Basel 1963, 27-82.

50 K. M. Grass/R. Koselleck, *a.a.O.* [Anm. 8] 167 ff.

wäret auch durch Mündigsprechung nimmermehr mündig. Die mündigen Griechen jagten ihre Tyrannen fort, und der mündige Sohn macht sich vom Vater unabhängig. Hätten jene gewartet, bis ihre Tyrannen ihnen die Mündigkeit gnädigst bewilligten: sie konnten lange warten. Den Sohn, der nicht mündig werden will, wirft ein verständiger Vater aus dem Hause und behält das Haus allein; dem Laffen geschieht recht.«[51] In diesem Passus ist die transitive Verwendung von ›Emanzipation‹ kein Anachronismus, sondern Resultat der Reflexion auf den ursprünglichen Begriffsgebrauch.

Die Devise der Mündigkeit wird zum Appell mit Augenzwinkern; das ist forsch, aber nicht sehr ernst. Und wo es ernst wird oder bleibt, kommt ›Mündigkeit‹ nicht mehr vor: Moses Hess und Karl Marx rufen nicht mehr nach Mündigkeit, sondern nur noch nach »Emanzipation« und »Befreiung«. Noch 1848 konnte eine Petition an die Frankfurter Nationalversammlung vom »Stand der Arbeiter« und der »Mündigkeit dieses Standes« sprechen.[52] Eine Klasse aber wird nicht mündig, sie emanzipiert sich. Erneut passen ›Mündigkeit‹ und ›Emanzipation‹ nicht zueinander. Die Gesellschaft ist eben nicht mehr aufgefaßt als eine der unmündigen Kinder, sondern der ausgebeuteten Sklaven. Nicht die vaterlose, sondern die herrschaftsfreie Gesellschaft ist das Ziel. Mit dieser Entlassung aus dem Dienst der Geschichtsphilosophie gerät der Begriff ›Mündigkeit‹ für einen Augenblick selbst in den Zustand, den er bezeichnet.

Diese Entlassung, zusammen mit dem Verlust appellativer Ernsthaftigkeit wegen der durch Reflexion gebrochenen Verwendung, disponiert den Begriff ›Mündigkeit‹ dazu, in den Dienst der Historie zu treten. Mündigkeit ist nun nicht mehr das, was man selbst jetzt will, sondern das, was andere ehedem wollten. So auch bei Stirner: »Die Periode zwischen Reformation und Revolution ist ... die des Verhältnisses zwischen Mündigen und Unmündigen ...«[53] Und ähnlich verläßt Hess nur im historischen Rückblick das Vokabular von Knechtschaft und Emanzipation: Mit der deutschen Philosophie und der französischen Revolution

51 M. Stirner, *Der Einzige und sein Eigentum*, Leipzig 1845, 197f.

52 Zit. nach: E. Bernstein (Hg.), *Dokumente des Sozialismus*, Berlin 1902, I 412.

53 M. Stirner, *Kleinere Schriften*, Treptow bei Berlin ²1914 (Neudruck Stuttgart 1976), 238f.

»entreißen die europäischen Völker ihren Vormündern den Schlüssel« zum Reich der Freiheit.[54] Und ein anderer Zeitgenosse von Marx benutzt die Vorstellung der Mündigkeit ebenso retrospektiv im desengagierten Präteritum: Wilhelm Dilthey. 1870 schreibt er: »Die Mündigkeit des Geistes, welche die Aufklärung erstrebte, erforderte zu ihrer völligen Verwirklichung die Allgemeinheit und Notwendigkeit des sittlichen Gesetzes.«[55] Dilthey verwendet ›Mündigkeit‹ durchgehend als Interpretationskategorie. Mit ›Mündigkeit‹ bezeichneten jene, die nach ihr strebten, ihre eigene Intention. Der verstehende Historiker setzt diesen ›Ausdruck‹ neutralisierend um in einen Begriff zur Beschreibung jenes geschichtlichen Phänomens, dem er entstammt.

Fast ein Jahrhundert lang kommt ›Mündigkeit‹, wenn überhaupt, nur noch unemphatisch vor. Erst nach 1945 gewinnt dieser Begriff einiges von seiner früheren Valenz zurück: Auf der Suche nach dem, was an die Stelle des hinreichend diskreditierten ›Führerprinzips‹ treten könnte, wird »Mündigkeit als Voraussetzung der Demokratie« erkannt.[56] Doch erst ca. zwanzig Jahre später wird ›Mündigkeit‹ in eine neue Verbindung gebracht mit dem Begriff, zu dessen Gunsten sie einst zurücktreten mußte: ›Emanzipation‹. Jürgen Habermas, einer der Protagonisten dieser Wiederverknüpfung, erklärt 1965 programmatisch: »In der Selbstreflexion gelangt eine Erkenntnis um der Erkenntnis willen mit dem Interesse an Mündigkeit zur Deckung.« Das so bestimmte »emanzipatorische Erkenntnisinteresse« gestattet die Antizipation »einer emanzipierten Gesellschaft, die die Mündigkeit ihrer Glieder realisiert hätte.«[57] – Daran, daß seither der »mündige Bürger« zum Schlagwort aufgerückt ist, hat auch die Erziehungswissenschaft beträchtlichen Anteil.

54 M. Hess, *Philosophische und sozialistische Schriften 1837-1850*, hg. v. A. Cornu/W. Mönke, Berlin 1961, 224.

55 W. Dilthey, *Leben Schleiermachers* (1870), *Gesammelte Schriften* XIII/1., Göttingen 1970, 158. Vgl. auch: *Weltanschauung und Analyse des Menschen seit Renaissance und Reformation, Gesammelte Schriften* II, Göttingen ²1957, 90f.; *Der Aufbau der geschichtlichen Welt in den Geisteswissenschaften, Gesammelte Schriften* VII, Stuttgart/Göttingen 1958, 97.

56 W. Weymann-Weyke, »Die Mündigkeit als Voraussetzung der Demokratie«, in: *Die Kirche in der Welt* 7 (1954) 343-346.

57 J. Habermas, »Erkenntnis und Interesse« (1965), in: Ders., *Technik und Wissenschaft als ›Ideologie‹*, Frankfurt 1968, 164.

3. Pädagogische Applikationen

Daß Mündigkeit in der Erziehungswissenschaft zum Thema werden kann und muß, ist in der anthropologisch fundamentalen spannungsvollen Einheit von physischem Überleben und personaler Identität, von naturhaft-biologischer und kulturell-moralischer Selbsterhaltung begründet. Nach Kant sind die Eltern so lange zur Erziehung verpflichtet, bis die »Kinder vermögend sind, sich selbst zu erhalten«, d. h. »bis zur Zeit der Entlassung (*emancipatio*)«.[58] Soweit der *terminus ad quem* für die rechtliche Obligation der Eltern. Dennoch gebraucht Kant in seiner Pädagogik-Vorlesung den Ausdruck ›mündig‹ nur *en passant* und noch dazu im Sinne von *›pubes‹*.[59] Mündigkeit ist also nicht als Ziel erzieherischen Handelns deklariert, und sie scheint es auch in der ganzen ›klassischen‹ Pädagogik nicht zu werden. Schleiermacher verwahrt sich sogar ausdrücklich dagegen: Die Antwort auf die Frage, wie lange die Erziehung dauern soll, also die Lösung des Problems, »das Ende der pädagogischen Wirksamkeit zu bestimmen, ... kann am wenigsten in der Beziehung auf die Mündigkeitserklärung gefunden werden.«[60]

Erst als man nach 1945 Grund genug hat, neu über Sinn und Zweck pädagogischer Bemühungen nachzudenken, tritt »Mündigkeit als Erziehungsziel der neuen Schule«[61] auf und avanciert schließlich zum Dreh- und Angelpunkt einer ›emanzipatorischen Erziehungswissenschaft‹. »Für die Erziehungswissenschaft konstitutiv ist das Prinzip, das besagt, daß Erziehung und Bildung ihren Zweck in der Mündigkeit des Subjekts haben.«[62] So kommt es darauf an, »die im edukativen Vorgang selbst angelegte Tendenz zur Freigabe der Mündigkeit der Subjekte als das leitende Erkenntnisinteresse aufzugreifen.«[63] Der Deutsche Bildungsrat möchte »den Lernenden zu mündigem Denken und Verhalten«

58 Kant, *Die Metaphysik der Sitten, a.a.O.* [Anm. 19] 280f.
59 Kant, *Pädagogik*, hg. v. F. Th. Rink (1803), Akad.-Ausg. IX 498.
60 F. Schleiermacher, *Pädagogische Schriften*, hg. v. E. Weniger, Düsseldorf/München 1957, Bd. 1, 15.
61 Th. Fruhmann, »Mündigkeit als Erziehungsziel der neuen Schule«, in: *Die Pädagogische Provinz* 2 (1948) 257-268.
62 K. Mollenhauer, *Erziehung und Emanzipation*, München ^{6}1973, 9f.
63 H. Blankertz, »Einführung« zu U. Kledzig (Hg.), *Arbeitslehre als Fach*, Hannover 1972, 7-12, hier: 12.

befähigen,[64] ein Kultusministerium ihn »zu einem mündigen Glied unserer Gesellschaft« werden lassen.[65] Nicht gelungen ist es der Erziehungswissenschaft, Mündigkeit rational als Norm zu begründen oder dauerhaft mit Inhalt zu füllen. Die philosophische Untermauerung bleibt formal – wie etwa bei Jürgen Habermas: »Im Bildungsprozeß ist die Mündigkeit der Unmündigen vorweggenommen«; so soll es möglich sein, »unter der Obhut vorgeschossener Mündigkeit mündig zu werden.«[66] Die pädagogische Konkretisierung wirkt mühsam – wie etwa im Versuch, »moralische Mündigkeit als Ergebnis von Lernprozessen« darzustellen.[67]

Dieses theoretische Manko gehört indes zu den Bedingungen, unter denen das Konzept der Mündigkeit seine soziale Funktion als Zielvorstellung zu erfüllen vermag. Der Begriff ›Mündigkeit‹ markiert eine Leerstelle, in die verschiedene Inhalte eintreten und dann doch den gleichen Namen führen können. Ein föderalistisches Bildungssystem, ein normativer Pluralismus und ein beschleunigter sozialer Wandel erzeugen geradezu das Bedürfnis nach einem gesellschaftlichen Deutungsmuster, das es ermöglicht, daß die gleichen Gruppen zu verschiedenen Zeiten oder verschiedene Gruppen zur gleichen Zeit recht Verschiedenes tun und dennoch eben dieses, je für sich und wechselseitig, als das Gleiche ansehen und anerkennen. Wäre das, was Mündigkeit bedeutet, zureichend begründet oder inhaltlich fixiert, so würden Spielräume enger, Konflikte schärfer, Veränderungen schmerzlicher. Deshalb fragt die philosophische Kritik am pädagogischen Begriff ›Mündigkeit‹ nicht primär nach Gründen und Inhalten, sondern analysiert jene Verformungen, denen das Konzept auch in seiner Formalität zugänglich und ausgesetzt ist. Robert Spaemann macht geltend – der Argumentationsfigur nach ähnlich wie Ha-

64 Deutscher Bildungsrat (Hg.), *Strukturplan für das Bildungswesen. Empfehlungen der Bildungskommission*, Stuttgart 1970, 84.

65 *Richtlinien für Hauptschulen des Landes Schleswig-Holstein*, hg. v. Kultusministerium des Landes Schleswig-Holstein, Lübeck/Hamburg 1966, 5.

66 J. Habermas, »Pädagogischer ›Optimismus‹ vor Gericht einer pessimistischen Anthropologie«, in: *Neue Sammlung* 1 (1961) 251-278, hier: 257.

67 H. Roth, *Pädagogische Anthropologie*, Bd. II, Hannover u. a. 1971, 388-400.

mann gegen Kant –, daß die »emanzipatorische Ideologie« Mündigkeit als Ziel eines unendlichen Prozesses auffaßt und so der Rekurs auf diesen Begriff nicht mehr dazu dient, »den Kreis der Mündigen zu erweitern, sondern den Kreis derer, die vorerst als unmündig erklärt werden.«[68] Darin weiß sich Spaemann mit Theodor W. Adorno einig, der trotz seiner »entschiedenen Parteinahme für Erziehung zur Mündigkeit« Dialektiker bleibt und einsieht, daß »in einer Welt wie der heutigen der Appell zur Mündigkeit fast so etwas wie eine Tarnung des allgemeinen Unmündig-gehalten-Werdens sein kann.«[69]

4. Theologische Paradoxien

Die Theologie hat mit der Mündigkeit ihre eigenen Probleme. Mit der in einer *Theologischen Ethik* vorgetragenen Forderung, »daß die Massen, welche sich selbst fühlen und Mündigkeit zu fordern gelernt haben, ... durch die sittliche Idee und so wirklich sittlich mündig werden«, befinden wir uns noch im Fahrwasser Hegels und Schleiermachers: es ist Richard Rothe, der dies 1845/48 postuliert.[70] Dilthey ist der philosophische Autor, der der Theologie eine hundert Jahre überspannende Brücke baut; denn erst der im Gefängnis der Gestapo Dilthey lesende Dietrich Bonhoeffer läßt den Begriff ›Mündigkeit‹ in der Theologie wieder virulent werden.[71] »Man versucht, der mündig gewordenen Welt zu beweisen, daß sie ohne den Vormund ›Gott‹ nicht leben könne.«[72] Dagegen wendet sich Bonhoeffer mit Leidenschaft: »Die mündige Welt ist gottloser und darum vielleicht gerade Gott-näher als die unmündige Welt.«[73] Subjekt der Mündigkeit

68 R. Spaemann, »Autonomie, Mündigkeit, Emanzipation. Zur Ideologisierung von Rechtsbegriffen«, in: *Kontexte* 7 (1971) 94-102, hier: 96.
69 Th. W. Adorno, *Erziehung zur Mündigkeit*, Frankfurt 1970, 143, 153 ff.; vgl. R. Spaemann, *a.a.O.* [Anm. 68] 98.
70 R. Rothe, *Theologische Ethik*, Wittenberg ²1867-1870, IV, 241, 246.
71 Vgl. Chr. Gremmels, »Mündigkeit – Geschichte und Entfaltung eines Begriffs«, in: *Die Mitarbeit* 18 (1969) 360-372; E. Feil, *Die Theologie Dietrich Bonhoeffers*, München/Mainz 1971, 355 ff.
72 D. Bonhoeffer, *Widerstand und Ergebung*, München/Hamburg ⁴1967, 159.
73 *Ebd.* 181.

ist – zum ersten Mal – nicht mehr der Mensch oder die Menschheit, sondern die Welt. Der Begriff ›Mündigkeit‹ fungiert auch hier als Mittel der Selbstlokalisierung und Handlungsorientierung; aber er bezeichnet nicht mehr das Ziel, in dessen Richtung es voranzuschreiten gilt, sondern den in sich selbst geschichtlichen Zustand, der durch einen Schritt in der Geschichte realisiert wurde und den es neu zu interpretieren gilt: die Neuzeit als Epoche, die sich von dem »Vormund ›Gott‹« befreit hat, und die moderne Welt, die ohne Gott »leben kann«, nicht auf göttliche Erhaltung angewiesen, sondern zur Selbsterhaltung fähig ist. Es findet noch einmal ein Versuch statt, einen Sündenfall, jetzt aber den aus dem vermeintlichen Paradies des Mittelalters in die so schwierige Welt der Neuzeit, als Anfang eines Prozesses zu begreifen, in dem man nicht nur als Christ steht, sondern dessen Initiator das Christentum selbst ist: was ursprünglich als Abfall qualifiziert war, wird nunmehr als Konsequenz des Glaubens ausgelegt und so legitimiert. Der Religionsbegriff der dialektischen Theologie ist die Basis, auf der dieser Versuch ruht: ›Religion‹ – im strikten Gegensatz zum wahren ›Glauben‹ – pervertiert den transzendenten Gott zu einem welthaften Vormund, zum Vormund der Welt. Nur indem Gott bleibt, was er war – der weltlose ganz Andere –, wird die Welt zur ›weltlichen Welt‹, zur freien und insofern »mündigen Welt«. Sie ist damit zugleich ›säkularisiert‹. Nach dem Urteil von Jürgen Moltmann hat Bonhoeffers Begriff der »echten Mündigkeit« der Theologie den Blick auf »echte Säkularität und Weltlichkeit« freigegeben.[74]

Ein anderer Dilthey-Leser, Friedrich Gogarten,[75] stützt sich auf denselben Religionsbegriff, aber verwebt den Begriff ›Mündigkeit‹ in einen anderen Kontext. Der Mensch ist nicht mehr wie auch immer ausgezeichneter Teil der »mündigen Welt«, mit ihr und in ihr mündig, sondern er steht der Welt gegenüber – und zwar als von Gott angenommener und ihm gegenüber »mündiger Sohn«;[76] er ist »im Unterschied zum Kind der Mündige und

74 J. Moltmann, »Die Wirklichkeit der Welt und Gottes Gebot nach D. Bonhoeffer«, in: *Die mündige Welt*, Bd. III (1960) 57.

75 F. Gogarten, *Verhängnis und Hoffnung der Neuzeit. Die Säkularisierung als theologisches Problem*, Stuttgart 1953, 145. Ders., *Die Wirklichkeit des Glaubens. Zum Problem des Subjektivismus in der Theologie*, Stuttgart 1957, 18 ff.

76 F. Gogarten, *Verhängnis und Hoffnung der Neuzeit*, a.a.O. 73.

darum Selbständige«.[77] Und es ist Christus, der »die große Wendung von der Zeit der Unmündigkeit zu der der mündigen Sohnschaft« bringt.[78] Nach dieser Wendung und wegen seines durch sie erlangten neuen Status ist der Mensch auch als Erbe dessen eingesetzt, was bislang Gottes Eigentum war. Die Welt geht in die Verfügungsgewalt des mündigen Sohnes über: »Die Zeit der Mündigkeit ist darum gekommen, wenn dem Sohn sein Erbe zur eigenen und freien Verfügung und Verwaltung in die Hand gegeben ist.«[79] Der zunächst wie eine Kontamination zweier Rechtsmetaphern anmutende Zusammenhang von Mündigkeit und Erbschaft, den Gogarten herstellt, erweist sich als unvermeidbar, wenn das, worüber die Rechtssubjekte hier verfügen, die Totalität namens ›Welt‹ ist. Die Singularität dieses ›Gegenstandes‹ schließt die Gleichzeitigkeit einer ›Munt‹ des Vaters und einer ›Selbmündigkeit‹ des Sohnes aus. Das Nacheinander, die Ablösung der Weltherrschaft des Vaters durch die des Sohnes, ist der einzige Weg zur Mündigkeit des letzteren. Mündig werden heißt, die Erbschaft antreten. Das aber impliziert den Tod des Vaters. Und so läuft das Mündig-Werden des Menschen hinaus auf das mythische Muster von Kronos und Zeus: Wer zum *maître et possesseur* der Welt werden will, muß den, der dies vorher war, töten. Gogarten glaubt diesen bedrohlichen, nämlich atheistischen Konsequenzen entgehen zu können, indem er die Sukzession zurücknimmt in eine simultane dialektische Struktur: Die Welt könne auch als Erbe nur weltliche Welt bleiben, wenn sie ständig zugleich als Schöpfung verstanden werde; und der Sohn könne nur Erbe sein, wenn die »mündige Sohnschaft« nicht von dem für sie konstitutiven Korrelat, dem Vater, losgelöst wird.[80]

»Daß Mündigkeit nicht eine Emanzipation der Vernunft bedeutet, sondern daß sie die Mündigkeit des an seinen Vater gebundenen Sohnes ist, hat F. Gogarten sehr tiefsinnig gezeigt.« Mit dieser Bemerkung setzt Helmut Thielicke[81] mühsam-wendig den Versuch fort, den Tod Gottes nicht als Preis der Mündigkeit des

77 *Ebd.* 31.
78 *Ebd.* 50.
79 *Ebd.* 72.
80 *Ebd.* 73 ff. *Die Wirklichkeit des Glaubens, a.a.O.* [Anm. 75] 53-69. Vgl. auch F. Gogarten, *Der Mensch zwischen Gott und Welt*, Heidelberg 1952, 23 ff., 210 ff.
81 H. Thielicke, *Theologische Ethik* II/2, Tübingen 1958, 132 Anm.

Menschen zahlen zu müssen. Thielicke sagt ja zur Mündigkeit, aber nein zur Emanzipation. Doch die Pointe, die er bringt, hat zwei Spitzen. Zum einen versteht er Mündigkeit als Resultat eines Aktes der Befreiung aus Knechtschaft: das hieß bislang Emanzipation, wird nun jedoch nicht mehr so genannt. Und zum andern ist Mündigkeit gerade mit jenem Zustand identisch, der ihr als durch sie überwundener vorausliegen sollte, dem der Kindheit: »Die Erlösung des Menschen zielt also auf seine Mündigkeit ..., sie befreit ihn aus der Knechtschaft zur Kindschaft.«[82] Am Ende steht – Kant und Hamann auf einen Nenner gebracht – das Paradox: »mündige Kindschaft«.[83]

Zu einer ähnlichen Sicht gelangt der späte Karl Barth. Er bezieht sich zunächst kritisch auf die Säkularisierungstheologie von und im Anschluß an Bonhoeffer: »Man redet heute so gern und so viel (zu gern und zu viel) von der Gott gegenüber angeblich mündig gewordenen Welt.« Wichtiger ist indes der »mündig werden sollende Mensch: der mündige Christ und die mündige Christenheit«.[84] Damit, so scheint es, schließt sich Barth theologischen Bestrebungen an, dem gesellschaftlichen und pädagogischen Postulat der Mündigkeit ein innerkirchliches Pendant zur Seite zu stellen: »Der mündige Christ«[85] sollte die ekklesiale Version des ›mündigen Bürgers‹ sein. Doch gibt Barth seiner Akzentverlagerung von der Welt auf das Subjekt eine überraschende argumentative Wendung, in der ›Mündigkeit‹ zu einem welt- und geschichtslosen Begriff wird. Gott hat den Menschen »nicht entmündigt, sondern mündig gesprochen und auch als mündig behandelt«;[86] dem widerspricht es, wenn die Kirche an der »Unsitte der Säuglingstaufe« festhält.[87] Der »unmündige Täufling« kann nicht »mündiger Christ« werden.[88] Auch hier also muß der Übergang von einem Status zum anderen selbsttätig vollzogen werden; mündig sein heißt eben auch: keinen Stellvertreter benötigen, kei-

82 *Ebd.* 241. 83 *Ebd.* 241, 244.

84 K. Barth, *Kirchliche Dogmatik* IV, 4, Zürich 1967, S. X.

85 J. Thomé, *Der mündige Christ*, Frankfurt 1949 (^{2}1968); D. Jäggi, »Von der Mündigkeit in der Kirche«, in: *Anima* 12 (1957) 142-147; W. Trillhaas, *Ethik*, Berlin ^{3}1970, 539; E. Bethge, *Ohnmacht und Mündigkeit*, München 1969; J. B. Metz, *Glaube in Geschichte und Gesellschaft*, Mainz 1977.

86 K. Barth, *a.a.O.* [Anm. 84] 25.

87 *Ebd.* XI. 88 *Ebd.* 204.

nen anderen für sich handeln lassen. Dies ist keine Verflüchtigung der Thematik der Mündigkeit in abseitige sakramententheologische Spezifitäten, sondern ihre Fixierung an der theologisch entscheidenden Stelle. Denn vor allem hier, wo der Glaube anfängt, wo der alles entscheidende Schritt zu tun ist, muß für ein »mündiges Geschöpf« der Grundsatz gelten: »Gehorsam gegen Gott kann nur freier Gehorsam sein.«[89] Im Initialakt des Glaubens und des gläubigen Gehorsams wird Mündigkeit zu einer Qualität, die dem Menschen allein in seiner Beziehung zu Gott zukommt und für die alle anderen Beziehungen nur mögliche Störfaktoren darstellen. Zu Ende gedacht aber ist diese theologische Tendenz in der philosophischen Einsicht, die Odo Marquard formuliert: »Mündigkeit heißt vor allem Einsamkeitsfähigkeit.«[90]

5. Etymologische Kontaminationen

Die ›Munt‹, von der ›Mündigkeit‹ sprachlich abstammt, bedeutet ursprünglich Macht oder Schutz und ist mit dem lateinischen *manus* (Hand) verwandt. Diese Beziehung von ›Munt‹ und Hand ist uns aus Metaphern, die wir verwenden, vertraut: Wer jemanden in der Hand hat, hat Macht über ihn. Und Schutz gewährt, wer seine Hand über einen hält. Insofern schließt sich die Geschichte der Metapher von der machtvollen Hand Gottes oder der starken Hand des Herrschers an die des Begriffs ›Mündigkeit‹ an. – »Morgenstund' hat Gold im Mund«, sagt der Volksmund, jedoch ohne noch zu wissen, daß der Mund hier noch die ›Munt‹ und die ›Munt‹ hier noch die ›Hand‹ ist. Bei der Klangähnlichkeit von ›Munt‹ und ›Mund‹ liegen natürlich Kontaminationen nahe: »Man denkt bei ›mündig‹ an einen Zusammenhang mit ›Mund‹, *os*«, schreiben die Gebrüder Grimm, »und braucht es demgemäß.«[91] So kommt es, daß der Unmündige nicht nur ›schutzlos‹ und ›ohn-mächtig‹ ist, sondern auch sprachlos. Daß die Römer das Kind überdies *infans* nannten – von *in-fans*, d. h. nicht sprechend –, trug weiter dazu bei, den Unmündigen als den zu betrachten, der nicht spricht, nicht sprechen kann oder nicht sprechen darf.

89 *Ebd.* 39, 145.
90 O. Marquard, *Abschied vom Prinzipiellen*, Stuttgart 1981, 18.
91 J. und W. Grimm, *Deutsches Wörterbuch*, Bd. VI, Sp. 2688.

Mündigsprechung bedeutet dann: durch einen ›Machtspruch‹ dem, der bislang ›unmündig‹ schwieg, Sprache verleihen, ihm ›das Wort geben‹. Schon bei Luther ist dieser Zusammenhang da: Gott läßt, so übersetzt er, sein Lob »aus dem Munde der Unmündigen« erschallen. »Die Weisheit öffnete der Stummen Mund und machet der Unmündigen Zungen beredt.« Und Lessing überlegt, ob man Figuren, welche die Dramatiker bislang »nur stumm aufführen, mündig machen könne«.[92] Gott als Schöpfer des Welttheaters und der Autor als Urheber des Bühnenstücks geben ihren Geschöpfen die Mündigkeit, indem sie sie sprechen lassen.

Sobald man den *status naturalis* verlassen hat und nicht länger, wie Kant sagt, »statt der Argumente Schläge« austauscht,[93] wird die Sprache selbst zum Mittel der Machtausübung. Vor Gericht oder in politischen Versammlungen ist Rhetorik gefragt. Und gerade in juridischen Kontexten konvergieren somit Mündigkeit und Sprechenkönnen. Auf die Rolle, die der Mündige als Rechtssubjekt spielt, weist 1827 Wilhelm Traugott Krug hin: »Mündig ist, wer im Vernunft- und Freiheitsgebrauche so weit fortgeschritten, daß er seine Rechte selbst erkennen und ausüben kann, indem er alsdann gleichsam einen rechtlichen Mund hat und also keines anderen als eines rechtlichen Stellvertreters seiner selbst oder keines Vormundes bedarf, wie der Unmündige.«[94] Der Mund ist das Organ und die Sprache das Medium, durch das man seine Rechte geltend macht.

Auch eine der neueren philosophischen Theorien baut auf den Zusammenhang von Mündigkeit und Sprechenkönnen oder spielt doch mit ihm: »Das Interesse an Mündigkeit schwebt nicht bloß vor, es kann a priori eingesehen werden. Das, was uns aus der Natur heraushebt, ist nämlich der einzige Sachverhalt, den wir seiner Natur nach kennen können: die Sprache. Mit ihrer Struktur ist Mündigkeit für uns gesetzt.«[95] So Jürgen Habermas. In der »kommunikativen Kompetenz«, wie das Sprechenkönnen nun heißt, liegt freilich eine Tendenz auf Entmündigung der Mündigkeit zur reinen leiblosen Mündlichkeit. Denn die »ideale Sprech-

92 Die Zitate bei: J. und W. Grimm, *Deutsches Wörterbuch*, Bd. XI, Sp. 1192 f.; die Bibelstellen: *Matthäus* 21,16; *Weisheit* 10,21.

93 Kant, *Handschriftlicher Nachlaß*, XXIII 162.

94 W. T. Krug, *Allgemeines Handwörterbuch der philosophischen Wissenschaften*, Leipzig 1827/29, Bd. 2, 812.

95 J. Habermas, *a.a.O.* [Anm. 57] 163.

situation« duldet weder die ›Hand‹, die eingreift, noch die ›Macht‹, die unterdrückt. »Die Freisetzung des Diskurses von Handlungszwängen« ist unabdingbar, will man ihn als »herrschaftsfreie Diskussion« auszeichnen.[96] Richtig ideal, nämlich rhetorikfrei, wäre eine Sprechsituation erst dann, wenn wir, zu reinen Geistern avanciert, in ihr mit Engelszungen zu reden vermöchten. – Auf dem Fundament etymologischer Kontamination von Hand und Mund bewegt sich noch Arnold Gehlen, wenn er, um wieder die intellektuellen Aufklärer in der Rolle der Vormünder zu zeigen, ihnen vorhält, durch Sprache selbst Macht auszuüben; er, der das Handwerk der Intellektuellen beherrscht wie nur wenige, diffamiert sie gleichwohl als »Mundwerksburschen«.[97]

96 J. Habermas, »Vorbereitende Bemerkungen zu einer Theorie der kommunikativen Kompetenz«, in: J. Habermas/N. Luhmann, *Theorie der Gesellschaft oder Sozialtechnologie*, Frankfurt/Main 1971, 138 ff.

97 A. Gehlen, *Moral und Hypermoral*, Frankfurt/Main 1969, 179.

4.
Glückssuche und Selbstfindung

Wir wissen, daß wir, nach dem Glück fragend, von Kant nur dürftige Antworten, ja fast nur Ausreden zu erwarten haben. Vom Glück, so sagt er, kann sich keiner einen fest bestimmten Begriff machen: es gibt keine inhaltlich gefüllte Vorstellung des Glücks, die dem, der sie jetzt hat, die Gewißheit gäbe, sie auch immer haben zu können. Was heute noch höchste Erfüllung verheißt, kann morgen schon als Illusion durchschaut sein. Schon deshalb, obgleich nicht nur deshalb, kann aus diesem Begriff kein moralisches Gesetz abgeleitet werden; und die Aussicht auf Glück, so schön sie ist, scheidet aus den Bestimmungsgründen moralischen Handelns aus: Ob das, was einer tut, dazu beiträgt, sein Leben zu einem glücklichen Leben zu machen, hat mit der moralischen Qualität seiner Handlung nichts zu tun. Darin besteht ja bekanntlich die Quintessenz von Kants Kritik an der eudämonistischen Ethik.

Auf den Vorhalt, jeder wolle schließlich glücklich werden, ja müsse dies wollen, läßt uns dieser unnachsichtige Kritiker zwar mit einem konzilianten *concedo* aufhorchen. Doch dann baut er vor dem Glück, ja schon vor der bloßen Glückswürdigkeit rigoros das so hohe Hindernis namens Moralität auf. Es ist so hoch, daß wir selbst dann, *wenn* wir es überwunden haben, nicht wissen können, *ob* wir es überwunden haben. Und so steht alles, was dem kategorischen Imperativ folgt, im hypothetischen Konjunktiv: Hinter einem Geschlinge aus Wie-Wenn und Als-Ob und Dann-Müßte erblicken wir, wiewohl nur postuliert, unsere eigene Unsterblichkeit und überdies, erstaunlich genug, einen allmächtigen, moralischen, ja sogar existierenden Gott. Dieser ganze postulatorische Aufwand ist nötig, damit sich zur Tugend doch noch die Erfüllung gesellt, zur Pflicht das Glück.

Doch während uns Kant die Pflicht mit wuchtigem Pathos präsentiert, nimmt sich das, was er übers Glück sagt, recht mickrig aus: es wirkt so auskonstruiert, eingeschachtelt und verklausuliert, daß sich der leise Verdacht einschleicht, hier würde, unter dem Vorwand rationaler Argumentation, nichts anderes betrieben als eine große Ablenkung von dem, wonach zu fragen und worauf zu zielen man so schwer nur verzichten kann. Wird die Frage nach dem Glück von Kant in Überlegungen aufgenommen, deren einziges Ziel die Verfehlung ihres Themas ist?

Dieser Eindruck kann entstehen. Und dies hat seinen Grund in dem komplizierten und kaum noch bedachten Übergang zwischen normativen und hermeneutischen Aussagen, in der schwierigen Verbindung zwischen dem, was wir sollen, und dem, was wir, über das Sollen hinaus, zu bedenken nicht lassen können. Der Versuch, zu begreifen, was es bedeutet, sich als moralisch verpflichtetes Subjekt zu erleben, hängt eng zusammen mit dieser moralischen Verpflichtung selbst und mit der Möglichkeit, ihr nachzukommen. Daher kann die Frage nach dem Glück, die in diese verstehende Selbstbesinnung hineingehört, nicht losgelöst von dem, was moralisch gefordert ist, beantwortet werden. Nie darf die Aussicht auf Glück so als Lohn der Tugend dargestellt werden, daß diese Aussicht handlungsbestimmend wird: da schlüge das hermeneutische Selbstmißverständnis destruktiv auf die Moralität zurück. Die Hermeneutik des Bewußtseins von Subjekten möglicher Moralität hat insofern selbst ›moralischen‹ Ansprüchen zu genügen: sie muß all die Fragen, die über das ›Was soll ich tun?‹ hinausgehen, als in sich sinnvoll aufnehmen und sie so beantworten, daß die Möglichkeit ›guten Handelns‹ dadurch begünstigt, erleichtert, gefördert, zumindest aber nicht beeinträchtigt wird.

Es sind also zwei Erfordernisse, die zu beachten sind, wenn man Kants ›Theorie des Glücks‹ würdigen will: diese Theorie darf der Möglichkeit von Moralität nicht hinderlich sein; und sie muß als authentische Selbstauslegung des moralischen Bewußtseins für die Träger dieses Bewußtseins verstehbar und annehmbar sein. Ich knüpfe mit meinen folgenden Erwägungen vor allem an dieses zweite Erfordernis an. Ich möchte in einer Art ›phänomenologischer Interpretation‹ von Texten Kants einige Strukturen in dem komplexen Gefüge des Lebens beschreiben, Strukturen, von denen her erst sichtbar wird, in welchem Sinn und mit welchem Sinn nach welchem Glück gefragt werden kann. Ich versuche nicht, auf der Ebene rationaler Begrifflichkeit zu rekonstruieren, sondern in jene Dimension des Welt- und Selbsterlebens hineinzufragen, wo die fundamentalen Erfahrungen gemacht werden, die dann den deduktiven und rekursiven Argumentationszusammenhang innervieren. Dessen spezifische Schwierigkeiten werden so zwar nicht gelöst, aber es wird vielleicht verständlich, warum wir sie uns machen.

1. Das Paradies hinter uns

Die theoretische Entfaltung dessen, was an ursprünglichen Einsichten dem Bewußtsein handelnder Subjekte innewohnt, tut gut daran, sich nach dem Leitfaden der Metaphern umzusehen: sie sind die Form, in der das noch nicht zur terminologisch verfaßten Theorie Umgearbeitete schon faßbar und mitunter auch, als Einsprengsel in solcher Theorie, noch faßbar ist. – Zur Metaphorik des Glücks gehört nicht allein die Schau, die Erfüllung, die Sättigung, sondern auch die Szenerie, in der sich der Glückliche wiederfindet. Kant kennt zwei solche Lokalitäten, die er der biblisch-christlichen Tradition entnimmt: das Paradies und – etwas weniger bebildert – das Reich Gottes. Die Frage nach dem Glück scheint etwas damit zu tun zu haben, daß es ebenso leicht ist, aus dem Paradies heraus-, wie es schwer ist, ins Reich Gottes hineinzukommen. Ich beginne also, wie es sich für Philosophen gehört, bei Adam und Eva und gehe mit Kant zurück zum *Mutmaßlichen Anfang der Menschengeschichte.* In der Schrift von 1786, die diesen Titel führt, hat Kant den ersten Sündenfall so paraphrasiert und kommentiert, daß sich daraus erste wichtige Momente für den Zusammenhang ablesen lassen, der hier ins Auge gefaßt werden soll.

Kant versetzt uns als seine Leser dorthin, wo der erste Mensch lebt, nämlich »in einen Garten unter einem jederzeit milden Himmelsstrich«. »Der Instinkt, diese Stimme Gottes, der alle Tiere gehorchen, mußte den Neuling anfänglich allein leiten. Dieser erlaubte ihm einige Dinge zur Nahrung, andere verbot er ihm... Solange der unerfahrene Mensch diesem Rufe der Natur gehorchte, so befand er sich gut dabei.« Doch leider hat es damit nicht schon sein Bewenden. Kant schildert nun weiter, wie dieser Neuling aus der Instinktgebundenheit ausbricht und seine Freiheit entdeckt. Doch die Freude darüber währt nicht lange: »Auf das augenblickliche Wohlgefallen, das ihm dieser bemerkte Vorzug erwecken mochte, mußte doch sofort Angst und Bangigkeit folgen... Er stand gleichsam am Rande eines Abgrundes; denn aus den einzelnen Gegenständen seiner Begierde, die ihm der

Instinkt bisher angewiesen hatte, war ihm eine Unendlichkeit derselben eröffnet, in deren Wahl er sich noch gar nicht zu finden wußte, und aus diesem einmal gekosteten Stande der Freiheit war es ihm gleichwohl jetzt unmöglich, in den der Dienstbarkeit (unter die Herrschaft des Instinkts) zurückzukehren.«[1]

Wer diese Geschichte hört, versteht sie, indem er sich mit dem Sünder identifiziert. Der Hörer muß den Übergang von der heilen zur unheilvollen Realität jetzt mitvollziehen, ja immer schon mitvollzogen haben. Denn nur so sind beide Realitäten sinnvoll miteinander verknüpft. Es gibt sie ja nicht ›an sich‹. Bei der so schwierigen Aufgabe, das Selbstverständliche zu verstehen – unsere Wirklichkeit und uns in ihr –, dienen Paradiese als Kontrastfolien: Das, was ist, soll vor dem imaginativen Hintergrund dessen, was nicht mehr ist, in seiner Eigenart durchsichtig und einsehbar werden. So wiegt uns Kant hinein in eine Idylle voll Geborgenheit und Ruhe und Anmut, doch nur, damit wir die längst gewohnte und so vergessene Härte der wirklichen Wirklichkeit wieder neu und um so härter zu spüren bekommen. Der Zweck des Paradieses ist also, daß in ihm gesündigt wird. Anders gesagt: Paradiese, in denen kein Sündenfall möglich ist, gehören, wenn überhaupt zur Welt, dann zum Zweckwidrigen in ihr.

Doch paradoxerweise muß man auch sagen: Paradiese sind erst möglich, nachdem in ihnen gesündigt worden ist. Das Paradies entsteht durch seinen Verlust. Die Ausstattung dieses Gartens, zu der der Autor den Schöpfer inspiriert, setzt bereits ein erstes versuchsweises Verständnis jenes Zustandes voraus, in den man gerät, wenn man aus dieser Umhegung ausbricht. Insofern fungiert die sündige Welt ihrerseits als Grund, aus dem, und als Hintergrund, vor dem die paradiesische Welt verständlich wird. Kants Beschreibung jenes ersten Zustandes instinktgebundenen Wohlbefindens projiziert daher Späteres auf Früheres zurück – aber so, daß das, woher diese Projektion kommt, selbst als Resultat der Störung oder gar Zerstörung dessen erscheint, wohinein sie gerichtet ist.

Dem Instinkt als der »Stimme Gottes« zu gehorchen, bedeutet zweierlei: Trieb und Befriedigung stehen, erstens, im Verhältnis der Adäquanz und, zweitens, in dem der Unmittelbarkeit: sie passen zueinander und haben nichts zwischen sich. – Die begrenzte Kapazität unserer Organe, der geringe Aktionsradius des

1 *Mutmaßlicher Anfang der Menschengeschichte*, VIII 110-112.

Systems, zu dem sie verbunden sind, und die winzige Spanne dessen, was wir als Gegenwart haben, definieren einen primitiven Erlebnis- und Handlungsrahmen. Adäquanz heißt nun, daß Trieb und Befriedigung diesem engen Leben angemessen sind, daß also nichts begegnet, was nicht auch begehrt wird, und daß alles, was begehrt wird, auch sogleich da ist. Unmittelbarkeit besagt, daß Intentionalität und Erfüllung ein Integral bilden, daß Ausgreifen und Ergreifen zusammenfallen, daß Handeln und Erleben noch nicht auseinandergetreten sind. Solche Indifferenz macht das Paradies zu einem Ort, der nicht nur vor unserer Zeit liegt, sondern in sich durch Vorzeitlichkeit ausgezeichnet ist. Was zwischen einem Früher und einem Später sich erstreckt, ist noch in einen Augenblick, ja in *den* Augenblick zusammengezogen, eingefaßt in eine Gegenwart ohne Vergangenheit und ohne Zukunft: eine zeitlose Gegenwart.

Die erste Sünde sprengt diese Geborgenheit, diese Eingepaßtheit eines unschuldigen Wesens in eine heile Natur. Es erschließt sich eine Unendlichkeit möglicher Gegenstände der Begierde. Die Grenzenlosigkeit des Aneignungsstrebens und die Überfülle der Möglichkeiten finden nun aber nicht einfach zueinander. Wer alles will und wem alles möglich ist, der vermag dennoch nur wenig auch wirklich zu ergreifen. Restringiert, wie bisher, ist seine Kapazität, eng, wie bisher, sein Aktionsradius, schmal, wie bisher, der Bereich, in dem die Begierde ihren Genuß, die Intentionalität ihre Erfüllung zu finden vermag. Jetzt erst, nach der Destruktion der von Gott despotisch verfügten und gnädig gewährten Adäquanz, wird die Enge als eng erfahrbar. Zugleich mit dem Bewußtsein von ihr entsteht das Bewußtsein welthafter Kontingenz. Was mir begegnet, steht in einem Horizont anderer Möglichkeiten. ›Warum trifft mich gerade dieses und nicht jenes?‹ Auf diese Frage weiß der Anfänger hier noch keine Antwort: ein Grund, warum er hier nicht stehenbleiben kann. Aber wie kann er weitergehen, wie kann es weitergehen?

Ohne jene Enge seines Fassungsvermögens, ohne die Restriktion seiner Kapazität wäre Adam ja aus dem Paradies direkt in den Himmel gefallen, wäre geworden wie Gott: *sicut Deus.* So aber, mit diesem Relikt aus seiner eigenen Vorzeit, muß er an den Rand der Verzweiflung geraten: Wie winzig ist doch die Chance, den Hiatus zwischen seiner großen Begierde und dem vielen Begehrten zu mildern. Zu seinem Glück aber ist mit der providentiellen

Adäquanz auch die vorzeitliche Unmittelbarkeit aufgebrochen. Es hat sich eine Distanz zwischen Haben-Wollen und Genuß geschoben. In dieser Differenzierung konstituieren sie sich allererst als selbständige Größen und werden explizit aufeinander beziehbar. Diese Distanz besagt, daß das bereits Ergriffene nicht *eo ipso* verzehrt ist, sondern als Mittel zwischen einer weiteren Begierde und ihrem Gegenstand fungieren kann; und daß der so erreichte Gegenstand seinerseits als mögliches Mittel für weitere Zwecke zu dienen vermag. Diese Distanz bedeutet dann auch, daß nicht das erste beste genommen wird, sondern daß man sich nach dem zweiten besseren und schließlich nach dem Letzten und Besten, dem höchsten Gut umsehen kann. Und es entsteht, zugleich mit dem Zweck-Mittel-Schema, Zeitlichkeit als die Form, in welcher *gegenwärtige* Mittel Mittel für *zukünftige* Zwecke sein können. Es lassen sich nun die beiden Unendlichkeiten, die des Haben-Wollens und die des Möglichen – sie mögen Pleonexie und Komplexität genannt werden –, so auf das aus dem Bruch der Unmittelbarkeit gewonnene Schema hin organisieren, daß möglichst viel Erfüllung in möglichst kurzer Zeit realisiert wird. Der Prozeß dieser Organisation heißt Geschichte, deren mutmaßlichen Anfang Kant ja aufzuhellen unternommen hatte.

Der auf den Sündenfall folgende, durch ihn in seiner Eigenart bestimmte Zustand, unser Zustand, ist also wesentlich instabil. Er enthält selbst die Prinzipien für den Übergang zu einem anderen Zustand, der sich dadurch auszeichnet, daß wir in ihm augenblicklich für immer alles haben, was wir wollen. Dies ist nicht Rückkehr ins Paradies, aber seine Wiederherstellung unter Bedingungen verlorener Adäquanz, ein Paradies höherer Ordnung, ein Paradies, in dem kein Sündenfall mehr möglich ist. Unüberschaubar ist die Vielfalt der Varianten, diesen Übergang sorgfältig vorzubereiten oder gewaltsam zu vollziehen; das reicht von der totalen Mittelbarkeit einer Askese, die im Verzicht auf alles das einzige Mittel erblickt, diesen letzten Zweck zu erreichen, bis hin zur totalen Unmittelbarkeit des Weltgenusses: wer alles, was Mittel sein könnte, sogleich als Zweck realisiert und konsumiert, dem wird sein Leben, wenn es denn noch eines ist, zu einer gedächtnislosen Folge isolierter Glückspunkte, deren jeder einzelne auch das Maximum momentan möglicher Erfüllung enthält. Irgendwo in dem weiten Feld zwischen diesen beiden Extremen von Askese und Genuß, von absoluter Mittelbarkeit und hemmungsloser Un-

mittelbarkeit, pflegen wir uns zu bewegen. Wir schwanken bald hierhin, bald dorthin, weil wir, was richtig ist, gar nicht wissen.
Das aus theologischen und metaphysischen Zusammenhängen vertraute Paradigma für den unüberbietbaren und endgültigen Status totaler Erfüllung ist der Gedanke einer *visio beatifica,* einer Anschauung Gottes. Das *ens summum* ist dabei derjenige Zweck, in dem alle Zwecke ihren Zusammenhalt finden und aus dem sie ihren Sinn schöpfen. Freilich auch der Zweck, vor dem alles andere zum Mittel erblaßt und auf seine Hinführungsfunktion reduziert wird. Der anschauende Besitz und Genuß dieses Wesens ist das Telos, in dem alle Potentialität aktualisiert, alle Weltkontingenz aufgehoben, alle Intentionalität erfüllt ist.

Nach diesem ersten Gedankengang vom einfachen Glück der paradiesischen Existenz bis zum großen Glück der totalen Erfüllung ist es vielleicht an der Zeit, ein wenig zu verweilen und zurückzublicken auf den theoretischen Status dieses Weges. Denn ich will hier nicht Theologie in den Kapiteln Protologie und Eschatologie vortragen, sondern, Kant folgend, den Mythos vom Sündenfall zu begreifen versuchen als symbolische Figuration und Inszenierung einer nicht adäquat objektivierbaren Erfahrung, die wir handelnd mit uns selbst machen. Ein Mythos, der erzählt, wie das, was ist, geworden ist, stellt ja nicht den wirklichen oder möglichen oder auch nur mutmaßlichen Anfang der Geschichte dar. Der Glaube, er sei dies, mag eine Bedingung seines Funktionierens sein, seine Funktion selbst liegt dagegen in der wie auch immer unzulänglichen Interpretation dessen, was wir eigentlich tun, wenn wir etwas tun.
Der Mythos ist die Erzählung, die den Sinn des Rituals, das wir Handlung nennen, zur Darstellung bringt. Hier wird also nicht erklärt, wie die Geschichte entstanden ist, in die wir, nachdem sie schon lange so zugeht, hineingesetzt werden, um kurz darauf wieder abzutreten; vielmehr wird verständlich gemacht, wie das Handeln seiner inneren Verfassung nach dazu kommt, nicht in isolierten Akten sich zu vollziehen, sondern in ganzen Serien solcher Akte und in der Verflechtung solcher Serien und in der institutionellen Stabilisierung solcher Verflechtungen; und es wird weiter verständlich gemacht, wie es dazu kommt, daß diese Serien, der Idee nach, in einem ›Endzweck‹, einem Telos zusammenhängen. Der Gedanke, daß ›die Geschichte‹ ein Ziel hat, ist

natürlich irreal und unrealistisch – und doch so sinnlos nicht, wie manche, die sich für Realisten halten, uns glauben machen wollen. Es gehört vielmehr zum Sinn der einzelnen Handlung, durch andere Handlungen auf ein solches Telos bezogen und durch dieses Telos mit anderen Handlungen verbunden zu sein zur Einheit dessen, was man Leben nennt. Lebend aber handeln wir nicht in einer schon fertigen Zeit auf ein Ziel hin, sondern erzeugen wir im Handeln die Zeit als Horizont, in den hinein die Handlungsbewegung sich vollzieht, und das Ziel als das, worin sie zur Ruhe kommt. Jede Handlung spannt diesen Bogen der Geschichte neu auf – als ihre eigene immanente Struktur und in eins damit als jene Totalität, die sie begründet, um sich ihr einzufügen.
Aus dieser Konfiguration wird auch deutlich, daß die mythische Darstellung des Schritts aus der paradiesischen in die wirkliche Welt nicht allein dem wechselseitigen Kontrast dieser Welten dient. Unsere Wirklichkeit – die der Abundanz der Möglichkeiten – bildet mit der, die wir verloren haben, eine Opposition, aus der heraus wir begreifen können, warum wir gerade so und nicht anders in unserer Wirklichkeit leben, warum in ihr gerade dieser und kein anderer Prozeß abläuft. Jedes Moment an diesem Prozeß vom einfachen Glück des Anfangs zum unendlichen Glück des Endes trägt diese Opposition als ihr Konstitutionsprinzip in sich – auch und gerade dann, wenn es faktisch von diesem Prozeß nur mißlungene Ansätze und verstreute Fragmente gibt.

2. Zwischen Fremderhaltung und Selbstvernichtung

Ich kann es nun leider nicht mehr länger hinauszögern, dem weniger erfreulichen Aspekt dieses Endes einige Aufmerksamkeit zu widmen. Als Kantinterpret muß ich *nolens volens* fragen: Wie kommt es denn, daß wir, kaum dem Paradies entschlüpft, Aktivitäten entfalten, die identisch sind mit jenen, die Kant aus dem »Hang zum Bösen« entspringen läßt? Wie hängt das finale Glücksstreben mit jenem natürlichen Hang zusammen? Was hat die Tendenz zur Anschauung Gottes mit der Inklination zum Bösen zu tun?
Daß das Glück in der anschauenden Erkenntnis liegt, ist im Begriff der *visio beatifica* deutlich genug ausgesprochen. Erkenntnis aber folgt der alten Regel: Gleiches wird durch Gleiches erkannt:

similia similibus cognoscuntur. Die Scholastik hat dies in die treffende Formel gegossen, daß, wer erkennt, auch *ist,* was er erkennt: »Intellectus in actu est intellectum in actu.«[2] Diese Konzeption aber bringt Schwierigkeiten mit sich. Leicht zu erkennen sind sie an Fragen wie diesen: Wie kann ein Subjekt erkennen, ohne zum Objekt zu werden? Wie können wir Gegenstände haben, ohne uns zu Gegenständen zu machen? Wie ist Besitz ohne Entäußerung möglich, wie Weltbezug ohne Selbstverlust?

Angesichts einer fertigen Welt mit fertigen Dingen muß das Subjekt, will es bleiben, was es ist, sich in seine Fensterlosigkeit verschließen; es muß, um seiner Identität willen, sich einspinnen in eine Einsamkeit, in die ein Universum hineingespiegelt sein mag, aber nichts von Angesicht zu Angesicht gesehen wird. Es genügt nun ein einziger aus Langeweile oder Sehnsucht oder Neugier geborener Blick: sobald er die ›sich in sich verhausende Subjektivität‹ verläßt, zieht er das, woher er kommt, nach außen. Objekterkenntnis ist Selbstentäußerung, und je besser, desto mehr: »Je mehr man außer sich ist«, sagt Kant, »desto besser beschaut man das Objekt.«[3]

Soll nicht das Subjekt leiden – sei es einsam in sich, sei es verloren außer sich –, so muß die Welt leiden: ihr An-sich verliert die Identität mit ihrem Für-uns. Die Dinge an sich sind nicht die Erscheinungen selbst. Indem die Welt ihre Identität verliert, bewahrt das Ich die seine. Die Erhaltung des Selbst gibt das Verfahren an, das Mannigfaltige, als welches uns jenes An-sich affiziert, so zu bändigen und zu verbinden, daß als Resultat dieser Verbindung der Erfahrungsgegenstand entsteht. Die spontane Synthesis des Mannigfaltigen zu einem Zusammenhang namens Gegenstand macht Selbsterhaltung trotz Weltbezug möglich. Mannigfaltiges, dem sich das Bewußtsein hingibt, ohne es zu verbinden, oder – was dasselbe ist – dem es sich öffnet, ohne es zu formen, das undomestizierte Mannigfaltige also macht das Bewußtsein selbst mannigfaltig und so identisch mit dem, was es nicht ist. Ohne Synthesis gilt: Wo Ich war, muß Es werden. Das Ich löst sich auf in eine große Indifferenz. Ich würde, so formuliert Kant diese Befürchtung, »ein so vielfärbiges verschiedenes Selbst haben, als ich Vorstellungen habe, deren ich mir bewußt bin«.[4]

2 Thomas von Aquin, *Summa theologica,* I, qu. 87, art. I ad 3.
3 *Handschriftlicher Nachlaß,* XV 664.
4 *Kritik der reinen Vernunft* B 134, III 110.

Überträgt man dies auf den Zustand höchster Glücksfülle, also auf die *visio Dei*, so muß man sagen: Der Gewinn des Glücks ist zugleich der Verlust des Selbst, die Aneignung von Totalität selbstdestruktive Übereignung an sie. In der Anschauung Gottes – und meist nur Mystiker haben dies so deutlich zu sagen gewagt – ereignet sich die Selbstvernichtung. Das Ich, so lauten die hier nötigen Metaphern, erblindet im überhellen Licht, zerschmilzt in der göttlichen Glut, versinkt in den unauslotbaren Tiefen der Gottheit. Selbstverlust ist jene Gefahr, von der her das den Moralisten so gegenwärtige Verfallensein des Subjekts an die Welt, die Zerstreuung in ihrer bunten Heiterkeit und Hinfälligkeit, sich zusammenschließt mit der Hinwendung zu dem, worin alles zur Ruhe kommt. Die Suche nach Glück und der Hang zum Bösen sind ein und dasselbe: eine Neigung zur Selbstvernichtung. Das totale Glück – ob diesseits oder jenseits gesucht – zerstört das Selbst, sei es durch Zersplitterung in eine unendliche Mannigfaltigkeit oder durch Verschmelzung in die absolute Einheit.
Das Glück der Anschauung Gottes ist abgründig, besteht es doch »im Bewußtsein, sich in den Abgrund der Gottheit durch das Zusammenfließen mit derselben und also durch Vernichtung seiner Persönlichkeit verschlungen zu fühlen.« Kant zögert nicht, gleich die pantheistische »Resorption« der Einzelseelen in die Gottheit als das vollkommene Äquivalent hinzuzusetzen, und fährt dann fort: »Alles lediglich darum, damit die Menschen sich endlich doch einer ewigen Ruhe zu erfreuen haben möchten, welche denn ihr vermeintes seliges Ende aller Dinge ausmacht; eigentlich ein Begriff, mit dem ihnen zugleich der Verstand ausgeht und alles Denken selbst ein Ende hat.«[5]

Am Leitfaden der Metapher vom »Abgrund der Gottheit« führt uns Kant zurück zu jener Erfahrung, die der erste Sünder durch seine Sünde mit sich selbst macht. Er steht, so hatte Kant gesagt, voll »Angst und Bangigkeit ... am Rande eines Abgrunds«. Wir haben ›zunächst‹ gesehen, was da ›zumeist‹ geschieht: das Sich-Verlegen des Selbst in das Andere und seine Vernichtung in ihm. Die Angst aber antizipiert dieses Ende in einem »horror annihilationis«.[6] Angst haben heißt zurückzucken. Und doch kann dieses anfängliche Zurückschrecken nicht zur ersten Phase eines Sich-

5 *Das Ende aller Dinge*, VIII 335.
6 *Opus postumum*, XXI 519.

Zurückziehens in die Geborgenheit des Gartens werden. Wer einmal die Freiheit gekostet hat, kann nicht mehr zurückkehren in den Schutz, den der Instinkt als die »Stimme Gottes« bislang gewährt hatte, in die soeben erst verlassene Unmündigkeit: »Nichts kann aber, wenn ich vorher frei war, mir einen gräßlicheren Prospekt von Gram und Verzweiflung eröffnen, als daß künftighin mein Zustand nicht in meinen, sondern in eines anderen Willen soll gelegt sein.«[7]

Wer das Paradies verlassen hat – und wer wollte schon behaupten, er sei noch darin –, der hängt fest. Wo er war, wurde er, obschon unfrei, beschützt und erhalten; wo er hin will, wird er, nunmehr frei, sich selbst verlieren. Adam – zu deutsch: der Mensch – hängt dazwischen: zwischen der Erhaltung seiner selbst durch einen anderen und der Vernichtung seiner selbst durch sich selbst; er hat, wie wir alle, hinter sich die Verzweiflung der Abhängigkeit von einem Fremden, vor sich die Selbstverlorenheit in diesem. So eingespannt zwischen Fremderhaltung und Selbstvernichtung, kann er nicht vor und nicht zurück, weiß er weder ein noch aus.

Nun wissen wir, was da zu geschehen pflegt: wer nicht nach vorne kann und nicht nach hinten, der geht in sich. Ob ihn das auch voran bringt, ist ungewiß; doch dieser ›kritische Weg ist allein noch offen‹. Im Vorgriff voll »Angst und Bangigkeit« hat sich dem, der da in sich geht, das Bewußtsein der Möglichkeit seines eigenen Nichtseins erschlossen. Es besagt nicht nur: ›Ich könnte mich selbst vernichten‹, sondern in eins damit: ›Es ist nicht notwendig, daß ich existiere‹.[8] Das Ich gewinnt das Bewußtsein seiner eigenen Kontingenz. Wer im Paradies und aus ihm heraus gefallen ist, erfährt Weltkontingenz *und* Selbstkontingenz. Er blickt um sich und fragt: ›Warum trifft mich gerade dieses und nicht jenes?‹ Und er blickt auf sich und will wissen: ›Warum trifft es gerade mich und nicht einen anderen – nämlich mit der Zumutung, leben zu müssen?‹

Die Kontingenz der Welt erfahren wir nicht nur zugleich mit der Kontingenz des Ich, sondern wir können uns auf jene stürzen, um diese zu vergessen. Wir können mit der Möglichkeit des eigenen Nichtseins fertig werden, indem wir diese Möglichkeit reali-

7 *Handschriftlicher Nachlaß*, XX 92 f.

8 Kants Formulierung: »Es ist nicht notwendig, daß wir existieren« (*Handschriftlicher Nachlaß*, XIX 644).

sieren in jenem glücksüchtigen Suizid, der aus dem Insgesamt unserer Handlungen der Weltbemächtigung besteht. Aber wie wir, nach vorne blickend, vor diesem Schritt zurückschrecken, ohne den Hang, ihn zu tun, loswerden zu können, so vermögen wir uns auch nicht restlos abzulösen von jener hinter uns liegenden Abhängigkeit, in die wir doch nur um den Preis der Verzweiflung zurückkehren könnten.

Wir sind also gleichsam von hinten noch gehalten – erhalten und festgehalten –, sind noch abhängig von dem, worüber wir nicht zu verfügen vermögen. Unser Leben ist ganz unser eigenes und doch nur partiell von uns selbst vollzogen. Ich bin stets mehr als das, was ich kraft meiner Selbsttätigkeit bin. Weder das materielle Substrat, vermöge dessen ich als Ding im Raum vorkomme, noch die physiologischen Funktionen, die dieses Ding zum Organismus machen, existieren als Resultate meiner intentionalen Aktivität. Doch diese naturhafte Abhängigkeit ist nur der empirische Aspekt einer ›ontologischen‹. Nicht nur in dem, *was* ich bin, sondern auch darin, *daß* ich bin, weiß ich mich abhängig.

Der erste Schritt, den wir tun, führt aus dem Paradies heraus und, aus »Angst«, in uns selbst hinein. Aber der Befreite geht nicht nur in sich, um die Erfahrung der Kontingenz seiner selbst und der Abhängigkeit von einem anderen zu machen; vielmehr hat er, wenn er vor der Flucht in die Welt zurückschreckt, die Prätention zu intentionaler Selbstdurchdringung: Abhängigkeit durch Selbständigkeit zu ersetzen; auch noch die physischen und organischen Funktionen, ja die Existenz selbst als Leistungen seiner selbst zu erbringen. Nur wer restlos sich selbst erhält, ist dem Paradies gänzlich entronnen.

Doch wir sind weder hier noch dort, sondern im Übergang. Das ist die eigentümliche Selbstentfremdung eines Wesens, das nicht mehr ganz festsitzt und noch nicht ganz freigekommen ist. Zusammengehalten wird dieses Übergangs-Selbst in und trotz seiner Entfremdung durch eben diesen Übergang: Er konstituiert, als Intentionalität, eine Minimal-Identität, eine prätendierte Einheit. Sie verhindert, daß das eine Subjekt in zwei einander fremde Wesen zerfällt: in ein *ens ab alio* und ein *ens a se*. Der Übergang zwischen beiden, den wir vollziehen und der wir sind, macht die zwei beschriebenen Phänomene verständlich: zum einen, daß das intentionale Ich fähig und willens ist, den nicht selbstgeleisteten Erhaltungsvollzug mit dem selbstgeleisteten zur Einheit eines Lebens zu verbinden; und zum andern, daß durch diese Aneignung fremder Leistung und über sie hinaus der Anspruch entsteht, das Angeeignete zum Resultat unserer Selbsttätigkeit zu machen: Prätention auf Autonomie und Autarkie. ›Wo Es war, soll Ich werden.‹

Dies also ist der *terminus ad quem* jener intentionalen Bewegung, die in das hineinführt, was Kant »die Tiefe des Herzens« nennt[9]: die Erhaltung meiner selbst durch ein *je ne sais quoi* ist abgelöst durch Eigenleistung, durch Selbsterhaltung. In diesem Limes ist nichts intentional umfaßt, was nicht auch Leistung dieser Intentionalität ist; er markiert, als Grenzwert, einen Zustand, in den keine äußere Macht ein Moment von Passivität hineintragen kann und den kein innerer Widerstreit in heterogene Vollzüge aufzuspalten droht. Selbsttätigkeit und Identität, Spontaneität und Konsistenz: sie definieren diesen Zustand reinster Selbsterhaltung als den der Moralität. Moralisch sein heißt, sich selbst erhalten.

Wenn man, trotz des Wortlauts, »Selbsterkenntnis« nicht als theoretische Introspektion auffaßt, sondern als intentionale Selbstdurchdringung und autonome Selbstverfügung, dann begreift man den eigentümlichen Satz, den Kant sich notiert: »Nur die Höllenfahrt der Selbsterkenntnis bahnt den Weg zur Vergötterung.«[10] Das in seinem Innersten angekommene Ich ist eines, das in sich und durch sich ist und durch sich selbst ›erkannt‹, d. h. intentional ›durchwaltet‹ ist: *quod in se et per se est et per se cognoscitur.* Dieses Ich ist zu einem Absoluten geworden – ohne mit *dem* Absoluten identisch zu sein. Ein Absolutes, das nicht ewig ist, aber doch unsterblich; das sich nicht selbst erzeugt hat, aber sich selbst im Sein zu halten vermag. Unwiderruflich der Gefahr der Verzweiflung entronnen, ist es nicht glücklich, aber mit der eigenen, in sich gerundeten und sich selbst tragenden Existenz zufrieden.

Solch »negatives Wohlgefallen«[11] an der Absolutheit entspringt nicht der totalen Verfügung über alles, sondern der autarken Unabhängigkeit von allem. Nur dann, wenn Absolutheit durch Moralität und nicht durch Omnipotenz, durch Selbsterhaltung und nicht durch Weltbemächtigung bestimmt ist, kann es mehr als nur

9 *Die Religion innerhalb der Grenzen der bloßen Vernunft*, VI 51.

10 *Die Metaphysik der Sitten*, VI 441; *Handschriftlicher Nachlaß*, XXIII 342.

11 *Kritik der praktischen Vernunft*, V 118.

ein absolutes Subjekt geben; das allmächtige aber – wenn es denn eines gibt – muß selbst moralisch sein: »Man kann sich nur aus seinen moralischen Begriffen und Grundsätzen einen Gott machen, dessen Willen diese sind. Keinem anderen Leitfaden soll man folgen, wenn es aufs Heil der Seelen ankommt.«[12] Gott hat zwar alle Macht, aber er kann sie, wenn er Gott bleiben will, nur nach moralischen Gesetzen ausüben.

Daß uns dieser Gedanke nicht noch weiter ins Abseits lockt, als wir vielleicht ohnehin schon gegangen sind, läßt sich rasch dartun. Daß ich bin und was ich bin, ist, wie wir gesehen haben, von Anfang an nur *partiell* Resultat meiner Selbsttätigkeit. Wer oder was aber besorgt den Rest? Da man über das, was uns festhält und erhält, über das Woher dieses uns geschenkten und aufgedrängten Vollzugs introspektiv gar nichts ausmachen kann – allenfalls helfen da Mythen –, ist es sinnvoll, mit dem Schlimmsten zu rechnen und das Beste daraus zu machen. Nehmen wir an, es sei ein allmächtiger Gott: schlimmer kann's nicht kommen. Und zeigen wir dann, daß er, was er ist, nur sein kann, wenn er zugleich gut ist, moralisch ist. Wenn dem so ist, dann ist Gott in seinem *concursus* auf Vollzüge ›verpflichtet‹, die meine eigenen sein könnten und die ich deshalb prätentiös zu meinem integrierten Gesamt-Ich rechnen kann.

Die Ankunft des Subjekts in der unergründlichen Tiefe seiner selbst ist offenbar nichts anderes als der Eintritt in das, was Kant »Reich Gottes« nennt. Hier, wo Moralität *qua* Selbsterhaltung wirklich ist, hört die Geschichte auf, die im Paradies begonnen hat. Wir ziehen nicht aus unserer vorzeitlichen Heimat der Unmittelbarkeit und Adäquanz aus, um im Selbstverlust eine Welt zu gewinnen; vielmehr stabilisieren wir einzig und allein diese Losgelöstheit. Nicht in der selbstdestruktiven Weltsucht liegt der Sinn unseres Übergangs, sondern in der Gründung einer neuen dauerhaften Existenz, in dem Beginn einer endgültigen »neuen Epoche«, im »Anziehen des neuen Menschen«.[13]

Diese Erwägungen, so theologisch und metaphysisch sie klingen mögen, sind doch nichts anderes als Versuche, den innersten Sinn dessen, was wir Handlung nennen, zur Darstellung zu bringen. Jede Handlung, zu der wir je jetzt ansetzen, kann und soll die sein, die uns aus der Abhängigkeit des Paradieses in die Freiheit

12 *Handschriftlicher Nachlaß*, XXIII 342.

13 *Die Religion innerhalb der Grenzen der bloßen Vernunft*, VI 74.

der Selbsterhaltung bringt, aus der Vorzeitlichkeit in die Unsterblichkeit. Genügt sie diesem Anspruch – wir können dessen freilich nie sicher sein –, so bezieht sie sich eben dadurch auf alle anderen möglichen Handlungen, die ihm auch genügen. Sie alle schließen sich zusammen zur Einheit eines Lebens, ja zur Einheit jedes möglichen Lebens; sie alle tragen in sich das Prinzip, das ihnen Kontinuität sichert trotz der Spontaneität des ständigen Neubeginns. Die unendliche Reihe solcher Handlungen ist, in ihrer Totalität, ein vollkommenes Äquivalent jenes einzigen Übergangs zur Selbsterhaltung: und so sagt Kant denn auch, daß man den alten Menschen »kontinuierlich auszieht«.[14] Jede moralische Handlung erzeugt die Einheit von Spontaneität und Konsistenz als ihre eigene immanente Struktur und in eins damit als Struktur jener lebensgeschichtlichen Totalität, die sie begründet und der sie, indem sie dies tut, sich auch einfügt.

Vergessen wir aber nicht: Alles, was hier im Indikativ beschrieben wird, hat einen konjunktivischen, analogischen, zuletzt wohl gar änigmatischen Sinn. Das sind nicht einfach theologische Wahrheiten oder metaphysische Spekulationen, sondern Versuche, das, was im Bewußtsein von Subjekten möglicher Moralität impliziert ist, auszulegen, zu entfalten und auf jene mythischen Muster zu beziehen, in denen diese Auslegung sich lange schon vollzogen hat.

3. Leiblichkeit als Glücksbedingung

Der ›dogmatische‹ Ausgriff auf das eudämonistische Ziel der Anschauung Gottes hat in die Selbstvernichtung hineingeführt. Das ›skeptische‹ Zurückzucken vor dieser Konsequenz teleologischer Handlungsführung hätte nur um den Preis der Verzweiflung eine Rückkehr in die alte Abhängigkeit einleiten können. So blieb nur der ›kritische‹ Ausweg nach innen. Es war der Weg in die Selbsterhaltung, in die Absolutheit eines Wesens, das Glied im »Reiche Gottes« zu sein vermag. – Wie aber verhalten sich beide Gestalten der Intentionalität zueinander: der finale Ausgriff auf das Andere und der durchdringende Rückgang ins Selbst? Wie verhalten sich Finalität und Moralität, Teleologie und Selbsterhaltung? Ist die selbstbezügliche Aktivität identisch mit jenem zielgerichteten

14 *Ebd.*, VI 75.

Streben, nur daß sich dieses jetzt, da alle anderen Wege versperrt sind – »Angst und Bangigkeit« –, nach innen wendet? Ist Selbsterhaltung Introversion der Teleologie, »Inversion der Teleologie«?[15]

Für den *context of discovery* mag das zutreffen. Es gibt ja historisch-soziale Situationen, in denen die bislang angestrebten oder doch anstrebbaren Ziele verblassen, sich auflösen, illusionär werden. Wer in einer solchen Situation lebt, mag das In-Sich-Gehen als andere Fortsetzung jenes Vollzugs begreifen, der bisher zielhaft orientiert, auf Zwecke ausgerichtet war. Doch daß es bestimmte Umstände sind, unter denen etwas auffällig wird, konkrete Bedingungen, unter denen wir etwas erstmals bemerken, darf uns nicht dazu verleiten, das so Bemerkte und Verstandene als nur dieser Situation zugehörig zu begreifen. Wenn Selbsterhaltung entdeckt wird, wo Zweckbindung verloren geht, so heißt das nicht, daß die eine an die Stelle der anderen tritt – obschon es in der empirischen Selbsterfahrung der welterlebenden Subjekte so ausgelegt werden kann und so ausgelegt worden ist; es heißt auch nicht, daß es dasselbe ist, Intentionalität nämlich, was *vorher* teleologisch war, *jetzt* aber reflexiv geworden ist.

Daß es nicht ganz gleichgültig ist, ob Teleologie und Selbsterhaltung im Verhältnis des strikten Entweder-Oder oder in dem des Sowohl-als-auch stehen, kann man an den Konsequenzen folgender Fragen ablesen: Finden wir innen wirklich das, was außen zu suchen so destruktiv enden mußte? Erfüllt die »Höllenfahrt der Selbsterkenntnis« jenes intentionale Streben, welches uns vorher auf Gott und die Welt ausgreifen ließ? Muß nicht das weltabgeschiedene Ich, weil es, als moralisches, den systematischen Inbegriff aller guten Handlungen darstellt, zum einzigen Ich werden? Muß mit ihm, da es jede mögliche moralische Existenz der Form nach umspannt, nicht jedes mögliche andere Ich, sofern es moralisch ist und sonst nichts, zur Einheit verschmelzen? Welche Handlung sollte denn dieser Andere ausführen, welches Leben denn leben, das nicht auch Handeln und Leben des Einen wäre? Das Ich vollkommener und ausschließlicher Selbsterhaltung sitzt gleichsam in einer Kugel aus Spiegelglas: jedes mögliche andere Ich ist es immer schon selbst.

15 Robert Spaemann, »Bürgerliche Ethik und nichtteleologische Ontologie«, in: Hans Ebeling (Hg.), *Subjektivität und Selbsterhaltung*, Frankfurt/Main 1976, 76-96.

Doch es bleibt nicht dabei, daß das »Reich Gottes« nur einen Einwohner hätte: den *solus ipse.* Es kommt noch schlimmer. Die reinste reflexive Intentionalität, die absolute Selbsterkenntnis *qua* Selbstverfügung verdirbt sich selbst: das Ich, wo es ganz es selbst geworden ist, kann nicht mehr ›ich‹ sagen: es fehlt ihm der Andere, in bezug auf den dieser Begriff erst Sinn gewinnen könnte. Die Selbsterhaltung verliert, so sie endlich gelingt, ihr Selbst. Versinkt hier, wer in sich geht, nicht in jene innere Bodenlosigkeit, die Kant den »Abgrund des Herzens«[16] nennt? »Selbsterkenntnis« ist, so gesehen, wirklich eine »Höllenfahrt«. – Aber wirft uns ein solches Ende unseres letzten Auswegs nicht zurück an den Anfang und hinein in einen wahnsinnigen Taumel, in ein haltloses Oszillieren: zwischen dem Paradies der Unfreiheit hinter uns, dem Glück der Selbstvernichtung vor uns und dem Reich Gottes als Hölle in uns?
Diese Konsequenz wäre schwer zu vermeiden, wenn Selbsterhaltung nichts anderes wäre als die egozentrische Variante der vorher auf die Welt ausgreifenden und in der Anschauung Gottes zur Vollendung kommenden teleologischen Aktivität. Sie ist dann vermeidbar, wenn wir den Schritt ins totale Glück der *visio* und den ins totale In-Sich-Sein der Selbsterhaltung nicht alternativ hintereinanderschalten oder gar geschichtlich verschiedenen Epochen zuordnen. Vielmehr müssen wir, die Differenz von Telos der Erfüllung und Limes der Erhaltung stabilisierend, sie als verschiedene und doch simultane Richtungen der *einen* Intentionalität, als verschiedene und doch simultane Aktivitäten des *einen* Lebens zu begreifen suchen. Intentionalität heißt Weltaneignung und Selbsterhaltung in einem. ›Warum gerade dieses und nicht jenes?‹ ›Warum gerade ich und nicht ein anderer?‹ Diese beiden Fragen stellen sich nicht nacheinander, und wir können mit ihnen nicht je für sich, sondern nur *uno actu* fertig werden. Nur wer aus sich herausgeht, kann zu sich selbst kommen. Nur wer in sich geht, kann die Welt begreifen. Diese Verschränkung jener Möglichkeiten, die wir nach dem Paradies noch haben, vermag uns darüber aufzuklären, wie der moralische Solipsismus mit seinen ›höllischen‹ Konsequenzen auf eine Weise vermieden wird, die zugleich das Streben nach dem großen Ziel der *visio beatifica* als unvermeidbare Überdehnung einer unvermeidbaren Anspannung verstehen läßt.

16 *Die Metaphysik der Sitten*, VI 441.

Unmittelbar verbunden mit dem ›ontologischen‹ Faktum, überhaupt zu existieren, ohne immer schon existiert zu haben, ist das ›empirische‹ Faktum, gerade dort und genau damals geboren zu sein, nicht anderswo zu anderer Zeit; weiter dann: diesen Organismus als Leib zu haben und das eigene Dasein innigst mit ihm zu verknüpfen; folglich hier und jetzt zu leben, so und nicht anders auszusehen, diese und keine andere Stimme zu haben... Diese aufgezwungene elementare Übernahme von Kontingenz, diese fundamentale Aneignung jenes kleinen Stückchens Welt, das der eigene Leib darstellt, ist die erste winzige Phase einer Bewegung, die erst im Unendlichen zur Ruhe kommt; also nie. Durch den Leib erst und in ihm bin ich ich. Der Leib ist der Ort, in dem sich Weltaneignung und Selbsterhaltung ineinander verschränken, die sinnreiche Organisation ihres unbegreiflichen Zusammenspiels. Welt und Ich zugleich, ist der eigene Leib die Inkarnation der divergierenden Richtungen der einen Intentionalität. Ja, erst im Bezug auf ihn kann es die Differenz dieser Richtungen geben; was hier ist und was dort, was vorne und was hinten, was unten und was oben, was innen und was außen: all das ist in ihm ursprünglich erlebt und an ihm erstmals abgelesen. Vermittelt durch solche Erfahrung, liefert der Leib uns die Metaphorik, deren wir bedürfen, um uns über die Funktionen der Intentionalität und die Aktivitäten des Lebens verständigen zu können.

Darauf aber kommt es hier an: Zu leben heißt stets, *leiblich* zu leben; und genau dies ist die Bedingung der Möglichkeit, daß Subjekte, die sich selbst erhalten, im Plural nebeneinander und miteinander zu existieren in der Lage sind. Denn ihre Selbsterhaltung ist gebunden an das, was jeden von jedem unterscheidet. Die Leiblichkeit in ihrer welthaften Kontingenz ist es, die eine Pluralität moralischer Subjekte erst denken läßt. Sie verhindert deren Kontraktion in die Einzigkeit des *solus ipse,* sie bewahrt das moralische Subjekt vor dem drohenden ›henotischen‹ Ich-Verlust, sie erhält der Selbsterhaltung das Selbst.

Zur Selbsterhaltung gehört somit auch und unerläßlich: anders zu sein als die anderen. Wer, ›eudämonistisch‹, nach Weltaneignung und – denn darin kulminiert sie – nach Gottesanschauung strebt, verfolgt nicht nur das Ziel, alles zu haben, sondern sich von allen in allem zu unterscheiden. In seiner ausgreifenden Weltzuwendung wirkt er, oft ohne es eigens zu wollen, am Aufbau eines materialiter erfüllten, in sich komplizierten und facettenreich präsentierten Lebens. Darin sucht, wer dies tut, sich seiner Einmaligkeit zu versichern. So hat das Streben ins Unendliche einen ateleologischen Sinn: Erhaltung des Selbst in seiner Singularität und Unverwechselbarkeit.

Aber die Unendlichkeit der Individualität, die nach dem Paradies die Form des Prozesses annehmen und Geschichte werden muß, nötigt keinen, nach dem destruktiven ›visionären‹ Maximum zu greifen. Das Anders-Sein der Individualität liegt nicht primär, obschon auch, im Besitz des Angeeigneten, sondern in der Geschichte der Aneignungen *und* Versagungen, der Erfolge *und* der Niederlagen, der Leistungen *und* der Widerfahrnisse. Zusammengehalten wird diese Geschichte von dem sich selbst erhaltenden Selbst, das sich gerade durch dieses Zusammenhalten auch vor dem Verlust seiner Individualität bewahrt.

Freilich: wenn wir, unserer »Neigung« folgend, das Glück in dem suchen, was wir nicht selbst sind, so halten wir uns an das Verhältnis von Mittel und Zweck. Und dann ist es gleichsam eine »natürliche und unvermeidliche Illusion«,[17] das glückliche Ende dieser eifrigen Suche in einem »Endzweck« zu vermuten: Gott als letztes Ziel *ist* die Glückseligkeit: »Beatitudo et Deus sunt idem«.[18] Daher muß die Anschauung Gottes, da sie die intensivste Form der Besitzergreifung ist, der letzte Zweck des Menschen und all seiner Handlungen und Sehnsüchte sein: »... ultimus finis totius hominis et omnium operationum et desideriorum ejus.«[19] ›Natürlich und unvermeidlich‹ ist es, daß wir alle Zweck-Mittel-Reihen, als die wir unsere Handlungen organisieren, in diesem Fokus zusammenziehen, um ihnen von dort her Sinn zustrahlen zu lassen. Daß auf diese Weise unsere eigene Geschichte von einer fremden Hand zusammengehalten wird, ist nur eine *praegustatio* dessen, was an ihrem Ende geschieht. Doch wir müssen auf diese Selbstvernichtung zugehen, gerade um der Selbsterhaltung willen. Denn just im Rücken dieser Tendenz zum *finis ultimus* können wir jene Individualität und Singularität ausbilden, die allein Moralität ohne Ich-Verlust möglich macht. So sichern wir das Selbst

17 *Kritik der reinen Vernunft* B 354, III 237.
18 Thomas von Aquin, *Summa contra Gentes*, I, 101.
19 Ebd. III, 25. In *De veritate* 22, 2 wird sehr klar, daß der *finis ultimus* alle anderen Zwecke und Ziele in sich integriert: »Deus ... propter hoc quod est ultimus finis appetitur in omni fine.«

der Selbsterhaltung und dessen möglichen Plural durch den »Hang zum Bösen«; wir vermeiden den *solus ipse* um den Preis des *simul iustus et peccator.*

Angesichts dessen, was einem aus dem Paradies verstoßenen Wesen die Kontingenz der Welt, in der es leben soll, bedeuten muß, ist nur zu gut verständlich, daß der *finis ultimus* eine Verbindung mit kosmischen und politischen Zielvorstellungen einging, eingeht und eingehen wird. In den Köpfen der handelnden Subjekte ist der eine jenseitige Endzweck verzahnt mit den vielen diesseitigen Zwecken, die er zusammenfaßt und deren krönenden Abschluß er bildet. Diese Verzahnung aber macht ihn zerfallsanfällig. Sobald nämlich – aus welchen Ursachen auch immer – geistig-wissenschaftliche oder politisch-ökonomische Umbrüche die naturhaften Zweckursachen oder die sozialen Zielvorstellungen unsicher machen, zerbricht das fraglos gültige teleologisch-sinnhafte ›Weltbild‹: der tragende Gedanke des Kosmos und der Gesellschaft in ihm und des Lebens in ihr: er trägt nicht mehr. Das aber läßt den damit ›verfilzten‹ Endzweck nicht unberührt.

Und dies ist die Stunde der Ideologiekritik. Die wohlgeordnete Wirklichkeit des Großen Zieles *ist* nicht nur eine Illusion, sie *erweist* sich auch als solche. Da droht die Wiederkehr des ersten Augenblicks nach dem Verlust des Paradieses. Die Konvergenz der Zwecke, ihres Brennpunktes beraubt, schlägt um in eine wilde Divergenz der Strebungen. Die Angst des Anfangs besteht ja gerade darin, daß Intentionalität ungerichtet ist, kein ›Objekt‹ hat, auf das hin sie tendieren könnte. Wir haben kein Muster mehr, nach dem wir unsere Strebungen ordnen könnten, kein Schema, in welches sie einzugliedern ihnen Sinn und Zusammenhang verschaffen könnte.

Eine Moral, die derlei Um- und Zusammenbrüche unbeschädigt überstehen soll, darf nichts von Zweckbeziehung und Glückserwartung in sich haben. Nur dann ist gewährleistet, daß sie »unbedingt« gilt, »kategorisch« vorschreibt und »apodiktisch« gewiß ist. Freilich: zum Handeln bedürfen wir *auch* der Zwecke und Ziele. Wir finden zwar einen ersten Halt in uns selbst, aber eben nur einen *ersten* Halt. Handeln ist immer zweckhaft verfaßt, auch wenn der Zweck, um der Moralität willen, nicht zum »Bestimmungsgrund des Willens zur Handlung« werden darf. Wir haben und brauchen neben dem kategorischen Imperativ auch hypothetische Imperative. Deshalb beginnen wir immer wieder, neuen

›Außenhalt‹ zu suchen und zu schaffen: wir halten Ausschau nach Zweckmäßigkeit in der Natur und erleben Augenblicke des Glücks, wenn wir sie finden; wir suchen sinnvolle Ziele in sozialen Institutionen zu verankern und sichern so die Möglichkeit von Episoden und Oasen des Glücks im menschlichen Zusammenleben. – Wer meint, Teleologie als Illusion aus dem Leben eliminieren zu können, verfällt selbst einer Illusion.

Was bedeutet es für das momentane und vergängliche, das fragile und begrenzte Glück, daß es in dieser Konstellation sich einstellt? – Wir können im Glück nie ohne alle Angst sein. Aber es ist eine Angst, die einlädt zum Verweilen in solchem Glück; denn sie ist nichts anderes als Scheu vor dem Exzeß aus jedem Glück in das immer größere. So an die Intentionalität gebunden zu sein, sich so im Zusammenspiel von Selbsterhaltung und Weltaneignung zu ereignen, entlastet das Glück von seinem Zwang zur grenzenlosen Expansion, befreit es vom selbstzerstörerischen *semper maior,* löst es ab vom Endziel der *greatest happiness of the greatest number.*

›Wie ist welches Glück möglich?‹ Zu dieser Frage gehört komplementär eine andere: ›Wie werden wir mit all dem Unglück fertig?‹ Diese Frage – für Kant ist sie gewiß die wichtigere – findet wiederum in der Moralität eine Antwort, deren Begründung indes recht tief verborgen liegt. Der Glückliche braucht nicht moralisch zu sein: das mag ihn insgeheim kränken; der Unglückliche aber braucht, trotz seines Unglücks, der Moralität nicht zu entbehren: und das kann ihn, trotz allem, auch trösten. »Das Geheimnis seiner Philosophie«, so sagt Theodor W. Adorno von Kant, »ist die Unausdenkbarkeit der Verzweiflung.«[20] Man braucht im größten Unglück nicht zu verzweifeln, denn der ›Fortschritt nach innen‹ hängt – zum Glück – nicht ab von Glück oder Unglück.

Und was sollen wir von jener Glückseligkeit denken, die, Kant zufolge, der Moralität »angemessen«, »entsprechend«, »proportional« sein soll? Wenn das erstrebte Glück, von dem so lange geglaubt wurde, Gott habe es, und wer ihn anschaue, habe daran teil, wenn dieses Glück des *frui Deo,* des göttlichen Genusses und Selbstgenusses, dem wahren göttlichen Glück immer noch unähnlicher ist als ähnlich – und damit verwende ich eine Formel

20 Theodor W. Adorno, *Negative Dialektik*, Frankfurt/Main 1966, 376.

des vierten Laterankonzils gegen Joachim von Fiore[21] –, dann könnte das mit der Moralität harmonierende Glück dem göttlichen ähnlicher sein als das, welches wir erstreben.
Doch dieses Glück darf noch in seiner Negativität und Unbestimmtheit nicht als irgendein jenseitiger Zustand gedacht werden; es erfüllt vielmehr eine literarische Funktion: Es setzt den Schlußpunkt einer Erzählung, in der das, was in der Einheit des Paradieses angefangen hat, am Ende einer langen Entfremdung auch wieder zueinander finden muß. Aber es ist immerhin das Ende einer Geschichte, die für das Verständnis dessen, was wir tun, und für dieses Tun selbst, da zu ihm ein Verständnis seiner selbst gehört, nicht ganz gleichgültig ist. Es ist ein Mythos, in dem wir uns den Sinn jenes Rituals vergegenwärtigen, das wir jeden Augenblick vollziehen und das wir Leben nennen – als aktuellen Vollzug und auch als umspannende Totalität.

21 H. Denzinger/A. Schönmetzer, *Enchiridion Symbolorum*, Freiburg/Br. [34]1967, 262 (Nr. 806).

5.
Mit dem Zufall leben

Um den systematischen Ort zu bestimmen, an dem meine Überlegungen zu Kants Moralphilosophie einsetzen, möchte ich einen kleinen Disput inszenieren. Einen fiktiven Disput, gewiß, aber doch einen, von dem man vermuten darf, daß er sich so oder ähnlich im Kopfe manches philosophierenden Zeitgenossen abgespielt hat. Ich stelle zunächst die Beteiligten vor. Wie wir sehen werden: lauter alte Bekannte. Auf der einen Seite haben wir eine Art philosophischer Koalition. Zu ihrer eigenen Überraschung konnten sich der wissenschaftstheoretische Konstruktivismus und die reformierte kritische Gesellschaftstheorie auf einen kleinsten gemeinsamen Nenner einigen: auf Kants kategorischen Imperativ. Bei den einen finden wir ihn wieder, mühsam rekonstruiert, als diejenige Norm, die wir zugrundelegen müssen, wenn wir daran gehen, Normen und Ziele unseres Handelns im vernünftig geregelten Dialog zu rechtfertigen.

Eben diese Veranstaltung deckt sich weithin mit dem, was unter dem Namen »praktischer Diskurs« im Kontext einer Theorie kommunikativen Handelns bekannt geworden ist. Dieser Diskurs ist eine Art Eliminationsverfahren. Aus der Menge aller Interessen, die wir haben, werden diejenigen ausgesondert, deren Durchsetzung nicht ohne soziale Repression und folglich nicht ohne soziale Konflikte abgehen kann. Geregelt wird dieses Verfahren durch eine Ethik, die in der Struktur der Sprache verankert und aus ihr zu ermitteln ist. Und gerade diese kommunikative Ethik, die jeder, sowie er zu reden beginnt, schon akzeptiert hat, wurde, so heißt es, bereits von Kant ausgearbeitet, freilich ohne Rücksicht auf ihr wahres Substrat. Und da die Sprache allen Menschen eigen ist, gilt auch diese Ethik universal.

Ich glaube, diese Stichworte genügen, um die eine Partei zu charakterisieren. Und nun zur anderen. Den eigentlichen Theoretikern steht gegenüber – der brave Kant-Philologe. Seine Heimat sind die Texte. Er weiß genau, wann wo was von seinem Meister geschrieben, ja sogar, wann es wieder gestrichen wurde. Und in diesem historisch-esoterischen Wissen fühlt er sich stark. Sobald er indessen aus der schützenden Burg der vielbändigen Akademie-Ausgabe heraustritt, wirkt er nervös und fahrig, unbeholfen und weltfremd.

Dies sieht man gleich daran, daß er in den Diskurs, der nun beginnt, nicht ordnungsgemäß als Opponent eintritt, sondern mit einer Peinlichkeit hineinstolpert. Denn was tut ein Philologe, wenn er das Wort ergreift? Er zitiert. Kant hat doch gesagt – so sein Einwand –, das Moralgesetz gelte für alle »vernünftigen Wesen«;[1] für Menschen zwar auch, aber nicht nur für sie. Betretenes Schweigen. Jemand will hilfsbereit den Schriftgelehrten beiseite nehmen, um ihm die Wortklauberei auszureden. Doch der Opponent opponiert. Als er aber gar noch Gott und den Teufel beschwört und Geister auf anderen Sternen, da gerät er in den Verdacht, selbst von dort zu kommen, jedenfalls aus der Sphäre, die hinterm Mond beginnt.

Und es geht weiter. Kant hat doch gesagt – so der zweite Einwand –, der Mensch könne, und wieder Zitat, »bei lauter guten Handlungen dennoch böse« sein.[2] Rechtfertigung müsse sich demnach über die Handlungen hinaus auf die Gesinnung erstrekken. Und dann will er noch über die Subtilitäten der Differenz von Moralität und Legalität dozieren ... Doch er wird übertönt, übertönt durch hinlänglich bekannte Zwischenrufe wie »bloße Gesinnungsethik«, »protestantische Innerlichkeit«, »bürgerlicher Subjektivismus«.

Und dennoch geht das Schauspiel weiter. Kant hat doch gesagt – so der dritte Einwand –, Zufriedenheit, man höre: Zufriedenheit sei das, was im Leben als Effekt von Moralität erwartet werden könne;[3] von sozialer Konfliktfreiheit stehe da nichts geschrieben. Nun ist das Maß voll. Und jeder weiß, wie so etwas endet: Nach kurzem Tumult Antrag zur transzendentalen Geschäftsordnung. Der Diskurs, so heißt es, ist eine vernünftige Veranstaltung; hier aber werde nicht rational argumentiert, sondern historisch interpretiert. Der Sprecher habe sich auf Stellen bezogen, statt selbst Stellung zu beziehen; er spreche aufgrund historischer Gelehrsamkeit, die nur er hat, statt, wie er sollte, aufgrund kommunikativer Kompetenz, die alle haben. Kurzum, der Diskurs ist zu Ende, ehe er richtig begonnen hat. Und deshalb bleibt er auch fiktiv.

1 *Grundlegung zur Metaphysik der Sitten*, IV 398, 409 Anm., 412, 447 f.
2 *Die Religion innerhalb der Grenzen der bloßen Vernunft*, VI 31.
3 *Kritik der praktischen Vernunft*, V 118.

Dieses Ende eines fiktiven Dialogs aber markiert den Anfang meines nun folgenden realen Monologs; in ihm geht es mir um nichts anderes als um die Aufnahme der Intention des soeben verstummten Kant-Philologen, um die Systematisierung dessen, woran er unter dem Titel ›Kant hat doch gesagt‹ so erfolglos erinnert hat. Im Einklang mit ihm halte ich dabei an der etwas hausbackenen Bezeichnung ›Moralphilosophie‹ fest, weil mir scheint, daß hinter eleganteren Etiketten wie ›normative Handlungstheorie‹ oder ›kommunikative Ethik‹ eine ganze Dimension philosophischer Reflexion zum Verschwinden gebracht wird. An diese vergessene Dimension möchte ich erinnern, indem ich zeige, wie zum Sinn des Handelns auch der Bezug zu dem gehört, was die Gegen-Instanz der Handlung ist: der Zufall. Wir sind unfähig, zu verstehen, was wir sollen und wollen, solange wir nicht mitbedenken, was all unserem Sollen und Wollen unverfügbar als Zufall vorausliegt und gegenübersteht und innewohnt. Deshalb gerade Kant: seine Moralphilosophie lehrt uns begreifen, wie wir handelnd mit dem Zufall leben. An ihr läßt sich exemplarisch zeigen, wie moralische Einsicht und Erfahrung von Zufall ineinander verzahnt und wie Handlungsregulierung und Kontingenzaneignung miteinander verklammert sind.
Der Gang meiner Überlegungen umfaßt folgende drei Schritte: Zuerst möchte ich eine Handvoll kurzer Beschreibungen zu einer kleinen Phänomenologie des Zufalls vereinigen. Es folgen, zweitens, einige Bemerkungen über die Stellung des Zufalls in der Erkenntnistheorie und der Moralphilosophie Kants. Und schließlich, drittens, möchte ich den Gedanken Kants erläutern, daß gerade die Universalität des Moralgesetzes es dem Menschen ermöglicht, trotz aller Zufälle zwar nicht gerade glücklich, aber doch immerhin zufrieden zu sein.

1. Kleine Phänomenologie des Zufalls

Die Auskünfte der Physik und der Transzendentalphilosophie sind uns dort herzlich gleichgültig, wo es uns um unser Handeln geht und um die zu diesem gehörige Verständigung über es. Und sofern Moralphilosophie nicht nur, aber auch die methodisch disziplinierte Fortsetzung dieses Bemühens um Verständnis ist, fragt sie nicht, ob es Zufall überhaupt gibt, sondern was es bedeutet, wenn wir gelegentlich meinen, dies sei einer. Stellen wir uns vor – und ich bitte vorweg um Nachsicht für das Schulhaft-Weltfremde meines Beispiels –, daß jemand, der gemächlich spazierengeht, plötzlich stolpert und stürzt. Nun tritt ein anderer hinzu und fragt den am Boden Liegenden, warum er dies getan habe. Diese Frage ist nicht eigentlich schwierig, sie ist zynisch. Und eine mögliche Antwort lautet: »Wer den Schaden hat, braucht für den Spott nicht zu sorgen.« Denn, selbstverständlich, dieser Sturz war nicht Absicht, sondern das, wodurch eine Absicht vereitelt wird; er war nicht eine Handlung, sondern, anstelle einer Handlung, ein zufälliges Ereignis. Der Zufall und die Handlung sind Rivalen. Sie konkurrieren um die Bestimmung zukünftiger Zustände. Wer handelt, bietet seine Macht auf, um zu erreichen, was er will. Daß er dies nicht erreicht, liegt – nicht immer, aber manchmal – daran, daß ihm zufällig etwas in die Quere kommt. Der Zufall verhindert, als eine uns unverfügbare Macht, das Wirklich-Werden jenes Zustandes, den wir wollen, und er bewirkt, daß an dessen Stelle ein anderer wirklich wird; mitunter auch, daß es so bleibt, wie es war, statt zu werden, wie wir wollten.

Doch gibt es neben dem unglücklichen Zufall nicht auch den glücklichen? Kommt es nicht auch vor, daß einer, der etwas will, sein Ziel gerade dadurch erreicht, daß Unvorhergesehenes eintrat und ihm zu Hilfe kam? Und kommt es nicht auch vor, daß zufällig wirklich wird, was wir zwar nicht wollten, was wir aber, ohne es gewollt zu haben, doch hätten wollen können und das wir daher freudig akzeptieren? Gewiß: es gibt den glücklichen Zufall. Doch auch er durchkreuzt die Absicht unseres Handelns, indem er verhindert, daß durch sie, und bewirkt, daß durch ihn das Erstrebte erreicht wird. Kein Glücksfall ohne die kleine Bitterkeit, zu wissen, daß er auch hätte ausbleiben können; kein Glücksfall ohne die heimliche Enttäuschung, zu wissen, daß fremde Macht überlegen war. Der Inbegriff aller Glücksfälle, das Schlaraffenland, in dem alle Wünsche schon erfüllt sind, noch ehe man recht dazu kommt, sie zu haben, ist nur für den eine erfreuliche Fiktion, der nicht gemerkt hat, was es bedeutet, handelnd neue Zustände der Wirklichkeit zu bestimmen. Es kommt nicht darauf an, ob das zufällige Ereignis mit uns oder gegen uns ist: sofern es uns die Bestimmung zukünftiger Zustände aus der Hand nimmt, ist es immer gegen uns.

Halten wir also fest: Ob ein Zufall ein glücklicher oder ein unglücklicher ist, hängt ab von dem Verhältnis zwischen dem, was wir wollen, und dem, was er bringt. Zufall ist der Zufall aber dadurch, daß die Schalt-Stelle, von der aus zukünftige Zustände bestimmt werden, statt von einer Handlung, von einem Ereignis besetzt wird.

Wenn wir etwas als zufällig bezeichnen, so bezieht diese Bezeichnung ihren Sinn also aus dem, wie wir das Ereignis als Konkurrent unseres Handelns erleben. Das Ereignis, unvorhergesehen und unverfügbar, ist die Quelle des Prädikats »zufällig«. Von ihm aus geht es aber auch auf anderes über. Ereignisse sind plötzliche Vorkommnisse, aber was durch sie bewirkt wird, kann Dauer haben. Dieses Dauernde ist ein Zustand, der, wegen seines zufälligen Anfangs, selbst zufällig heißt. Wer zufällig gestürzt ist, liegt, eben deshalb, nicht absichtlich, sondern zufällig auf dem Boden. ›Zustand‹ und ›Anfang‹, aber auch ›Ereignis‹ und ›Handlung‹, sofern sie Gegebenheiten bezeichnen, die um die Macht konkurrieren, Anfang von Zuständen zu sein, gehören in das Arsenal der Mittel zur Beschreibung von Abläufen: sie sind prozessuale Kategorien. Sie lassen sich aber in gegenständliche Bestimmungen transformieren. Freilich braucht eine solche Transformation nicht gleich in die Abteilung »Modalitäten« der Kategorientafel zu springen, obgleich sie natürlich nach einem längeren Weg bei der Opposition von Zufälligkeit und Notwendigkeit ankommen muß.

Hier genügt es, den Ausgangspunkt dieses Weges zu markieren und, ganz elementar, an den juristischen Sprachgebrauch anzuknüpfen: Jeder, von dem Rechenschaft dafür verlangt wird, daß ein Gegenstand gerade hier ist und nicht dort, daß er so ist und nicht anders, wird, sofern er nicht Urheber dieser Lage oder dieser Beschaffenheit der Sache ist, sie, als zufällig hier oder zufällig so, außerhalb der Grenzen jenes Wirklichkeitssektors ansiedeln, der durch sein Handeln bestimmt ist. Indizien werden entkräftet, Imputationen abgewehrt, indem gezeigt wird, daß die ›Lage der Dinge‹ in keinem Zusammenhang steht mit dem, was einer getan hat; daß sie auch so wäre, wie sie ist, wenn er nicht so, sondern anders gehandelt hätte. Dehnt man dies noch aus auf die Abwehr des Ansinnens, als vermeintlicher Hervorbringer einer Sache für deren Existenz einstehen zu sollen, dann wird einsichtig, daß und wie Dinge in ihrem Sosein und ihrem Dasein als zufällig gelten können.

Zu der kleinen Phänomenologie der Kontingenz, die ich hier skizziere, gehört auch ein kurzer Blick auf unseren Umgang mit Zufällen. Zufällige Ereignisse sind meist nur im ersten Augenblick bloße Ereignisse. Dann sehen wir uns rasch um, ob wir nicht das Ereignis doch wieder als Handlung auffassen, den Zufall als Absicht interpretieren können: aber nicht als eigene, sondern als fremde. Was mir widerfährt, ist dann das, was ein anderer wollte. Wenn ich verstehe, was er will, und sehe, was er tut, dann erlebe ich dieses Tun nicht als zufällig, egal, ob es mich stört oder mir gelegen kommt. Der Zufall wird an fremde Intentionalität angebunden und so in eine Handlung umgeformt. Zur Not wird auch der Stein des Anstoßes kurzerhand personifiziert und mit Zurechnungsfähigkeit ausgestattet: er, dieser Verfluchte, muß sich ausgerechnet mir in den Weg legen. Die Beschimpfung der Gegenstände, die sich uns widersetzen, aber auch die Belobigung derer, die uns Glück bringen, beruht auf der Unterstellung, sie hätten sich auch anders verhalten können, wenn sie nur gewollt hätten. Fazit: Den Zufall transformieren wir in Handlung durch Reduktion auf fremde Intentionalität.

Ein anderer Weg, den Zufall zu domestizieren, läßt sich wieder am Beispiel des Stolperns veranschaulichen: ein Stolpern, ein Sturz und die spöttische Frage: »Warum machst du denn sowas?« Eine zweite mögliche Antwort lautet: »Ich wollte nur sehen, ob du merkst, daß es Absicht war.« Der Gestürzte entgeht dem Spott, indem er seinen Sturz als eine von ihm selbst beabsichtigte und ausgeführte Handlung prätendiert. Natürlich gelingt diese Prätention beim glücklichen Zufall weitaus besser, weil das, was er bringt, mit dem, was ich wollte, übereinstimmt. Wir kennen ja den strahlenden Glückspilz, der tönt: »Na, wie habe ich das gemacht?« Da eröffnet sich ein weites Feld der Täuschung und, noch wichtiger, der Selbsttäuschung. Ist sie aber geglückt, dann gilt: Der Zufall wird eliminiert durch Reduktion auf eigene Intentionalität.

Wer eine Bilanz aufstellen wollte zwischen dem, was sich ereignet, und dem, was dem eigenen Willen entspringt, zwischen Zufall und Absicht, der müßte sich bald sagen: ich lebe als eine winzige Insel von Sinn in einem weiten Meer der Kontingenz. Wenn er dann aber nicht nur auf die Gegenstände und seinen Umgang mit ihnen blickt, sondern auch auf sich selbst, so muß er fortfahren: Daß ich hier lebe und nicht anderswo, daß ich diese

Sprache spreche und nicht jene, daß ich so aussehe und nicht besser: das läßt sich nicht auf meinen Willen als Urheber zurückführen; allenfalls ist er Ursache kleiner Variationen an diesen Unverfügbarkeiten: Man kann – wenn man es kann – in eine andere Stadt ziehen, seinen Dialekt abschleifen, kosmetische Korrekturen an sich vornehmen oder vornehmen lassen. Wovon man aber nicht im geringsten Urheber ist: zum einen, jetzt zu leben und nicht zu einer anderen Zeit; zum andern – und das ist für jeden, der nicht schon immer gelebt hat, sondern durch Geburt lebt, mit dem Dasein im zufälligen Jetzt identisch – überhaupt zu leben. Auch und vor allem dies, daß ich lebe, ist nicht Resultat meines Handelns, sondern Resultat von Ereignissen, die all meinem Handeln vorausliegen. Und, schlimm genug, die Zufälligkeit meines Anfangs schlägt auf alle meine Handlungen durch: sie wären nicht, wenn ich nicht wäre; und sie sind so zufällig, wie ich selbst zufällig bin. Kein Wunder, daß es Philosophen gibt, die sagen: Alles ist Zufall.

Kein Wunder aber auch, daß es zu diesem Grenzwert völliger Kontingenz zwei Reduktionsformen gibt. Erstens: Alles ist zwar Zufall, aber er läßt sich reduzieren auf fremde Intentionalität, auf die Absicht eines einzigen anderen Subjekts. Und zweitens: Daß alles Zufall sei, läßt sich als Schein durchschauen und eben dadurch, trotzig, auf mich selbst als handelndes Ich reduzieren. Man erkennt in den Subjekten, an deren Intentionalität hier die universale Zufälligkeit zurückgebunden wird, einmal das, was die Metaphysik des Nominalismus ihren allmächtigen Gott nennt, und zum andern das, was die Metaphysik des Idealismus als ihr absolutes Ich feiert. Es sind Instanzen, in denen sich, gleichsam chemisch rein, Momente zur Darstellung bringen, die unserem alltäglichen Umgang mit zufälligen Ereignissen unvermerkt innewohnen. – Diese Herkunft gilt es im Auge zu behalten, wenn wir nun beobachten, wie Kant diese beiden absoluten Subjekte theoretisch behandelt.

2. Kontingenz im Erkennen und Handeln

Bleiben wir zuerst beim großen Ich des Idealismus. – 1787 hat Kant in die zweite Auflage der *Kritik der reinen Vernunft* eine neue »Widerlegung des Idealismus«[4] eingefügt und Ableger davon sorgfältig über den ganzen Text verstreut. Jetzt legt er Wert darauf, daß erst eine äußere Affektion unser Bewußtsein zur Aktivität »erweckt«,[5] jetzt entdeckt er den Vorrang des äußeren Sinnes vor dem inneren; jetzt braucht er »Dinge außer mir«[6] als Garanten der Möglichkeit unseres Selbstbewußtseins in der Zeit. Jetzt nimmt er das Moralgesetz hin als aufdringliches, unabweisbares Faktum, nachdem er so lange versucht hat, es nicht nur in dem, *was* es fordert, sondern auch, *daß* es fordert, aus reiner Vernunft zu deduzieren.[7] Die Einsicht in diese Faktizität findet sich freilich in der *Kritik der praktischen Vernunft,* die ein Jahr später, 1788, erscheint. Darin also konvergieren die zweite Auflage der ersten und die erste Auflage der zweiten *Kritik:* Kontingenz als das, was unserer Intention vorausliegt und nicht zur Disposition steht, erhält eine neue Virulenz in der Abwehr des Idealismus.

Das zufällige Faktum der Affektion gibt dem erkennenden Bewußtsein die Empfindung. Das zufällige Faktum der Vernunft gibt dem moralischen Bewußtsein den kategorischen Imperativ. Die äußere Affektion sagt mir: ich bin nicht identisch mit der Welt. Die innere Affektion sagt mir: ich bin nicht identisch mit mir selbst. Das sich und die Welt erfahrende Ich hat zweierlei außer sich: die Dinge an sich, die seine äußeren »Sinne rühren«,[8] und das Ich an sich, das seinen inneren Sinn so rührt, daß sich in ihm jenes Bewußtsein eines Sollens einstellt, das Kant »Achtung

4 *Kritik der reinen Vernunft* B 275 ff., III 190 ff.

5 *Ebd.* B 1, III 27. Zur Interpretation der Erweckungsmetapher im Kontext der Idealismusabwehr siehe meinen Beitrag »Kant über das Erwachen des Erkenntnisvermögens«, in: G. Funke (Hg.), *Akten des 5. Internationalen Kant-Kongresses (Mainz 1981),* Bonn 1981, Teil 1. 2, 870-880.

6 *Kritik der reinen Vernunft* B 276, III 191.

7 D. Henrich, »Der Begriff der sittlichen Einsicht und Kants Lehre vom Faktum der Vernunft« (1960), in: G. Prauss (Hg.), *Kant. Zur Deutung seiner Theorie von Erkennen und Handeln,* Köln 1973, 223-254.

8 *Kritik der reinen Vernunft* B 1, III 27.

vor dem Gesetz« genannt hat. Ausdrücke wie ›Ding an sich‹ oder ›Ich an sich‹ – Kant spricht lieber vom »intelligiblen Subjekt« oder vom »intelligiblen Substrat in uns«[9] –, solche Ausdrücke bezeichnen nicht Gegenstände einer geheimnisvollen Hinter- oder Unterwelt. Sie sind vielmehr Reflex dessen, daß wir im Umgang mit der Wirklichkeit, die wir vorfinden, und mit der, die wir sind, Momente der Unverfügbarkeit erleben. Und diesem Erleben allein verdanken diese Ausdrücke ihre Bedeutung. Daß ein Ding an sich unsere Sinne affiziert und so unserem Bewußtsein Empfindungen eindrückt, besagt nichts anderes, als daß die Welt faktisch weithin so ist, wie sie ist, und nicht so, wie wir wollen, daß sie sei.

Das gilt auch für den Begriff eines intelligiblen Ich: Seine Bedeutung lebt von der Erfahrung, daß Moralität etwas von uns Gefordertes ist. Das Moment des Anspruchs auf Gehorsam, das jedes Sollen erst zu einem Sollen macht, kann nicht von dem, der soll, selbst hervorgebracht sein. Das Bewußtsein, daß etwas gefordert ist, kann nicht aus eben dem Bewußtsein stammen, in dem diese Forderung auftritt und an das sie sich richtet. Deren Präsenz verweist vielmehr auf eine Instanz, die selbst unverfügbar ist und Bewußtsein von Unverfügbarem erzeugt. Jene Instanz ist das intelligible Ich; dieses Bewußtsein ist das von moralischer Verbindlichkeit, in Kants Terminologie: das Bewußtsein von Pflicht. Aber kehrt nicht gerade dann das absolute Ich durch die Hintertür zurück, wenn es dasselbe Ich ist, das als intelligibles fordert und das als empirisches aufgefordert wird? Ist es nicht Sache des Ich, sofern es vernünftig ist, sich selbst, sofern es sinnlich ist, zur Vernunft zu bringen? Und besteht nicht unsere Autonomie gerade darin, daß wir uns nur dem Gesetz unterwerfen, das wir uns selbst geben? Kann ich nicht, autonom wie ich bin, auch den Anspruch auf Gehorsam zurücknehmen und damit alle moralischen Probleme mit einem Schlag loswerden?

Um zu verstehen, was es bedeutet, daß wir fähig sind, eine Erfahrung zu haben, in der sich die Allgemeinheit und Notwendigkeit einer Gesetzmäßigkeit für unser Handeln in all ihrer Rücksichtslosigkeit manifestiert, um also der Faktizität des Faktums der Vernunft Rechnung zu tragen, muß man sich mit einem Satz anfreunden, von dem man im voraus sagen kann, daß niemand Neigung hat – ja: Neigung hat, ihm zuzustimmen: dem Satz

9 *Kritik der praktischen Vernunft,* v 99 f.

nämlich: Das Ich und die Vernunft schließen einander aus. Wer das, was er ist, wesentlich durch die Fähigkeit bestimmt, »ich« sagen zu können, kann nicht im gleichen Atemzug den Anspruch erheben, vernünftig zu sein. Hierzu eine kurze Erläuterung: Das Verständnis dessen, was wir meinen, wenn wir »ich« sagen, ist an die Gegenwart des zu diesem Ich gehörigen Leibes gebunden, also an eine Stelle in Raum und Zeit. Die Zufälligkeit, daß ich hier bin und nicht dort, daß ich jetzt lebe und nicht damals, diese Zufälligkeit macht das Ich erst zum Ich. Wer »ich« sagt, identifiziert sich mit sich und für andere, indem er auf die Kontingenz seines Hier und Jetzt zurückgreift. Vernunft hingegen ist das Prinzip von Notwendigkeit und Allgemeinheit. Vernünftig ist, was immer und überall uneingeschränkt gilt. Wer Vernunft für sich beansprucht, muß insofern zugleich auf sein Ich Verzicht tun.

Das schließt natürlich ein, daß einer der Lieblingsgedanken der Philosophie, nämlich das *cogito*, das »Ich denke«, ein in sich widersprüchlicher Gedanke ist. Ein Wesen, das durch und durch vernünftig ist, also eines, das ausschließlich dadurch bestimmt ist, daß es denkt – nennen wir es ruhig *res cogitans* –, ein solches Wesen kann nicht wissen, was einer meint, wenn er »ich« sagt.

Von hier aus fällt etwas Licht auf Kants These: »Das Ich denke ist... ein empirischer Satz«.[10] Das Ich denke ist nicht nur ein Gedanke, der alle meine Vorstellungen muß begleiten können, sondern auch einer, der nur möglich ist, wenn auch Vorstellungen da sind, die es ihm gestatten, sie zu begleiten, und zwar Vorstellungen, die Empfindungen sind oder einschließen, die ihre Existenz also dem zufälligen Ereignis der Affektion verdanken. Ohne Empfindung mag es Denken geben, aber kein Ich denke. Ohne Kontingenz mag es Bewußtsein geben, aber kein Selbstbewußtsein.

Das Ich und die Vernunft erweisen sich als disparate Größen. Daran erkennt man: Das moralische Gesetz, als ein reines Vernunftprinzip, hat mit einem Ich-Subjekt ursprünglich gar nichts zu tun; es gilt notwendig und allgemein oder, wie wir Philosophen sagen, für alle möglichen Welten. Denkbar ist eine Welt, in der es einerseits vernünftig-notwendige, andererseits sinnlich-zufällige Wesen gibt, die einander in Ruhe lassen. An uns selbst aber

10 *Kritik der reinen Vernunft* B 422 Anmerkung, III 275.

erfahren wir, daß diese Welt nicht die unsere ist. Denn wir selbst erleben uns ja als leibhaftigen Widersinn: Wir wissen, was wir meinen, wenn wir »ich« sagen; wir wissen, was wir sollen, wenn wir handeln; wir wissen aber auch, daß unser Ich nicht selbst jener Maßstab ist, der sich im Sollen zur Geltung bringt. Sonst wären Sollen und Wollen identisch. Widersinnig sind wir als Ort des Zusammentreffens, der Kon-tingenz, von Ich und Vernunft. Die Zufälligkeit des Ich und die Notwendigkeit der Vernunft hat Kant in dem Paradoxon eines intelligiblen Ich verknüpft. Dieses ist nicht schon das gute vernünftige Ich, das sich gegen das vermeintlich böse sinnliche noch durchsetzen müßte; vielmehr ist es selbst das in sich zwiespältige, nämlich ichhaft-kontingente und doch unter dem Gesetz der Vernunft stehende Subjekt. Und die Erfahrung des »Faktums der Vernunft« ist nur dieser ›von innen‹ auf den inneren Sinn projizierte Zwiespalt.

Ein kurzer Exkurs ist an dieser Stelle vielleicht angebracht, um zu verdeutlichen, daß die Anerkennung der Faktizität des Faktums der Vernunft nicht notwendig die Preisgabe von Autonomie nach sich zieht. Denn wenn das intelligible Ich ein paradoxes Subjekt ist, dann – so scheint es – steckt in ihm schon die Heteronomie: Ich, hier und jetzt, soll mich einem Gesetz unterwerfen, das ich mir nicht nur nicht selbst gegeben habe, sondern das mir gerade in seiner unmenschlichen Vernünftigkeit fremd ist. Schließt Autonomie nicht einen Einklang von Ich und Vernunft ein? Gewiß. – Und umgekehrt: Schließt Autonomie nicht Gehorsam aus, ja schließt sie nicht schon die Möglichkeit aus, einen Anspruch auf Gehorsam auch nur anzuerkennen?

Um nicht in die hier drohende Antinomie von kategorischem Imperativ und Selbstbestimmung zu geraten, müssen zwei Zustände in einem identischen Subjekt in Beziehung gesetzt werden: Ein Zustand – wie schwer er auch zu begreifen ist –, in dem Vernunft und Ich im Einklang sind, in dem also reine Vernunft einen ichhaften Willen bestimmt, und ein anderer Zustand, in dem diese Bestimmung als Inhalt eines Sollens auftritt. In diesem befinden wir uns; wären wir aber immer in ihm gewesen, so wäre Heteronomie durch Vernunft unausweichlich. Vielmehr muß jener erste Zustand als der ursprüngliche dem zweiten so vorausgehen, daß die Forderung, die Kant den kategorischen Imperativ nennt, zu nichts anderem verpflichtet als zu dessen »Wiederher-

stellung«.[11] Gefordert ist die Restitution eines Zustandes, der unser ursprünglicher gewesen sein muß, wenn Moralität nicht mit Heteronomie zusammenfallen soll.
Wer aber kann sich erinnern, ›früher‹ in jenem heilen Zustand gewesen zu sein? Und wer kann sich erinnern, ihn verlassen zu haben? Daß wir, wie weit wir auch in unserer Lebensgeschichte zurückgehen, diese Übergangsstelle und das, was ihr vorausgeht, nicht zu finden vermögen, aber doch nicht darauf verzichten können, sie vorauszusetzen, hat Kant zu dem Gedanken einer »intelligiblen Tat« geführt[12]: eine Handlung des Übergangs aus jenem Status in diesen, eine Handlung, die wir ›immer schon‹ ausgeführt haben, die wir somit als bereits vollzogen auch für den ersten Augenblick unserer Existenz schon annehmen müssen. Den ersten heilen Zustand gibt es also nur im Augenblick seiner Zerstörung. Man versteht von hier aus, wie Kant zu der These kommen muß: »Der Mensch ist von Natur aus böse«. Und wie er daran festhalten muß, daß der »Hang zum Bösen« immer schon da ist: ein »angeborenes (nichtsdestoweniger von uns selbst zugezogenes) Böses«.[13]
Zu dem Zustand, in dem wir uns befinden, gehört es, durch eine solche ›vorzeitliche‹ Zerstörung angefangen zu haben. Diese ›Vorgeschichte‹ ist also nicht ein belangloser Mythos aus einer metaphysischen Vergangenheit, sondern ein notwendiges Moment dessen, was wir annehmen müssen, wenn wir unsere erlebte Selbstgegenwart für unser Verstehen erhellen und darin moralisches Gefordertsein mit moralischer Autonomie verknüpft halten wollen. Die »intelligible Tat« und das »radikal Böse« gehören nicht zu den beliebtesten Stücken der Philosophie Kants: für den Verächter bevorzugter Gegenstand der Polemik, für den Liebhaber recht oft Anlaß geflissentlichen Übersehens. Aber mit diesen späten Gedanken stellt Kant nicht einfach die alte Erbsündenlehre unter die Bedingungen einer »Religion innerhalb der Grenzen der bloßen Vernunft«, sondern er versucht zu zeigen, wie es möglich ist, daß Autonomie und Sollen in *einem* Wesen verbunden sein können. Die Leichtfertigkeit, mit der heute Autonomie zitiert wird, vergißt über der berechtigten Selbstverständlichkeit, sie zu beanspruchen, zu oft die unbewältigte Schwierigkeit, auch

11 *Die Religion innerhalb der Grenzen der bloßen Vernunft*, VI 44.
12 *Ebd.*, VI 31.
13 *Ebd.*, VI 32.

nur ihre Möglichkeit theoretisch einsichtig zu machen. – Doch kehren wir nun nach diesem Exkurs zurück zu dem Ich und seinen Schwierigkeiten mit der Vernunft.

Wir haben gesehen: Das intelligible Ich ist, weil und sofern es ein Ich ist, Widersacher der Vernunft. Kein Ich, wie intelligibel es auch sein mag, kann das Bewußtsein auslöschen, daß dieses gut und zu tun, jenes aber schlecht und zu lassen sei. Niemand kann sich seiner moralischen Skrupel entledigen durch den Entschluß, sie nicht mehr zu haben. Die Forderung der Moralität steht, als vernünftige, gerade nicht zu unserer Disposition; sie entzieht sich der Verfügungsmacht des Ich. Darin ist sie, obgleich vernünftig, selbst zufällig: eben ein »Faktum der Vernunft«.

Das Ich und die Vernunft haben nichts miteinander gemein, und doch sind sie ineinander verschränkt. Sie zu entflechten lohnt sich aber nur, um ihr Zusammenspiel desto besser beschreiben zu können. Das erste, was sich da feststellen läßt, ist: Das Ich braucht die Vernunft: es benötigt sie und bedient sich ihrer. Ohne sie könnte sich ein Ich als identisches gegenüber der Mannigfaltigkeit der Empfindungen gar nicht ausbilden; es würde vielmehr stets zusammenfallen mit der singulären Empfindung, die einer zufälligen Affektion entstammt. Unser Bewußtsein wäre zersplittert in eine Vielzahl von Augenblickssubjekten, ein Chaos punktuell aufblitzender Empfindungen, die den Namen Bewußtsein nicht verdienen. Vernunft jedoch ist ein System von Regeln zur Verknüpfung diskreter Gegebenheiten. Und Denken heißt: gemäß diesen Regeln verknüpfen. Erst indem der Verstand eines mit dem andern verbindet, entsteht, als Resultat dieser Verbindung, Bewußtsein und in ihm jenes Ich, das, ohne Empfindung zu sein, kontingent ist wie sie, und das, ohne Vernunft zu sein, ihr seine Identität verdankt. Nur ein Ich, das auch denkt, kann ein identisches Ich sein.

Blicken wir aber wieder auf das Handeln: Empfindungen gehen ja nicht nur als die kleinsten sinnlichen Einheiten in unser Erkennen ein; sie wirken auch in dem Gefüge der Faktoren, die unser Handeln ausmachen, als Anreiz, als »Triebfeder«, wie Kant das mit einer Metapher aus dem Uhrwerk nennt. Ein Verhalten, das seinen Grund in einer Empfindung hat, bringt das empfindende Ich in einen Zustand, der so zufällig ist wie das Ereignis der Empfindung selbst. Das Ich zerfällt in eine Abfolge diskreter, kontingenter Zustände. Zwar ist jeder von ihnen bestimmt durch das, was absichtsvoll getan wurde, die Absicht selbst aber ist nicht wiederum Resultat einer Absicht, sondern dessen, was sich zufällig ereignete. Der Zufall hat sich dort eingenistet, wo unsere Intentionalität entspringt.

Unsere Intentionen divergieren und wir mit ihnen, wenn sie sich nach der Zufälligkeit sinnlicher Eindrücke richten. Der kategorische Imperativ aber ist eine Regel, die uns verrät, was wir tun müssen, wenn wir wollen, daß das, was wir jetzt wollen, sich mit dem, was wir vorher wollten, und mit dem, was wir sogleich wollen werden, zu einer einheitlichen übergreifenden Intention zusammenschließt. Wer sich dieser Regel gemäß verhält, bringt Konvergenz in seine Bestrebungen und Konsequenz in sein Tun. Er vollzieht gleichsam sein ganzes Leben als eine einzige, in sich konsistente Handlung, die sich aus einer Mannigfaltigkeit von miteinander verbundenen Teilhandlungen aufbaut. Nicht mit den zufälligen Empfindungen heute hü und morgen hott, sondern mit der Richtschnur der Rationalität immer geradeaus. So sichern wir als handelnde Subjekte unsere Identität durch Vernunft. Nur daß man diesem schönen Resultat gleich hinzufügen muß: Mit dem, was Kant unter Moralität versteht, hat dies noch fast nichts zu tun. Wie aber Moralität mit dem Zufall zusammenhängt, möchte ich nun im dritten Teil meiner Erwägungen zu klären versuchen.

3. Zustimmung zum Dasein

Wenn wir die Kontinuität unseres Lebenszusammenhanges dadurch sichern, daß wir nur denjenigen Triebfedern folgen, von denen wir wissen, daß sie ausschließlich Handlungen auslösen, deren Grundsätze einander nicht widerstreiten, dann erfüllen wir genau den Tatbestand, den Kant im Auge hat, wenn er davon spricht, daß der Mensch »bei lauter guten Handlungen dennoch böse« sein könne. Und jeder, der auch nur die ersten Grundbegriffe der Moralphilosophie Kants kennengelernt hat, erinnert sich, daß wir es hier mit der subtilen, aber alles entscheidenden Differenz zu tun haben: zwischen dem, was wir »pflichtgemäß«, und dem, was wir »aus Pflicht« tun, zwischen Legalität und Moralität.

Wer Moralphilosophie mit normativer Handlungstheorie identifiziert, ist bei diesem Anfang schon mit seinem Latein am Ende. Denn was soll von dem, der immer, wenn er handelt, gut handelt, darüber hinaus noch verlangt werden? Was will man noch mehr, als daß jemand für alle seine Handlungen das Placet der Kommunikationsgemeinschaft einholt? Und in der Tat: Jede Ethik, die ihre Aufgabe ausschließlich in der Normierung unseres Handelns sieht, muß Kants Theorie als rigoristisch ablehnen. Moralphilosophie aber ist nicht nur ein Inbegriff von Handlungsregeln, sondern immer auch eine Verständigung darüber, was es für uns bedeutet, daß wir uns überhaupt als Wesen erfahren, an die moralische Forderungen gerichtet sind. Um zu verstehen, was Kants Philosophie für diese Verständigung leistet, muß man zweierlei mit dem Moralprinzip in Beziehung setzen: Die Kontingenz unseres Anfangs und jenes absolute Subjekt, in dem wir alle Macht vereint denken und auf dessen Intentionalität aller Zufall reduzierbar ist.

Die *Kritik der reinen Vernunft* zeigt, daß die Vernunft, wenn sie rein ist, nichts erkennt: Reinheit heißt: Freisein von aller Empfindung. Erkenntnis aber – die apriorische mit eingeschlossen[14] – ist an Empfindung gebunden. Ganz anders die *Kritik der praktischen Vernunft:* sie zeigt, daß die Bindung des Handelns an Empfindung das ist, was diesem Handeln alle moralische Qualität nimmt. Moralität eignet einer Handlung dann, wenn reine Vernunft selbst unmittelbar der Grund des Handelns ist, wenn die Handlung einer »reinen Spontaneität«, einem »reinen Willen«[15] entspringt, wenn sie aus einer »reinen moralischen Herzensgesinnung« kommt,[16] wie Kant in Anlehnung an die Sprache der Bibel, aber auch der Mystik sagt.

Die Elimination der Empfindung bedeutet freilich in eins: Elimination alles Zufälligen *und* alles Ichhaften. Das, was moralisch gefordert wird, ist kein Angebot zur Wahrung der Identität des Ich, sondern, im Gegenteil, die Aufforderung, sie preiszugeben. Von hier aus begreift man, warum Kant immer wieder zwei Gründe für die moralische Depravation einer Handlung namhaft

14 Vgl. dazu K. Cramer, »Zur systematischen Differenz von Apriorität und Reinheit in Kants Lehre von den synthetischen Urteilen a priori«, in: *Subjektivität und Metaphysik* (Festschrift für W. Cramer), Frankfurt 1966, 21-63.

15 *Grundlegung zur Metaphysik der Sitten*, IV 452 f., 390, 393.

16 *Die Religion innerhalb der Grenzen der bloßen Vernunft*, VI 159.

machen kann: ihre empirische Bestimmtheit und ihre Abhängigkeit von der Selbstliebe: es sind nur zwei Versionen eines einzigen Grundes. Und der heißt Zufall.

Warum aber sollen wir dieser Forderung nachkommen und auf das, was uns das Nächste ist, auf uns selbst, Verzicht tun? Darauf gibt es keine Antwort und darauf kann es keine Antwort geben; denn alle Antworten könnten nur Gründe anführen, uns zu bewegen, diesen Verzicht zu leisten. Solche Gründe aber können – gleichgültig, was sie im einzelnen sagen – nur Gründe für die Selbstliebe sein, nicht für die Selbstpreisgabe; immer müssen sie, um Gründe für Handlungen werden zu können, an ein Motiv, ein Interesse, eine Neigung anknüpfen und gerade durch diese Anknüpfung alles Handeln in den Funktionszusammenhang der Wahrung der Ich-Identität stellen. Wiederum in der Sprache der Mystik: Gründe gibt es überhaupt nur für den »amour propre«, nicht für den »amour pur«.[17] Die Unbedingtheit des kategorischen Imperativs besagt gerade, daß die Zustimmung zu dem, was er fordert, nicht durch Argumente bedingt, nicht von Gründen abhängig sein kann. Das besagt natürlich auch: einen moralisch-praktischen Diskurs kann es nicht geben. Den Status der Moralität erreicht man nicht, indem man Gründe akzeptiert, sondern indem man ohne Gründe der moralischen Forderung gehorcht. Dem trägt Kant Rechnung, wenn er von diesem Gründungsakt sagt, es sei ein »Sprung«, eine »Revolution«, eine »Explosion«. Kant, immer und in allem auf Kontinuität bedacht, sagt dies mit Emphase. Der »Sprung«, durch den wir eine Kontinuität zerbrechen, die »Explosion«, durch die wir eine Identität zersplittern, sind Metaphern, mit denen Kant sich und uns verständlich zu machen sucht, was es heißt, sich dem Moralgesetz zu unterwerfen. Diese – wenn man will – hermeneutische Funktion des Gesagten muß man im Auge behalten, um nicht auf den abwegigen Gedanken zu kommen, die Leute zu befragen, ob sie diesen

17 Auf die historische und systematische Verwandtschaft der Moralphilosophie Kants mit der Tradition der Mystik verweist R. Spaemann, *Reflexion und Spontaneität*, Stuttgart 1963. – Kant stellt der »Selbstliebe« als der »pathologischen Liebe« die »praktische Liebe« als die rein-moralische gegenüber; dem Ausdruck »pathologisch« darf man dabei getrost jenen neueren Sinn hinzu assoziieren, den er bei Kant selbst noch nicht hat (*Grundlegung zur Metaphysik der Sitten*, IV 399).

Sprung schon getan, diese Explosion schon hinter sich gebracht hätten. Denn alles, was wir an uns selbst erfahren und anderen mitteilen können, ist ja an den inneren Sinn, an die Form der Zeit mit ihrer Kontinuität, und an das Ich-denke mit seinem identischen Ich gebunden. Weder der Akt, durch den ein Subjekt moralisch wird, noch der Zustand selbst, der durch diesen Akt realisiert wird, sind mögliche Gegenstände der Erfahrung. Das einzige, was uns von all dem in der Selbsterfahrung gegeben ist, ist das Faktum der Vernunft, das uns, wenn wir uns seinen Sinn erschließen wollen, zur Annahme der Möglichkeit eines solchen Sprungs nötigt. Wenn jenes Faktum wirklich ist, muß dieser Sprung möglich sein. Für die philosophische Reflexion über die Gründung einer moralischen Gesinnung geht es nicht darum, zu sagen, wie man das macht – denn das kann sie nicht –, sondern darum, uns begreifen zu lassen, was es bedeutet, daß wir dies sollen.

Wir bewegen uns hier also in einem Gebiet, in dem es ganz auf nuancenreiche Modalitätenkombinationen ankommt. Das gilt auch für die beiden Figuren, zu denen wir gelangen, wenn wir die unserem Umgang mit dem Zufall innewohnenden Muster in reiner Form herauspräparieren. Das absolute Ich des Idealismus und den allmächtigen Gott des Nominalismus haben wir ja als diejenigen Subjekte identifiziert, an deren Intentionalität wir den Zufall anknüpfen, um ihn, trotz allem, als Handlung auffassen zu können. Kants Abwehr des Idealismus – Stichworte: Affektion, Faktum der Vernunft – macht nun das fremde Subjekt zum Bezugspol der Reduktion von Kontingenz. Von Gott reden wir freilich in der Philosophie nicht sogleich wie von einer Realität, sondern zunächst wie von einer Fiktion – einer Fiktion indes, durch die wir etwas über die innere Verfassung unserer Wirklichkeit lernen. Wir haben also nicht zuerst Erfahrung von etwas, das wir dann Gott nennen, sondern umgekehrt: Aufgrund der Erfahrung von Zufall bilden wir uns den Begriff von einem Subjekt, in dem alle Macht komprimiert ist. Kants Umgang mit diesem Begriff darf ich hier als bekannt voraussetzen: Daß das Objekt, das dieser Begriff bezeichnet, existiert, läßt sich nicht beweisen; diese Existenz aber wird postuliert, freilich mit der Prämisse, daß in dieser Existenz Macht und Vernunft vereint sind, und der Kautel, daß dieses Postulat keine theoretische Erkenntnis enthält. Und dann läßt sich sogar zeigen, wie Kant und die

Frage nach dem gnädigen Gott in eine sinnvolle Beziehung zu setzen sind.[18]

Die Koinzidenz von Macht und Vernunft wird manchen Ideologiekritiker dazu veranlassen, sich an den Monarchen des aufgeklärten Absolutismus zu erinnern; und mancher Zyniker wird auf jene Erfahrungen verweisen, die uns belehrt haben, wie weltfremd es sei, Macht und Vernunft vereint zu denken. Aber immerhin: darin, daß wir an dieser Diastase noch immer leiden können, manifestiert sich eine Sehnsucht, dank deren wir die in Kants Begriff von Gott gestiftete Verbindung von Macht und Vernunft zu begreifen vermögen.

Der entscheidende Punkt ist hier: Das Moralgesetz, als vernünftiges, gilt auch für Gott. Wenn man freilich Vernunft als etwas spezifisch Menschliches auffaßt und sie zudem noch an die Struktur der Sprache kettet, dann kann man nicht mehr verstehen, was Moralität mit Kontingenzaneignung zu tun hat. Sobald aber auch Gott ein moralisches Wesen ist – nicht eines, das moralisch sein soll wie wir, sondern seinem Begriff nach immer schon ist –, dann kommt seiner Machtausübung selbst moralische Qualität zu. Was aber tut Gott? Nun, theologisch gesprochen, er schafft die Welt, zwar nicht die, die wir erfahren, aber doch die, die wir voraussetzen müssen, um überhaupt Erfahrung haben zu können. Erkenntnistheoretisch heißt das: Die Affektion, ohne die wir keinerlei Empfindung hätten, ist entweder selbst unmittelbar eine Handlung Gottes oder doch mittelbar eine Folge solcher Handlungen. Affektion aber, als Empfindungslieferant, ist selbst systematisch mit der Existenz unserer Welt verbunden. Kant zählt es zu den Postulaten des empirischen Denkens überhaupt, daß Empfindung nötig ist, um uns der Wirklichkeit zu versichern. Ohne Affektion existiert die Welt, in der wir leben, überhaupt nicht.

Das affizierte Subjekt aber, wenn es zugleich ein moralisches ist, muß sich sagen können: das Prinzip, aufgrund dessen ich affiziert werde, ist identisch mit dem, dem ich selbst folge, wenn ich moralisch handle. Insofern ist jede Affektion so, daß ich sie selbst muß wollen können. In einem Gedankenexperiment fingiert Kant einen moralischen Menschen – auf Erfahrung kann man sich da ja

18 Vgl. – auch zum Gottesbegriff bei Kant überhaupt – H. Blumenberg, »Kant und die Frage nach dem ›gnädigen Gott‹«, in: *Studium Generale* 7 (1954) 554-570.

nicht berufen – und sagt dann, ganz konsequent: »er würde auch wollen, daß eine Welt überhaupt existiere«.[19] Moralisch sein heißt für Gott: die ›Welt an sich‹ ins Dasein bringen und sie darin erhalten; moralisch sein heißt für einen Menschen – nicht nur, aber auch –: Zustimmung zur Existenz der Welt.

Und das schließt ein: Zustimmung zur eigenen Existenz in der Welt. Diese Zustimmung läßt sich in den Satz fassen: »Ich will, daß ich bin.« Wir wissen aber, daß dieser Wille nicht Urheber dessen ist, was durch ihn gewollt wird. Daß wir zu existieren angefangen haben, ist nicht Resultat dessen, was wir absichtsvoll taten, sondern dessen, was all unseren Absichten unverfügbar vorausliegt und insofern kontingent ist. Zu leben: das ist ja ein Zustand, in dem wir uns ständig befinden, in den wir uns aber nicht selbst gebracht haben. So erstreckt sich die Zufälligkeit des Anfangs auch auf das, was so zufällig angefangen hat. »Ich will, daß ich bin«: das meint nur Selbsterhaltung, nicht Selbsterzeugung. Vergessen wir aber nicht: dieses Ich, das sich will, kann sich nur dann so auf sich beziehen, wenn es sich nicht als Zufälliges gegen die Vernunft durchsetzt oder durch Vernunft als Mittel seine Identität sichert; vielmehr ist Reinheit und, was dasselbe ist, Ichlosigkeit die Bedingung, ohne deren Erfüllung es gar nicht möglich ist, daß ein Ich sich in seiner Zufälligkeit und Hinfälligkeit akzeptieren kann. Erst die moralisch geforderte Selbstpreisgabe ermöglicht Selbstannahme und Selbsterhaltung.

Neben dem Ja zum eigenen Anfang umgreift das Ja zu sich selbst zweierlei: Hinnahme all jener naturhaft-organischen Abläufe, durch die wir leben, ja, als die wir leben, und die doch faktisch nicht durch eigene Handlungen ersetzt werden können. Das zweite aber, was zur Selbsterhaltung gehört, ist: Selbst diejenigen Handlungen auszuführen – oder an sich ausführen zu lassen –, deren Resultat in der Herstellung und Sicherung der Bedingungen besteht, unter denen jene naturhaften Prozesse weiterlaufen können. Daß zu diesen Bedingungen auch das zu rechnen ist, was wir Kultur nennen, liegt in der Eigenart dieses Zusammenspiels von Geschehen-Lassen und Selbstvollzug begründet. Die Bejahung dieses Zusammenspiels, nicht es selbst, entspringt eben jener moralischen »reinen Spontaneität«, die all die verschiedenen Handlungen eines Subjekts so zusammenschließt, daß dieses sein Leben – über dessen naturhaftem Grund – als eine einzige, in sich

19 *Die Religion innerhalb der Grenzen der bloßen Vernunft*, VI 5.

konsistente Handlung vollzieht. Und insofern gewinnen wir eine neue Identität, indem wir eine alte dahingeben.[20]

Halten wir das Grundsätzliche fest: Es gehört zur Bestimmung des moralischen Zustandes, daß, wer sich in ihm befindet, auch in der Lage ist, das hinzunehmen, was sich kontingent ereignet, weil es sich in nichts von dem unterscheidet, was Resultat seiner eigenen Handlung zwar nicht ist, aber doch sein könnte. Genau dies aber hat Kant im Sinn, wenn er sagt, nicht Glück sei der irdische Lohn der Tugend, sondern Zufriedenheit. Zugleich zeigt sich hier: die moralische Handlung ist die einzig wahre Theodizee.

Man sieht, daß kaum mehr als die Breite eines Haares zwischen dem moralischen Subjekt Kants und dem absoluten Ich des Idealismus liegt: Beide sagen: »Ich will, daß ich bin.« Beide meinen aber verschiedenes: der eine stimmt dem, was geschehen ist, zu, der andere holt sich durch den Willensakt selbst ins Dasein. Es ist die Differenz von Ja-Sagen und Selber-Machen. Moralität heißt: gelassene Reduktion des Zufalls auf diejenige fremde Intentionalität, die die eigene hätte sein können. Der Idealismus aber hält sich mit solchen Umständlichkeiten nicht lange auf; sein Rezept: trotzige Reduktion des Zufalls auf eigene Intentionalität. Das ist ein winziger Unterschied, aber er trennt die Zufriedenheit vom Größenwahn; und seine Winzigkeit macht begreiflich, warum wir für letzteren anfällig sind. Die Zufriedenheit aber ist kein Zustand, den erreicht zu haben wir irgendwann sicher sein könnten; sicher ist nur, daß wir ihn müssen erreichen können.

Daß solche Zustimmung zu dem, was ist, nicht die eines Zuschauers, sondern die eines Handelnden ist und daß diese Welt- und Selbstbejahung nicht vor dem Handeln oder nach dem Handeln geschieht, sondern nur mit ihm und in ihm: das bewahrt das moralische Subjekt vor jeglichem Quietismus und Fatalismus. Im Gegenteil: nur wer moralisch gut handelt – und das schließt ein: nur wer »die Pflicht, mit anderen wegen ihrer Unterdrückung gemeinschaftliche Sache zu machen«,[21] erfüllt –, nur dem gelingt, indem er dies tut, jene Zustimmung.

20 Mit dieser Darstellung suche ich den Einwänden Rechnung zu tragen, die W. Pannenberg gegen meine früheren Überlegungen zu diesem Thema vorgebracht hat; vgl. W. Pannenberg, »Identität und Wiedergeburt«, in: O. Marquard/K. Stierle (Hgg.), *Identität (Poetik und Hermeneutik VIII)*, München 1979, 607-609.

21 *Handschriftlicher Nachlaß*, XIX 222.

Doch ich füge auch hier wieder mein *ceterum censeo* hinzu: Es geht bei all dem nicht um Realitäten, die wir in der Erfahrung vorfinden. Ganz abwegig wäre es demnach, nun den moralischen Zustand der Welt etwa durch eine repräsentative Umfrage über die Verteilung von Zufriedenheit ermitteln zu wollen. Es geht hier nur um Gedanken, die wir uns machen, weil wir verstehen wollen, welchen Sinn es hat, daß wir uns als Subjekte erfahren, die moralisch wenn schon nicht sind, so doch sein sollen.

Im ganzen aber ging es mir bei meinen Überlegungen darum, im Einklang mit einer texttreuen Kant-Interpretation an eine Dimension philosophischer Reflexion zu erinnern, die dort in Vergessenheit zu geraten droht, wo Moralphilosophie kurzweg mit ›normativer Handlungstheorie‹ oder ›kommunikativer Ethik‹ gleichgesetzt wird. Nicht nur der Versuch, zu solchen Theorien durch eine Rekonstruktion der Moralphilosophie Kants zu gelangen, muß sich in seiner Reichweite und Aufschlußkraft an dieser messen lassen. Kant hat exemplarisch gezeigt, wie Handlungsregulierung und Kontingenzbejahung systematisch ineinandergreifen. Dies ist ein Maßstab für *jede* Moralphilosophie: sie muß nicht nur darlegen, wie wir Normen unseres Handelns rechtfertigen, sondern darüber hinaus auch verständlich machen, wie wir mit dem fertigwerden können, was wir als Gegeninstanz unseres Handelns erleben; wie es uns also gelingen kann, mit dem Zufall zu leben, mit dem, der uns trifft, und, schwerer noch, mit dem, der wir selber sind.

Nachweise

1. Identität im Übergang
Geschrieben 1988; Erstveröffentlichung. – Den Gedankengang, der dieser Überlegung zugrunde liegt, habe ich zuerst dargestellt in einer Vorlage zur Tagung der Forschungsgruppe »Poetik und Hermeneutik«, Bad Homburg 1976; diese Vorlage ist erschienen unter dem Titel »Übergangsschwierigkeiten. Zur Konstitution und Prätention moralischer Identität«, in: Odo Marquard/Karlheinz Stierle (Hgg.), *Identität* (Poetik und Hermeneutik VIII), München 1979, 435–461. Einige Formulierungen habe ich unverändert aus diesem Text übernommen.

2. Selbsterhaltung als rationales Prinzip
Leicht überarbeitete Fassung eines Beitrags, der zuerst erschienen ist unter dem Titel »Ist Selbsterhaltung ein rationales Prinzip?«, in: Hans Ebeling (Hg.), *Subjektivität und Selbsterhaltung. Beiträge zur Diagnose der Moderne,* Frankfurt 1976, 345-374.

3. Mündigkeit: Begriff und Metapher
Text eines 1978 verfaßten begriffsgeschichtlichen Artikels; zuerst gekürzt erschienen in: *Historisches Wörterbuch der Philosophie,* Bd. 6, Basel/Stuttgart 1984, 225-235.

4. Glückssuche und Selbstfindung
Geschrieben 1988; Erstveröffentlichung. – Einen ersten Versuch, die hier ausgeführten Überlegungen darzustellen, habe ich unternommen in einem Vortrag auf der Tagung des Engeren Kreises der Allgemeinen Gesellschaft für Philosophie in Deutschland, Stuttgart 4. bis 7. Oktober 1977; dieser Vortrag ist erschienen unter dem Titel »Kant und die Frage nach dem Glück«, in: Günther Bien (Hg.), *Die Frage nach dem Glück,* Stuttgart 1978, 131-145; einige Passagen habe ich fast unverändert aus diesem Text übernommen.

5. Mit dem Zufall leben
Antrittsvorlesung im Fachbereich Philosophie der Universität Münster, gehalten am 28. Juni 1982; zuerst erschienen in: *Kants Ethik heute. Neue Hefte für Philosophie* 22 (1983) 95-112.

Namenregister

Sachregister

Analytische Inhaltsübersicht

3. MÜNDIGKEIT: BEGRIFF UND METAPHER

Hans Blumenberg im Suhrkamp Verlag

Die Legitimität der Neuzeit. Erneuerte Ausgabe. Leinen
Säkularisierung und Selbstbehauptung.
(Die Legitimität der Neuzeit. 1. und 2. Teil). stw 79
Der Prozeß der theoretischen Neugierde.
(Die Legitimität der Neuzeit. 3. Teil). stw 24
Aspekte der Epochenschwelle.
(Die Legitimität der Neuzeit. 4. Teil). stw 174
Die Genesis der kopernikanischen Welt.
Leinen und stw 352 (3 Bde. in Kassette.)
Arbeit am Mythos. Leinen
Die Lesbarkeit der Welt. Leinen und stw 592
Lebenszeit und Weltzeit. Leinen
Höhlenausgänge. Leinen
Schiffbruch mit Zuschauer. Paradigma einer Daseinsmetapher. stw 289
Das Lachen der Thrakerin. Eine Urgeschichte der Theorie. stw 652
Die Sorge geht über den Fluß. BS 965

Manfred Sommer
Evidenz im Augenblick

Eine Phänomenologie der reinen Empfindung
436 Seiten. Gebunden. DM 48,–

Noch ehe sich Edmund Husserl zum Begründer der Phänomenologie machen konnte, gab es sie schon: In Gelegenheitsreflexionen und impressionistischen Analysen hatte der Physiker Ernst Mach eine Phänomenologie skizziert, die alles in intentionslose und formfreie Empfindungen aufzulösen sucht. Diese sind, als helle Augenblicke und zeitlose Zufälle, stets keines von beiden: weder subjektiv noch objektiv, weder bewußt noch unbewußt, weder jetzt noch früher, noch später.

Dieses Weder-Noch ist in der neuplatonischen Metaphysik Signum des absoluten Einen. Mit ihm konkurrieren die Empfindungen. Dabei jedoch kehrt sich alles um: das Mannigfaltige kommt vor der Einheit, die Zerstreuung vor der Synthese, die Peripherie vor dem Zentrum, das Untere, republikanisch, vor dem Oberen.

Der neuplatonische Metaphysiker ist zuinnerst Mystiker. Mach, der hyletische Phänomenologe, ist es zuäußerst auch. Ein Erlebnis plötzlicher Klarheit »an einem heiteren Sommertag im Freien« wird ihm zum Anfang einer Pleinair-Philosophie, für die sich Erlösung als Auflösung ereignet: als dispersio mystica.

In eins mit dieser Inversion des Neuplatonismus geschieht die Destruktion des Cartesianismus. Mach findet, gegen Descartes, eine neue Evidenz: nicht im selbsthaften cogito liegt sie, sondern im mystischen Augenblick. An die Stelle der weltlosen Gefangenschaft in der Immanenz des Bewußtseins tritt dann eine Gnosis der weltliebenden Selbstverflüssigung des Subjekts.

Aus solcher Ichlosigkeit ergibt sich für Ernst Mach eine ›franziskanische‹ Phänomenologie der Heiterkeit und der Passivität: Gegentypus zu Husserls ›protestantischer‹ Phänomenologie des Ernstes und der Arbeit.

Heinrich Niehues-Pröbsting
Der Kynismus des Diogenes
und der Begriff des Zynismus

stw 713. 396 Seiten. DM 24,–

Dieses Buch macht den Prozeß deutlich, in dem der moderne Begriff des *Zynismus* aus dem antiken des *Kynismus* hervorgegangen ist. Heinrich Niehues-Pröbstings Darstellung wendet den Kynismus weder gegen den Zynismus noch gegen jede nicht-kynische Version von Philosophie. Das heißt auch, sie spielt nicht die kynische Form der Demonstration und Selbstpräsentation, die in erster Linie auf das anschauliche Wort und die Geste setzt, gegen den abstrakten Begriff und die rationale Argumentation, nicht das Herz, den Bauch oder noch tiefer liegende Organe gegen den Kopf aus.
Wenn hier die literarische Form, in der der Kynismus vorwiegend tradiert ist, die Anekdote, als philosophisches und philosophiegeschichtliches Medium ernstgenommen wird, so soll damit nicht gesagt sein, sie sei das eigentliche oder wichtigste philosophische Darstellungsmittel. Sie wird ernstgenommen als das, was sie ist, nämlich eine der für die Philosophie unverzichtbaren Weisen der Unbegrifflichkeit.

Barbara Merker
Selbsttäuschung und Selbsterkenntnis

Zu Heideggers Transformation der Phänomenologie Husserls
299 Seiten. Gebunden. DM 44,–

Den Interpretationen, die der delphische Impertiv – das *gnothi seauton* – in der Geschichte der Philosophie erfahren hat, ist gemeinsam, daß sie nicht viel Gemeinsames haben. Wie dieses ›Selbst‹, das zu erkennen er gebietet, zu deuten und was zu tun sei, damit es überhaupt erkannt werden kann, das variiert wie das Interesse, das sich an eine solche Selbsterkenntnis knüpft; weniger als Ziel und Zweck, mehr als Umweg und Mittel war die Selbsterkenntnis für Philosophen attraktiv: zum Zweck der Gottes- oder Seinserkennung zum Beispiel oder als zweifelsfreies Fundament eines darauf aufzubauenden Wissens. So verschieden wie die Auffassung des ›Selbst‹, das es zu erkennen galt, war die Auffassung der Reflexion, die es erkennbar machen sollte. Und es wechseln die Hindernisse, die der Selbsterkenntnis im Wege stehen. Wenn das ›Selbst‹ so verborgen zu sein scheint, daß keine bloße Wende der Aufmerksamkeit es dem Reflexionsblick präsentiert, bedarf es besonderer methodischer Vorkehrungen, die es allererst erkennen lassen.

In den ersten drei Jahrzehnten dieses Jahrhunderts haben Edmund Husserl und sein Schüler Martin Heidegger ein weiteres Mal die Selbsterkenntnis zur Aufgabe der Philosophie erklärt. Dabei hat Heidegger, der die Selbsterkenntnis – die Erkenntnis des Seins des Daseins – für eine notwendige Voraussetzung der wichtigeren Erkenntnis des Sinns von Sein überhaupt hält, sein Verfahren der »Daseinsanalytik« ausdrücklich und in Anknüpfung an Husserl als phänomenologische Methode charakterisiert. Aus diesem Grund muß es überraschen, daß er die Techniken, die nach Husserl die phänomenologische Methode konstituieren, in den frühen Vorlesungen nur zu kritisieren, in *Sein und Zeit* aber ganz und gar zu ignorieren scheint. – Diese Ambivalenz versucht dieses Buch im Ausgang von der grundsätzlichen Differenz beider Phänomenologen über die Einstellung, die Husserl als die »natürliche« apostrophiert, verständlich zu machen.

Von dieser anfänglichen Differenz hängt Heideggers Transformation der Phänomenologie Husserls ab; sie läßt ihn eine wenig beachtete ›Methode‹ transzendentaler Reflexion entwickeln, die ihre eigenen Bedingungen der Möglichkeit – das existenzielle Drama der Selbsterkenntnis – selber zum Thema macht und die Biographie des Philosophen auf eigentümliche und folgenreiche Weise mit der allgemeinen Selbsterkenntnis verschränkt.